30문 30문

기자 아들이 묻고, 장로 아버지 답하다

30문
기자 아들이 묻고
30답
장로 아버지 답하다

김복윤 | 김형진 지음

W미디어

책을 펼치며

"저 별이 다 지면… 새 꿈이 눈을 뜬다."

2012년 〈머니투데이〉 송년호 1면 사진 제목이다. 사진 캡션은 용의 해를 마감하고 뱀의 해를 맞이하는 단양 보발재의 그림 같은 밤 풍경을 읊었지만, 편집기자인 나는 왠지 '꿈'을 외치고 싶었다.

기자는 기본적으로 타인의 꿈을 전하는 사람이다. 특히 편집기자는 세상에 알리고픈 타인의 꿈을 보기 좋게 포장하고 예쁘게 알리는 '꿈 편집자'다. 그렇게 10년 넘는 세월 동안 다른 사람들의 꿈을 '만지며' 시간을 보냈다.

그런데 2013년이 되자 '나

4

만의 꿈'이 하나 가슴 깊은 곳에서 용솟음쳤다. "아버지와 함께 책을 한 권 내보자." 삶의 이력도 다르고, 현 위치도 서로 많이 떨어져 있지만 한 번 해보고 싶다는 생각이 들었다.

아버지는 늘 내게 생각의 힘을 강조하셨다. 한 번도 당신의 꿈과 생각을 강요하지 않으셨고, 미리 정해진 좌표에 나를 집어넣으려 하지 않으셨다. 그렇게 '자율권'을 부여받아 만들어진 내 '오늘'이 아버지의 '오늘'과 어떻게 비교될 수 있을지 자못 궁금했다.

이제껏 살아오면서 품었던 질문을 50가지로 아버지께 드렸더니, 46가지만 받으셨다(빠진 문항은 SNS와 컴퓨터 등 60대가 감당하기 쉽지 않은 것들이었다). 그 후 이런저런 상황에 맞춰 질문을 30개로 정리했다. 그것들을 놓고 아버지와 나는 서로 자신의 생각을 원고지에 담았다. 그리고 합쳤다.

"크리스천은 아무 책이나 막 보면 안 된다. 기독교 정신에 위배되는 책을 보다가는 금방 시험에 든다."

모태신앙인으로, 어린 시절부터 이런 얘기를 많이 들었다. 돌아보면 상당히 오랜 기간 동안 이런 '가이드라인'을 지키며 살아왔다. '믿음이란 게 나의 의지와는 상관없이 거저 주어진 것인데, 괜히 엉뚱한 책 한 권 때문에 그 신앙이 가뭇없이 떠나버리면 너무 억울하겠다.' 이런 생각을 했던 것 같다.

하지만 대학생이 되면서 생각이 많이 바뀌었다. 이런 저런 '루트

route'로 기독교와 교회를 비판하는 책도 접하게 되고, 또 한두 권씩 읽어도 믿음 유지에 큰 문제가 없다는 '맷집에 대한 자신감' 같은 것이 쌓이면서 '가이드라인'은 자연스럽게 무너졌다. 지금은 어떤 책이든 마음이 동하면 읽되, 크리스천의 입장에서 저자의 사유와 논리에 비판의 칼날을 들이댄다.

여하튼 그렇게 읽게 된 많은 책들이 이 책을 내는데 밑거름이 되어주었다. 또한 일(편집기자)을 하며 취미삼아 해본 서평쓰기도 이 책을 집필하는데 큰 도움이 되었다. 소속회사인 〈머니투데이〉와 자매지인 〈머니위크〉 등에 실은 책 소개글과 남다른 교양취미 덕분에 공책에 채워둔 많은 서평을 이 책에 인용하고 참조했다.

많은 크리스천이 '신앙 따로 생활 따로'의 삶을 살고 있다. 주일主日(일요일)과 나머지 요일의 삶이 분리돼 있다. 여러 가지 이유가 있겠지만, 어쩌면 '신앙'과 '일상의 삶'이 서로를 잘 모르기 때문일지도 모른다는 생각을 해봤다. "구별된 삶을 살라"는 성경의 가르침을 오해해서 '구분'을 넘는 '격리'의 삶을 살고 있는 것은 아닐까 하는 생각 말이다.

그래서 이 책은 크리스천들에게 신앙에 바탕을 둔 '삶의 교양'을 줄 수 있는 책으로 만들고자 했다. 나날이 쌓여가는 세상 지식을 알고 그 안에서 하나님의 창조질서를 헤아려 낼 줄 아는 지혜를 독자들과 나누고 싶었다. 독자들이 그 안에서 '하나님이 주신 정답'을 찾고 또 고민해 볼 수 있기를 바라며 다양한 '화두'를 던졌다.

"진정한 노력은 배신하지 않는다." 개인적으로 좋아하는 야구선수

6

이승엽의 좌우명은 내 삶도 뚜렷이 비춰주는 거울이다.

이 책을 통해 준비한 '삶의 답안'은 여러 모로 부족하다. 하지만 이 30문 30답은 하나님이 나와 아버지께 허락하신 답이다. 부족한 부분이 있다면 하나님의 뜻을 제대로 이해하지 못한 인간 저자들의 불찰에 있다. 이 책을 읽는 모든 이들에게 하나님의 사랑과 은혜가 충만히 흘러넘치기를 기도한다.

아버지와 함께, 김형진

차례

제1부

인생, 밑그림을 그려라

01

당신은 당신에 대해 얼마나 알고 있는가?

🌑 아들의 질문

'내가 정말 그때 그랬나'라는 느낌을 받게 될 때가 살다보면 많다. 이십여 년 만에 만난 고등학교 친구의 뜻밖의 말을 들은 작년 이맘때가 정말 그랬다.

그 친구를 처음 만난 고등학교 1학년 시절은, 내가 시골에서 지내다가 대구로 이사 간 지 얼마 되지 않았을 때였다. 내 기억 속 그때 모습은 그냥 '잘 대해주는 그 친구와 사이좋게 지냈다' 정도였는데, 다시 만난 그 친구의 한 마디는 특별했다.

"너, 요즘도 지도 많이 그리냐?"

그 말을 듣고 뭔 얘기인가 싶어 되물었더니, 그 친구는 20여 년 전의 내 모습을 기억 속에서 꺼내 차근차근 보여줬다.

"그때 너는 학교만 끝나면 대구 시내를 돌아다니며 지형지물을 확인한 후 종이에다 시내 지도를 그렸어. '어제는 무슨 동洞, 오늘은 무슨 동…' 식으로 지도를 그려와 내게 보여줬지. 내가 '지도는 뭣 하려고 그리느냐?'고 물으니, 대구와 친해지고 대구를 알아내는데 지도 그리기만한 것이 없다고 했어."

반복하는 말이지만 정말 내가 그랬나 싶었다. 신문사 편집기자로 밥을 먹고 사는 지금의 형편과 연습장·연필 옆에 낀 '20세기 김정호'의 모습은 쉽게 연결되지 않았다. 나는 내가 누구인지, 어디에서 나서 어디로 가고 있는지 잘 알고 있다고 생각했는데, 그게 '정말' 아니었다.

'지금의 나'는 어떤 사람인가?

그런데 돌아보면 '과거의 나'만 잘 모르는 게 아닐 수 있다. 한 치 앞을 내다볼 수 없는 인간으로서 '미래의 나'를 모르는 건 당연지사이겠지만, 몇 가지 질문만 던져보면 '지금의 나'에 대해서도 확실하게 안다고 장담할 수 없다는 결론에 이르게 된다.

당신은 이타적인 사람인가? 이런 질문을 받으면 십중팔구 뒷머리를 긁으며 이렇게 말할 것이다. "완벽하게 이타적이진 않지만, 그렇다고 나쁜 사람도 아니죠."

심정적으로 이 말에 동조한 사람은 이 질문에도 답해 보자.

"누군가의 수명에서 1년을 빼앗아 당신의 수명을 1년 연장할 수 있는 힘이 있다면, 이 힘의 사용을 보류하겠습니까?"

자기 자신에 대해 이타적인 사람이라고 굳게 믿는 사람도 이런 질문엔 칼로 물 베듯 "예스"를 외치기 힘들 것이다.

자기 자신에 대해 새로운 느낌을 갖게 하는 질문은 또 있다.

혹시 나는 '윤리적인 사람'이라고 믿고 있는가? 그렇다면 이 질문에 답해 보자.

"아주 중요한 시험을 치르고 있는데, 들키지 않고 답안지를 볼 기회가 생겼습니다. 안 보겠습니까?"

"안봅니다봅니다봅니다 봅니다…"가 되지 않을까.

하나만 더 해보자. 자신에 대해 '합리적인 사람'이라고 장담할지 모르지만, "사랑하는 이가 아주 잔혹하게 살해됐는데, 그 살인자가 무죄로 석방됐습니다. 가만히 참고만 있겠습니까?"라는 질문을 받는다면?

그레고리 스톡의 〈인생, 묻다〉라는 책이 던지는 질문을 온몸으로 받다 보면, 내가 생각하는 내 모습이 착각일 가능성이 높다는 생각이 든다.

우리는 늘 오늘을 살고 있다고 '생각'하지만, 사실 쉼 없는 되새김질이 필요한 게 인생이다.

"앞으로 1년간 최고의 행복을 누리는 대신 그 행복의 기억이 지워진다면, 당신은 1년간의 행복을 받아들이겠습니까?"

"사랑스러운 한 살배기 아이가 병원에서 뒤바뀐 아이라는 것을 알게 됐습니다. 당신은 과오를 정정하고 아이를 바꾸겠습니까?"

"열 자루의 권총 중 한 자루에만 실탄이 들어 있습니다. 하나만 골라 당신의 관자놀이에 방아쇠를 당기면 당신에게 1백만 달러를 줍니다. 이 모험을 하겠습니까?"

14

쫓기듯 사는 현대인에게 물음표나 느낌표, 혹은 쉼표는 사치처럼 느껴지지만, 우리는 '묻고, 느끼고, 한숨 돌리며' 살아야 한다. 찬 이슬 딛고 꽃망울 터뜨리는 자연의 이치는, 늦은 밤 침대에서 전화통 붙잡고 친구와 나누는 수다는 우리의 인생을 한층 더 풍성하게 해주기 때문이다.

은혜는 겨울철에 자란다

하지만 '내 안의 나'를 알기 위해서는 고난이 불가피하다. 인생은 이승한 홈플러스 전 회장이 〈창조 바이러스 H2C〉에서 간파한 말 그대로다. '은혜는 겨울철에 자란다'는 말처럼 사람은 어려움을 겪어봐야 진짜 사람이 되고, 진짜 나를 발견할 수 있다.

"인생이란 게 처음부터 끝까지 잘나가면 좋을 텐데, 왜 군데군데 터널이 있을까?"

이 질문에 대한 답을 고차방정식으로 풀려고 해서는 안 된다. 〈제5의 탄생〉을 쓴 이문태 씨의 말대로, 인생에 터널이 있는 이유는 창문에 비친 자기를 보기 위해서다. 기차가 터널에 진입해야 자신의 모습이 보이는 것처럼 인생의 핵심은 스스로를 정확히 아는 것이고, 그 한계에 굴하지 않고 꿋꿋하게 열정을 발휘하는 것이다.

내 직업이 편집기자여서 하는 말은 아니지만, 우리는 '알아낸 인생'을 5초 안에 정의내릴 수 있어야 한다. 이 5초 정의법은 윤은숙의 〈비유와 상징으로 풀어보는 철학이야기〉라는 책에서 배운 것이다.

이 책의 저자는 머리를 쥐어짜게 만드는 철학과 문학의 고전들을 5초 안에 정의내려 주는데, 가히 기가 막힌다.

기사 만담에 심취한 시골 영감이(1초) 자신을 영웅으로 착각하고(2초) 여행길에 나섰다가(3초) 왕창 사고를 쳐 웃음거리가 된다(4초). 끝(5초). 무슨 책인지 알겠는가? '소설의 근원'이라고까지 극찬 받는 세르반테스의 〈돈키호테〉다.

대학을 중퇴한(1초) 가난한 청년이(2초) 매우 인색한 대금업자 노파를(3초) 살해해 버렸다(4초). 끝(5초). 이건 뭘까? 도스토예프스키의 〈죄와 벌〉이다.

이밖에도 가르시아 마르케스의 〈백 년 동안의 고독〉은 "마콘도라는(1초) 마을을 만든(2초) 부엔디아 일족의(3초) 100년 동안의 이야기(4초). 끝(5초)"이면 되고, 마르셀 프루스트의 〈잃어버린 시간을 찾아서〉는 "한 청년이(1초) 불안 속에 살아가다(2초) 모난 돌에 걸려 넘어질 뻔한 순간(3초) 소설을 써보자고 생각한다(4초). 끝(5초)"으로 끝이다.

우리네 인생도 이런 식의 쾌도난마快刀亂麻가 필요하다. 뒤죽박죽 섞인 인생이 엉켜버린 이어폰 줄 같더라도 포기하지 않고 유심히 들여다보면 답은 그리 멀리 있지 않다.

단 한 가지 주의할 점은 오판이고 선입견이다. 5초 안에 인생을 정리하라는 얘기가 5초 안에 모든 걸 판단해버리라는 소리는 아니다. 인생은 그리 간단치 않다.

인생은 B와 D 사이의 C

프랑스의 사상가 사르트르는 '인생은 B와 D 사이에 있는 C'라고 말했다. 삶은 Birth(출생)와 Death(죽음) 사이에서 Choice(선택)하는 것이라는 의미다. 달력 12장에 그려진 날짜들의 칸 수를 다 더하면 365개이고, 그 각각의 칸을 24시간, 60분, 60초로 잘게 쪼개면 모두 31,536,000개의 칸이 만들어진다. 1년은 365일이고 8,760시간이며 525,600분이고 31,536,000초다. 연말이면 은행 같은 곳에서 둘둘 말아 고객들에게 선물하는 흔하디흔한 달력도 들여다보면 거기에 딸려가는 시간이 정말 무수하다. 그 시간들을 손에 쥐고 '어떤 인생을 살 것인가'에 대한 답을 구하는 것이 인생이다. 나의 SWOT[1]는 무엇인지, 또 선택에 대한 책임은 어떻게 질 것인지 등에 대해 고민하고 답을 찾아야 한다.

우리 삶은 시작부터 끝까지 선택으로 점철돼 있다. 중국집에 음식을 시킬 때도 '짜장면이냐 짬뽕이냐'를 가지고 고민을 하고, 가정의 보금자리를 꾸밀 때도 '전세냐 매매냐'를 가지고 고민하게 된다.

그래서 중요한 게 기준이다. 삶에 대한 생각이 어떤 기준에 맞춰 '세팅setting'돼 있느냐에 따라 B와 D 사이의 C는 확연히 달라진다.

에베레스트 산의 높이는 해발 8,844.44미터다. 이 산은 세계에서

---

1 SWOT(스왓): 강점(strength)과 약점(weakness), 기회(opportunity)와 위협(threat) 요인을 규정하고 이를 토대로 전략을 수립하는 기법

가장 높은 산으로 알려져 있지만, 해수면이 고정돼 있는 것이 아니기 때문에 수백만 년 동안 수백 미터의 오차를 두고 '높아졌다 낮아졌다'를 반복해 왔다.

어떠한 오차도 용납하지 않는 세계 최고의 산 높이를 구하려면 지구의 중심점으로부터의 거리를 재면 된다. 이를 기준으로 측정하면 남미 안데스 산맥의 침보라소 산이 세계에서 가장 높다. 침보라소 산은 해발 6,267미터에 불과하지만, 지구가 완전한 구형이 아니라 적도쪽으로 갈수록 불룩해지기 때문에 지구 중심점에서의 거리는 1만 미터를 훌쩍 넘긴다.

하지만 산 정상에서 해저 표면까지의 높이로 계산하면 하와이의 마우나로아 산이 9,000미터로 세계 1위다. 또 높이가 아닌 부피로 치면 아프리카의 킬리만자로가 10,000세제곱킬로미터로 압도적인 1위를 자랑한다. 잡학사전에 나오는 장황한 산 얘기를 꺼낸 이유는 기준이 중요하다는 말을 하기 위해서다.

선택과 관련해 또 한 가지 명심해야 할 것은 기억이다. 우리는 삶의 노선을 기억하고, 또 기록해야 한다. 황선도의 〈멸치머리엔 블랙박스가 있다〉는 어류학자의 물고기 이야기인데, 그 안에는 "멸치 대가리에 블랙박스가 있다"는 놀라운 뉴스가 있다. 30년간 어류를 연구한 저자는 "멸치는 몸의 균형을 감지하는 평형기관인 이석에 자신의 역사를 기록한다"고 말한다. 칼슘과 단백질로 구성된 이 뼈를 쪼갠 뒤 나이테 같은 무늬를 분석하면 비행기의 블랙박스처럼 언제, 어디서 태어났고, 하루에 얼마나 성장했는지 등에 대한 정보를 얻을 수 있다는 것이다.

당신은 언제, 어떻게, 또 어디에다 '삶'을 기록하고 있는가? 나는 편집기자로 일하며 시대의 풍운아 스티브 잡스의 부고기사를 편집하는 행운을 누렸다.[2] 우리 시대의 아이콘이었고, 아이폰이란 걸작을 세상에 내놓았지만, 누

구도 예상치 못한 시기에 황급히 떠난 그를 나는 이렇게 기억하고 싶었다.

'iPhone iCon iGone'

하지만 정작 나 자신에겐 아직 기억해줄 만한 키워드가 없다. 그걸 보면 아직 나는 나 자신에 대해 별로 아는 게 없다.

🌑 아버지의 답

나는 누구인가? 나는 어디에서 왔는가? 이런 질문에 선뜻 자신과 소신을 다한 대답을 할 사람이 많지는 않을 것이다. 그것은 내가 누구인지 확실히 모르기 때문이기도 하지만 그 대답을 분명하게 말해주는 자가 없기 때문이기도 하다. 인체의 구성체나 내 마음의 모든 것, 그리고 나의

---

2 〈머니투데이〉 2011년 10월 7일자 1면

과거와 현재, 미래의 모든 것을 알 수 있는 방법을 찾기란 쉽지 않다. 꿈을 키우며 사랑을 새롭게 꾸려가는 젊은 세대들이 삶의 여정을 내달릴 때, 사랑의 상대가 누구인지를 분석해도 자신을 잊어버리고 훗날에 어려움을 겪는 일이 우리 사회엔 허다하다.

어떤 사람은 자신의 조상은 동물이나 알인데 이제는 사람이 되었다는 전설에 근거하여 자신이 어떠한 동물이나 신비한 물체에서 탄생한 후손이라고 믿는다. 몇 대 선조 때 동물이나 신비한 물체에서 사람으로 변하였는지는 모른 채 그냥 전설에 의존하는 믿음을 가지고 있다.

소크라테스가 '너 자신을 알라'라는 말을 한 것은 자기도 자신이 누구인지를 알 수 없었기 때문이다. 지피지기知彼知己면 백전백승百戰百勝. 남을 알고 자기를 알면 100번 싸워 100번 다 이길 수 있지만, 자기를 아는 것과 남을 아는 것 모두가 어려운 일이다. 키와 몸무게, 얼굴과 헤어스타일, 가족의 수와 주소, 학교와 사회적 위치 정도의 아주 작은 범위에서 나를 기억하고 있을 뿐이다.

그러나 성경은 분명히 나는 누구인가를 밝히고 있다. "천지를 창조하신 하나님께서 흙으로 하나님의 형상形狀으로 빚어 하나님의 생기를 코에 불어 생령生靈이 되게 한 것이 사람"이라고 말하고 있다. 여자는 남자의 갈비뼈로 만들어 남자의 배필로 삼게 하였다. 그리고 만물을 다스리고 관리하는 권리를 주신 것이다. 그러니 남자는 여자를 사랑하고 여자는 남자를 사랑하여 서로가 가정을 이루며 한 몸이 되어 살게 한 것이다.

"풀과 씨 맺는 채소와 씨가진 열매 맺는 나무를 만드시고 하나님이 보시기에 좋았더라"라고 하였기에 자연을 아끼고 사랑하되 그 자연의 어떠한 부분에라도 우리가 경배하는 어리석음을 행하지 말아야 한다.[3] 이것이 사람의 삶에 가장 크고 귀한 일이다.

출애굽기 3장 14절을 보라. 이스라엘 백성 앞에 선 모세가 "하나님을 누구라고 말하리까" 라고 묻자 하나님은 "나는 스스로 있는 자이니라 스스로 있는 자가 나(모세)를 너희(이스라엘 백성)에게 보내셨다 하라"고 답하셨다.

모세를 세워 이스라엘 백성을 인도하게 하신 하나님, '스스로 있는 자' 이신 하나님께서 나를 세상의 중심에 세워주시고, 또 창조주를 찬양하는 특권을 주신 것이다. 나는 하나님의 형상과 성품을 닮은 하나님의 자녀이다. 육신을 낳아준 부모님의 귀한 아들이다.

마태복음(5장 16절)에 "이같이 너희 빛이 사람 앞에 비치게 하여 그들로 너희 착한 행실을 보고 하늘에 계신 너희 아버지께 영광을 돌리게 하라"는 구절이 있다. 모든 사람들 앞에 착한 행실을 보이고 하나님의 이름을 높이며 영광을 돌리는 자녀가 되는 과제만 남아 있으리라.

---

3 〈머니투데이〉 2012년 5월 26일자 17면. 〈종교적 인간, 상징적 인간〉이란 책을 소개한 이 지면을 편집한 김형진 기자는 '계수나무와 토끼 한 마리가 보입니까, 과학과 기술 너머 누군가가 보입니까'라는 제목을 통해 인간에게 종교가 어떤 의미인지 보여준다.

02
당신의 마음속
'고래 한 마리'는 무엇인가?

⚫ **아들의 질문**

우리나라에는 시각장애인 판사가 있다. 앞을 못 보는 판사가 어떻게 복잡다단한 사건을 판결할 수 있겠냐 싶지만, 2012년 2월 최영 씨는 시각장애인 판사로 임용됐다. 판사를 꿈꾸고 법대에 진학한 이 분은 재학 중 망막색소변성증으로 시력을 잃었다. 하지만 포기하지 않고, 각고의 노력 끝에 사법고시에 합격했다. 그리고 연수원도 우수한 성적으로 수료해 끝내 원하던 판사가 됐다. 당시 그 뉴스를 편집했던 나는 제목을 이렇게 뽑았다.[4]

'제 눈엔 진실만 보입니다'

최영 판사는 비록 육신적 눈으로는 아무 것도 볼 수 없지만, 진실을 보는 눈을 가지고 있다는 메시지를 전하고자 했다.

고故 강영우 박사도 시각장애인의 핸디캡을 뚫고 한 세상 멋지게 사신 분이다. 강 박사는 중학생 시절 사고로 실명을 했고, 이어 가족을 모두 잃어 고아까지 됐다. 하지만 고난과 역경을 딛고 대학을 졸업한 후 미국 유학까지 가게 됐고, 1976년에는 우리나라 최초의 시각장애인 박사가 됐다. 그리고 끝내는 미국의 대통령 특별보좌관의 자리에까지 올랐다.

이 분이 돌아가신 후, 마지막으로 나온 책 제목은 〈내 눈에는 희망만 보였다〉였다. 이 분은 비록 두 눈으로는 아무 것도 보지 못하셨지만, '희망'을 보는 다른 눈을 갖고 있었다.

무지개는 몇 가지 색일까?

꿈을 본다는 것은 이렇게 중요하다. 꿈은 반드시 성취된다는 소망과 희망, 그리고 의지가 담긴 희망이다. 사람은 꿈꾸는 만큼만 볼 수 있다.

무지개는 몇 가지 색일까? 일곱 가지 색깔? '빨 · 주 · 노 · 초 · 파 · 남 · 보'니까 맞는 얘기다. 그런데 시계를 과거로 돌리면 무조건

---

4 〈머니투데이〉 2012년 1월 19일자 1면

맞다고 하기가 좀 힘들어진다.

이어령 교수가 쓴 책에 따르면, 고대 그리스 시대의 철학자 크세노폰은 무지개를 네 가지 색깔로 봤다. 아리스토텔레스는 다섯 색깔로 봤고, 로마시대의 세네카는 여섯 색깔이라고 말했다. 과거 동양에서도 '오색 무지개'란 표현이 유행했다. 또 조각을 잘 하기로 유명한 아프리카의 쇼나 족은 무지개엔 붉은 계통과 푸른 계통의 두 색깔만 있다고 믿고 있다.

우리가 아는 일곱 색깔 무지개는 뉴턴이 처음으로 얘기했다. 뉴턴은 과학자이면서 동시에 하나님을 잘 믿는 크리스천이었는데, 어느날 빛을 분광기에 대고 보니 일곱 빛깔로 보이는 것이었다. 하나님이 7일 만에 천지를 창조하신 것이 오버랩 됐다. 그래서 그는 무지개의 색을 일곱 색깔로 정리했고, 그 때 이후로 과학자들과 일반인들은 무지개에서 일곱 색깔을 보게 됐다.

태양의 색깔도 마찬가지다. 스케치북에 태양을 그릴 때 주로 무슨 색깔로 칠하는가? 한국과 일본 아이들은 대부분 빨갛게 그린다고 한다. 그런데 서양 아이들은 해를 오렌지 빛으로 노랗게 그린다. 또 중국 학생들은 하얗게 그린다. 이처럼 어떻게 보이느냐는 어머어마한 차이를 낳는데, 꿈도 매한가지다. 〈탈무드〉에 이런 얘기가 나온다.

두 청년이 같이 굴뚝 청소를 했다. 다 하고 나니, 한 청년은 얼굴이 시커멓게 변했는데 다른 청년은 얼굴에 전혀 때가 묻지 않았다. 두 청년이 서로의 얼굴을 쳐다봤다면, 과연 둘 중에 누가 얼굴을 씻었을까?

예상한 대로다. 얼굴이 하얀 청년이 세면대로 갔을 확률이 높다.

사람은 보는 만큼만 보이기 때문이다. 인생을 굴뚝청소에 비유한다면, 우리는 우리의 상태가 어떠한지 알 수 있는 꿈의 눈을 떠야 한다. 꿈이 없으면 인생의 시각장애인이 될 수밖에 없다.

꿈꾸는 본성은 GPS 같은 것

그렇다면 어떤 꿈을 꾸어야 할까? 리차드 바크의 〈갈매기의 꿈〉에서 일단의 힌트를 얻을 수 있다.

"대부분의 갈매기들에게 있어 중요한 것은 나는 것이 아니라 먹는 것이었다. 그러나 조나단에게 있어 중요한 것은 먹는 것이 아니라 나는 것이었다."

책에 나오는 조나단 리빙스턴 시걸은 날기를 열망하는 갈매기다. 먹는 것과 나는 것 중에 무엇이 갈매기의 본질에 가까운가? 인간이 먹기 위해 산다고 생각하는 사람은 먹고사는 생존의 문제가 갈매기의 본질이라 여기겠지만, 대부분의 사람들은 비행을 갈매기의 본질로 생각할 것이다.

이 사실은 인간의 삶에 적용돼도 매한가지 결론을 이끌어낸다. 인간의 본질은 먹고사는 데 있는 것이 아니라 인간다운 삶을 사는 데 있다. 인간다운 삶이란 무엇인가? 갈매기다운 삶이 비행의 '레벨 업Level up'이라고 할 때 인간다운 삶이란 새로움에 대한 끊임없는 추구일 것이다. 미지의 것에 대한 동경과, 도전을 통한 성취가 진정한 인생살이의 본질이다.

자신이 고등학교 2학년이라고 가정해 보자. 대통령이 갑자기 꿈이 뭐냐고 묻는다면 뭐라고 답할 것인가? 한국의 한 학생이 미국 백악관에 초대를 받아 존 에프 케네디 대통령을 만나게 됐다. 케네디가 소년에게 꿈을 묻자, 그는 "나는 한국의 외교관이 되는 것이 꿈입니다"라고 답했다. 그랬더니 케네디는 "한국의 외교관을 넘어서 세계를 위한 외교관이 되어라"고 말하며 그의 등을 따뜻하게 두드려 주었다.

그날 이후로 그 학생은 케네디의 격려와 눈빛을 가슴에 품고 꿈을 향해 달려 한국의 외교부 장관이 되었다. 그리고 얼마 안 돼 한국인 최초로 유엔 사무총장에 당선되는 쾌거를 이뤘다. 반기문 총장의 이야기는 꿈과 희망의 중요성을 단적으로 보여준다.

"꿈이 없는 인생은 위성신호가 끊긴 GPS와 같다."

더치 쉬츠Dutch Sheets 목사가 쓴 〈꿈꾸는 본성을 깨우라〉는 "꿈과 비전이 없는 사람들은 먹통 내비게이션을 차에 장착하고 있는 것과 같아서, 인생의 고속도로를 아무리 열심히 달려도 절대 목적지에 도달할 수 없다"고 말한다.

하지만 꿈은 지금 내가 하고 싶은 것이나 잘하는 것과는 다를 수 있다. 인문학 베스트셀러 작가로 이름이 난 지 오래된 카피라이터 박웅현은 〈여덟 단어〉에서 이런 얘기를 한다.

"내가 좋아하고 잘할 수 있는 것이 다 본질이냐. 고스톱이나 애니팡 같은 게임을 진짜 잘하는데 그럼 이게 내 본질인가. 저는 이렇게 이해합니다. 내가 하는 행동이 5년 후의 나에게 긍정적인 체력이 될 것이냐 아니냐가 기준이 될 수 있을 것 같습니다. 지하철에서 휴대폰으로 치는 고스톱이, 애니팡이 당장의 내 스트레스는 풀어주겠지만 5년 후에 나에게 어떤 영향을 줄까요. 본질은 결국 자기 판단입니다. 나한테 진짜 무엇이 도움이 될 것인가를 중심에 놓고 봐야 합니다."

꿈은 지금 내가 하고 싶은 것이나 잘하는 것이라기보다는 미래의 나에게 도움이 될 것으로 판단되는 '무엇'이다. 한마디로 미래에 대한 기대로 현재의 가슴이 울렁거릴 수 있어야 한다는 소리다.

어느 책에서 이런 예화를 본 적이 있다. 중세 유럽시대, 한 젊은이가 길을 가다가 망치와 정을 들고 힘껏 돌을 두드리는 석공을 만났다. 그는 얼굴을 잔뜩 찌푸린 채 일을 하는 석공에게 다가가 물었다.

"당신은 무엇을 하고 있습니까?"

답하는 석공의 목소리는 고통스러워 보였다.

"나는 돌의 형태를 다듬고 있는 중인데 이것은 등뼈가 휘어질 정도로 힘든 작업이라오."

여행을 계속하던 젊은이는 비슷한 돌을 다듬고 있는 또 다른 석공을 만났다. 그는 인상을 찌푸리지는 않았지만 그렇다고 그리 행복해 보이지도 않았다.

"당신은 무엇을 하고 있습니까?"

"집을 짓기 위해 이 돌을 다듬고 있는 중이오."

젊은이는 다시 발길을 재촉했고, 한참 가다가 세 번째 석공을 만났다. 그는 행복하게 노래를 부르며 일을 하고 있었다.

"무엇을 하고 있습니까?"

그 석공은 미소를 지으며 대답했다.

"성당을 짓고 있습니다."

세 사람의 석공은 모두 비슷한 일을 하고 있었지만 한 사람은 고통스러워했고, 또 한 사람은 불행해하지도 행복해하지도 않았으며, 나머지 한 사람은 행복하게 일하고 있었다.

세 석공을 차이 나게 만드는 단 한 가지 원인은 꿈의 유무다. 세 번째 석공의 경우, 성당을 짓는다는 꿈과 이상이 돌을 다듬는 힘든 일에서 행복을 느끼도록 해준 것이다.

가슴을 울렁거리게 만드는 꿈은 기적을 낳는다.

베토벤 교향곡 중 가장 유명한 9번 '합창 교향곡'은 베토벤이 완전하게 청각을 잃은 상태에서 만든 곡이었다. 합창이 무슨 곡인가? 실러의 '환희의 송가'에 곡을 붙인 4악장이 유명한 이 곡은 음악사상 처음으로 성악 합창이 사용된 교향곡으로 한때 국가로도 사용되었고, 현재도 유럽연합의 공식 상징가이기도 하다. CD가 보통 74분의 음악을 담도록 만들어진 이유도 베토벤의 교향곡 9번의 길이가 74분이기 때문이다.

이런 대작을 듣지 못한 상태에서 만들었다는 게 믿어지는가! "베토벤은 음악의 천재였으니까…"라고 말하며 '특이 케이스'로 치부하면 될까. 나는 간절한 꿈의 힘이었다고 믿는다.

왜 꿈도 '꾸'고, 돈도 '꾸'는 걸까?

하지만 꿈과 관련해서 한 가지만 짚고 넘어간다. 우리 선조들은 왜

'꿈을 꾼다'라고 표현했을까? 꿈꾸는 것과 돈꾸는 것이 무슨 연관성이 있는 것일까?

회사 후배가 새내기 직장인의 생활독립과 관련된 재테크 지면을 편집하며 이런 제목을 다는 걸 봤다.[5]

'독립의 꿈, 잘 꾸는 법'

독립의 꿈과 그 꿈을 이루기 위한 대출 모두에 걸리는 '꾸다'라는 동사를 한번만 사용해 재미있는 제목을 만들었다.

이 제목은 꿈에 대한 한 가지 철학을 선명하게 보여주고 있다. '꿈은 내 것이 아니기에 다 이룬 후 돌려줘야 한다'는 자세가 중요하다. 꿈꾸는 행위는 인생의 본질이고 목숨이 붙어 있는 한 추구해야 할 목표이지만, 꿈에 대한 지나친 애착은 금물이다. 내 꿈이 사회의 선을 훼방하고 인류에 해악이 된다면 제아무리 돈과 권세의 원천이 되더라도 버려야 할 것이다.

---

5 〈머니투데이〉 2013년 4월 13일자 9면

푸른 바다에 고래가 없으면

푸른 바다가 아니지

마음속에 푸른 바다의

고래 한 마리 키우지 않으면

청년이 아니지

정호승 시인이 읊조린 '고래 한 마리'는 세상에 많은 다른 마음속 바다로 통하는 '열린 바다'속 고래일 게 분명하다.

● 아버지의 답

나는 한국전쟁이 발발하기 3년 전에 태어났다. 어릴 적 학교에 가면 우유나 옥수수, 간식 등을 학교에서 주었다. 가끔씩 만나는 미군에게 '헬로우'라고 외치면 초콜릿이나 사탕을 '선물'로 받았다. 지금도 아프리카에 있는 아이들이 무언가 던져주기를 바라며 외국 관광객들에게 손을 벌리는 모습을 인터넷이나 텔레비전으로 보면 60여 년 전이 오버랩 된다. 나는 '내 마음속 고래 한 마리'를 너무 오랜 세월 동안 돈이라고 생각했다.

그런데 세월의 흐름 속에서 한 가지를 크게 깨달았다. '가정'이다. 가정 폭력, 가난, 사랑의 결핍, 문화의 차이 등 여러 가지 이유로 가정을 회피하거나, 가정이 자신의 길에 장애가 된다고 여겨 멀리하고 외면하는 사람들이 늘고 있다. 먹고 사는 일이 급한 데 가정을 돌보고 아이들의 아버지, 어머니 노릇 한다는 것이 쉽지는 않다. 하지만 가정을 외면하는 주범犯을 물리치고 가정을 사랑하는 행복한 사람이 주인이 되는 좋은 세상, '안식의 가정'으로 만들어가는 그런 세상을 나와 모든 이들이 꿈꾸었으면 좋겠다.

하나님께서는 아담이 혼자 사는 것이 좋지 아니하여 그를 위한 배필을 만들어 주셨다. 그 '2번째 존재'를 아담에게 데려오니 아담은 "이는 내 뼈 중의 뼈요 살 중의 살이라 이것을 남자에게서 취하였은즉 여자라 부르리라"고 하였다. 성경은 그 후의 역사를 "남자가 부모를 떠나 그의 아내와 합하여 둘이 한 몸을 이루며 살도록 했다"고 전한다. 이것이 성경이 말하는 가정의 시작이다.

나는 남자와 여자가 만나서 한 가정을 시작하고 자녀를 낳아 그들을 성경석 교훈으로 키우는 것이 바람직한 가정이라고 본다. 여자는 남자에게 순종하고 남자는 여자를 자기의 몸과 같이 사랑해야 한다. 그러니 여자가 남자에게 순종(복종)하는 것은 남자가 여자를 사랑하는 가운데서 이루어져야 하는 것이다. 가정이 세워지면 분명히 나의 직장, 나의 일터, 나의 나라가 세워진다.

요즈음 많은 일터에서 수요일을 '가정의 날'로 정하고 있다. 이 같은 '정시 퇴근하기 운동'은 식어가는 가정의 사랑을 되살리는 좋은 계기가 될 것이다. 기업주나 개인 사업체들이 조그마한 노력으로 가정을 세워가고 어려운 가정의 자녀들을 사랑으로 포용한다면 그 직원들은 회사를 배반하지 않고 훌륭한 회사를 만드는 데 적극 노력할 것이다.

시편 112편(1~2절)에는 "할렐루야 여호와를 경외하며 그의 계명을 크게 즐거워하는 자는 복이 있도다 그의 후손이 땅에서 강성함이여 정직한 자들의 후손에게 복이 있으리로다"라는 구절이 있다.

또 히브리서(9장 27절)는 "한 번 죽는 것은 사람에게 정定한 것이요 그 후에는 (행한 대로) 심판이 있다"고 분명히 말하고 있다.

가정을 잘 세워가는 자에게는 반드시 벌罰의 심판이 아닌 상賞의 심판이 있음을 나는 알고 있다. 내 마음속에 이미 자리 잡은 고래는 바로 '가정'이다. 그것도 아주 큰 고래이다.

03
조선시대 왕으로 태어났다면 행복했을까?

🎓 아들의 질문

아침과 저녁으로 쌀밥과 팥밥에 12가지 기름진 반찬이 나오는 두 번의 수라 외에 면이나 만두, 떡국으로 차린 점심의 낮것상, 이른 아침 죽이나 미음으로 자릿조반, 게다가 늦은 밤 야참으로 편육을 올린 온면을 주로 한 면상까지 다섯 번의 식사. 거기다 오후 시간에 다식, 강정, 꿀 등으로 차린 다담상 한 번 더!

어느 신문에서 본 조선시대 왕의 표준 메뉴판이다. 당연히 이런 질문이 나온다. 조선시대 왕으로 태어났다면 얼마나 좋을까?

기획안만 내면 번번이 퇴짜를 맞고, 무섭게 커오는 후배들이 은근히 자리걱정 하게 만드는 직장생활. 고단한 몸 이끌고 돌아간 집에선 마누라가 왜 또 그리 바가지를 긁는지…. 하루에도 수백 번씩 '백팔번뇌'에 빠져드는 '하루살이 샐러리맨'은 한 번쯤 터무니없는 상상에 빠져든다. '나도 옛 국왕들처럼 유유자적 살고 싶다. 마음대로 놀고, 아무렇게나 해도 "성은이 망극하옵나이다"라고 치켜세워 주면 얼마나 좋을까….'

그런데 조선시대 왕들은 정말 로또당첨이 필요 없는 '행복인생'이었을까? 함규진의 〈왕의 투쟁〉을 보면 이런 '나이브naive'한 생각이 얼마나 터무니없는지 알게 된다. 조선의 왕들은 만인지상의 '절대 고독자'였다. 누구에게나 "물 떠와", "밥 차려줘" 명령할 수 있었지만 어느 날 갑자기 신하들이 "물 떠주기 싫어"라고 하면 대적할 수단이 별로 없었다. 책 표현대로 하면 '무엇이든 할 수 있는 권한이 있었지만 실제로 무엇이든 할 수 있는 권력은 없었다.'

저자는 '왕들의 삶은 권력투쟁의 연속이었다'고 잘라 말한다. 그들은 강보에 싸여 있을 때부터 피바람을 일으키는 대상이 되고, 즉위한 뒤에도 끊임없는 신경전에서 자유로울 수 없었다.

단적인 예로, 우리 머릿속에 '줏대 없이 여자에게 휘둘려 애꿎은 사람만 죽인 무능한 왕'으로 인식되는 숙종은 사실 살벌한 왕이었다. 숙종은 요즘 유행하는 표현대로 하면 '뼛속까지 나쁜 남자'였다. 숙종에게 인현왕후나 장희빈은 장기판 위의 말에 불과했다. 그는 자신의 권력을 유지하고 키우는 데 아내들을 맘껏 활용했다.

남태평양 섬나라 바누아투의 비밀

조선시대 왕이 아니라면 누가 행복한가? 전 세계에서 가장 좋다는 하버드대 학생들이 가장 행복할까? 행복학을 전공한 숀 아처라는 교수는 〈행복의 특권〉에서 하버드대 학생 5명 중 4명이 우울증을 경험할 정도로 불행하다고 전한다. 이유는 간단하다. 하버드에 오기 전까지만 해도 상위 1%에 들었던 그들 중 99%는 입학하고 첫 번째 시험을 치르자마자 하위 99%에 속하게 된다. 그걸 참을 수 없으니, '행복학'이 그들에게 최고의 인기 강의인 것은 어쩌면 너무나 당연하다.

'진짜 행복'에 대해서는, 최근 세계에서 행복지수 1위 나라로 소개된 남태평양 섬나라 바누아투에서 힌트를 얻을 수 있다. 겉모습만 보면 이 나라는 행복과는 담을 쌓아야 정상이다. 인구가 24만 명밖에 안 되는 이 나라는 1인당 GDP가 3,000달러에 불과하고, 사회기반시설도 낙후돼 있다.

그럼에도 바누아투가 '행복지수 넘버1'을 구가하는 비결은 공동체적 가치관에 있다. 이 나라에선 사회적 관계와 행복이 밀접한 상관관계를 맺고 있다. 이 나라 사람들은 가족 또는 공동체 관계를 소중히 여긴다.

행복학을 연구하는 학자들은 '행복의 모든 것이 사람의 마음에서 시작된다'고 말한다. 특히 벤 샤하르Tal Ben-Shahar 교수는 행복에 대한 사람들의 마인드를 바탕으로 '햄버거 모델'이란 이론을 내놓기도 했다.[6]

햄버거의 종류에 빗댄 첫 번째 인간형은 '정크푸드 햄버거형 인간'이다. 이 유형은 지금 당장은 맛있지만 먹고 나서 건강이 나빠질 수

---

6 〈국민일보〉 미션라이프 섹션 2013년 1월 5일자 [김종환의 해피 하우스]

있는 햄버거를 상징한다. 현재의 이익만을 취하고 미래의 손실에 무관심한 쾌락주의자가 여기에 해당한다. 쾌락주의자들의 모토는 '즐거움을 취하고 고통은 피하라'이다. 그들은 현재를 즐기는 데 초점을 맞추지만 그러한 행동이 가져오는 부정적인 결과는 무시해버린다.

두 번째 유형은 몸에 좋은 야채로 만들었지만 맛이 없는 '야채 햄버거형 인간'이다. 야채 햄버거를 먹으면 건강이라는 미래의 이익은 얻지만 먹는 즐거움이라는 현재의 이익은 마이너스가 된다. 샤하르 교수는 이런 유형의 사람을 성취주의자라고 말한다. 성취주의자는 현재보다 미래를 중요하게 여기고 미래의 이익을 위해 현재를 희생한다.

세 번째 유형은 맛도 없고 건강도 해치는 '최악의 햄버거 유형'이다. 이 햄버거는 허무주의자를 상징한다. 허무주의자는 삶에 대한 의욕을 상실하고 순간을 즐기지 못하면서 미래에 대한 목적의식도 없기 때문이다.

네 번째 유형은 정크푸드 햄버거처럼 맛이 있으면서도, 야채 햄버거처럼 몸에도 좋은 햄버거이다. 현재와 미래의 이익을 모두 보장해주는 '이상적인 햄버거'로 행복한 사람을 상징한다.

사람마다 정도야 다르겠지만 대부분이 성취주의자, 쾌락주의자, 허무주의자 그리고 행복한 사람의 성향을 모두 다 갖고 있을 것이다. 현재의 즐거움에만 치중하면 쾌락주의자가, 미래의 의미에만 치중하면 성취주의자가, 이도 저도 아니면 허무주의자가 될 것이다.

다른 모든 분류법과 마찬가지로, 이 이론도 인간을 네 가지 카테고리에 완벽하게 집어넣지는 못한다. 실제로는 비율의 문제가 된다. 나는 몇 퍼센트의 성취주의자이며 몇 퍼센트의 쾌락주의자인가? 내 속엔 얼마만큼의 허무주의자 속성이 있고, 행복자의 비율은 얼마나 되나? 이런 질문들을 해보며 자신의 행복 지형도를 그려볼 수 있다.

모나리자의 미소 '행복 83% · 불행 17%'

재밌는 것은 행복이라는 것 자체가 비율에 바탕을 둔 유동적 개념이란 사실이다.

네덜란드의 암스테르담 대학에서 감정 인식 소프트웨어를 사용해 레오나르도 다 빈치의 모나리자 미소를 분석해 봤다. 그랬더니 모나리자의 얼굴에는 83%의 행복과 17%의 부정적인 정서(혐오감 9%, 두려움 6%, 성냄 2%)가 포함된 것으로 나타났다.

'행복과학The Science of Happiness'은 이 같은 데이터를 바탕으로 '완벽하게 행복하지는 않은 사람들이 오히려 지나치게 행복한 사람들보다도 보람 있게 산다'고 주장한다. 우리에게 긍정적인 감정이 유익하지만, 약간의 부정적인 감정도 충실한 삶을 위하여 필요한 것이다. 100% 행복한 가정은 오히려 '오버' 상태다. 모나리자처럼 83% 정도가 행복한 가정이라고 할 수 있다. 지나친 행복은 오히려 혈압과 심장박동을 과도하게 상승시켜 건강에 해를 끼친다고 전문가들은 말한다. 또 목표 달성을 위한 동기 유발이 부실해져 자아실현에도 도움이 되지 않는다.[7]

행복과 관련해 또 한 가지 기억해야 할 점은 행복은 상충적이란 사실이다. 우리는 흔히 행복해지기 힘들다고 푸념하는데, 가만히 들여다보면 각기 다른 종류의 행복이 서로 충돌하고 있음을 알 수 있다.

단적인 증거가 일과 휴식이다. 일은 중요하지만 거기에 너무 힘을 빼면 쉬지를 못한다. 일과 휴식 모두 사람에게 중요한 것인데, 그럼 어떻게 해야 할까? 두 가지 목표를 모두 달성하려면 계획이 필요하다. 국가가 주당 40시간 노동이라는 기준을 세우고, 나라에서 정하는 '빨간날'을 만들어 국민에게 어느 정도의 휴식을 보장하는 것은 이런 맥락이다.

하지만 사회적 차원에서 벗어나 개인적인 차원으로 스펙트럼을 좁히면, 선택이 더 쉽지 않다는 것을 알 수 있다. 제니퍼 마이클 헥트의 〈행복이란 무엇인가〉에 보니 이런 질문이 있었다.

"정해진 일정이 없고 서로 모순되는 여타 행복 추구 행위에 대해 생각해 보라. 케이크를 먹고 싶지만 날씬한 몸매도 원한다. 그런데 어느 한순간 둘 중 하나를 고르라면 무엇을 택해야 할까?"

행복은 적당한 배분을 필요로 한다. 저자의 조언은 '행복 리스트'인데, 아래의 3가지 질문에 답을 하며 리스트를 만들어 보라고 말한다.

첫 번째 질문은 "무엇이 좋은 하루를 만드는가?"이다. 아침에 일어났을 때 나를 기대하게 하고 미소 짓게 만드는 항목을 적어보는 것이다. 예컨대, 친구 만나기, 이웃과의 대화, 초콜릿 케이크 먹기, 술 한

---

7 〈국민일보〉 미션라이프 섹션 2012년 7월 28일자 [김종환의 해피 하우스]

잔 마시기, 자녀와 놀기, 좋은 책 읽기, 일찍 일어나서 상쾌한 아침 보내기, 산책, 놀이, 운동, 소중한 사람 돌보기, 쇼핑, 목욕, 마사지 받기, 섹스, 가재도구 손질, TV 시청과 영화 관람, 요리 등이 해당될 수 있다.

두 번째는 "어떻게 도취감을 느낄 수 있는가?"라는 질문이다. 스포츠에 심장을 살짝 더 뛰게 하는 저강도 운동과 땀을 흠뻑 흘리게 만드는 고강도 운동이 있듯, 행복에도 강도가 있다. 섹스, 음악, 명상, 단체 활동, 춤, 익스트림 스포츠, 예술 활동 등은 단순한 미소를 넘어 도취감을 느끼게 하는 행복 요소다.

마지막으로 세 번째 질문은 "삶을 사랑하고 향유하는 데 무엇이 필요한가?"이다. 순간적인 만족감을 주진 않지만, 인생을 풍요롭게 하고 세상사는 맛을 느끼게 하는 행복 요소다. 저자는 가족, 우정, 축제와 의식, 여행, 공부, 자신만의 재능이나 기술 숙련, 적절한 은행 잔고, 자원 봉사, 외모 가꾸기, 모험, 좋은 평판, 도취감의 기억, 많은 좋은 하루 등을 이 리스트에 올리라고 조언한다.

'행복의 순서'는 친구–친척–배우자–자녀 순

미국의 심리학자 대니얼 카너먼Daniel Kahneman은 설문조사를 통해 행복을 주는 것의 순위를 매겼다. 결과는 친구–친척–배우자–자녀–고객–직장 동료–상사–혼자 있는 것 순이었다. 하지만 우리네 삶을 둘러보면 행복은 아득히 먼 무지개 너머에 있다. 상사의 호통과 고객의 짜증에 둘러싸인 현대인은 보고 싶은 친구나 가족과 보낼 시간을 점점 잃어간다. 그나마 확보한 여유시간에는 이어폰을 귀에 꽂고 '고독'에 빠지면서, 그게 행복인양 착각한다. '카너먼 랭킹'에서 맨 밑에 있는 '혼자 있는 것'이 현대인의 보편적인 행복조건이 돼버렸다.

"IQ(지능지수)보다 EQ(감성지능지수)"를 주장했던 대니얼 골먼Daniel Goleman이 〈SQ 사회지능〉에서 주장한 SQ(사회지능지수)에 귀가 솔깃해질 수밖에 없다. 이 세계적인 심리학자는 "디지털 시대를 맞아 인터넷으로 포옹이나 입맞춤을 할 수는 없지 않느냐"고 반문한다. 직장 동료와의 메신저, 고객에 대한 이메일 업무에 지칠 만도 하건만, 사람들은 집에 와서까지 가족 간 대화보다 웹서핑에 빠져든다. 인간의 오감과 오감이 서로 맞닿지 않는 오늘날의 사회에선 EQ만으로는 성공을 보장 받을 수 없다.

저자는 인간관계의 새 공식을 SQ에서 찾고 있다. 사람은 안 보이고 기술만 보이는 시대에는 눈빛이 아닌 마음의 눈으로 상대방의 의도를 읽는 능력이 절실하다. '입'보다는 '귀'가 큰 사람을 'SQ 고단자'로 정의하는 저자는 최신의 심리학 이론과 풍부한 사례로 SQ가 리더십의 핵심 덕목임을 증명해 보인다.

저자의 말대로 "이기적 유전자가 성공을 이끄는 시대는 끝났다"는 단언이 맞았으면 좋겠다. 한때 성공 리더의 대명사로 불리던 나르시스형, 마키아벨리형, 사이코패스형 인재는 이제 '어둠의 자식'으로 전락해야 한다.

위험에 처한 친구의 울음을 들으면 신생아실의 아기들은 본능적으로 더 크게 울음소리를 내서 그를 돕는다. 하지만 수영이나 병원 주사를 무서워하는 아이가 신뢰감을 주는 어른의 도움으로 공포를 극복할 수도 있는 것이 세상이다. 골먼이 주장한 SQ가 타고나기도 하지만 후천적인 노력으로 향상시킬 수 있다.

"모든 만남에서 '그(그것)'가 '너'이고 '우리'가 될 때, 또 GDP 못지않게 국민총행복이 소중히 여겨질 때 모두가 행복한 삶은 가능하다." 종교조차도 '공동체에 얼마나 유익하냐'는 잣대로 평가했던 벤저민 프랭클린을 굳이 거론하지 않더라도 행복은 '나만의 것'을 넘어 '공동체의 선'에까지 이르러야 한다.

🌑 아버지의 답

조선시대 왕으로 태어났다면 행복했을까? 먼저 답부터 말하면 그렇지 않았을 것이다. 지금의 정치만 봐도, 상대를 무너뜨리지 않으면 집권할 수 없으니 어떻게든지 상대를 끌어내리려고 한다. 과거의 왕정시대에는 더할 나위가 없었을 것이다. 목숨을 건 왕자의 난, 신진세력의 갑작스런 등장 같은 것이 역사책에 빈번하게 나오는 것을 보면 왕의 자리도 늘 불안하였음을 알 수 있다.

성경에 보면, 솔로몬 왕 이후 아들 르호보암이 왕으로 즉위하자 여로보암이라는 사람이 나타나 북쪽을 지배하며 남쪽의 '새 왕'을 위협한다. 다시 말해 이스라엘 나라가 두 동강 난 것이다. 우리나라가 남한과 북한으로 갈린 것과 너무나 흡사하다. 북쪽 이스라엘은 역사가들이 모든 왕을 나쁜 왕으로 평가하고 있으며, 남쪽 유다는 20명의 임금 중에 5~6명

정도만이 선한 왕으로 평가 받는다.

정치라는 게 지금 내가 생각하는 것과 현장에 뛰어들어 직접 하는 것은 너무나 차이가 클 것이다. 반대당의 견제는 말할 것도 없고, 그 많은 일에 대해 모두가 수긍하고 좋아하는 정책이란 그렇게 쉽게 나오지도 아니할 뿐더러 나온다 해도 시행하기가 만만치 않을 것이기 때문이다.

한 가정을 다스리는 데도 힘이 많이 든다. 구성원이 몇 사람 되지 않는데도 뜻이 맞지 않아 '아옹다옹'하는 일이 많다. 그래서 '국가를 다스리는 일은 얼마나 힘들까' 하는 생각을 아주 오래 전부터 해왔다. 과거 직장에서 과장 일을 볼 때였다. 좋은 분위기일 때는 회의가 부드럽다. 서로가 위하며 웃는 가운데 일을 가볍게 처리한다. 그러나 과별로 포상이 걸린 회의나 잘못으로 인한 징계가 이루어질 때는 과장들의 신경이 모두가 날카롭다. 하물며 한 나라의 일을 집행하는 데에는 얼마나 많은 집중력과 판단력이 필요할까? 한 가정의 가장도, 한 회사의 과장직도 힘이 드는데 국가의 막중한 일을 수행하는 데에는 무한한 추진력과 흡수력이 있어야 할 것이다.

왕은 좋은 자리이다. 내가 마음대로 할 수 있는 것이 너무 많은 자리이다. 그래서 역사가 인정하는 훌륭한 임금이 되면 좋겠지만 그렇지 못하다면 그 자리는 안 가지는 게 훨씬 좋다. 옛 것을 익혀 새로운 지식을 만들어 소중한 삶을 만드는 온고이지신溫故而知新의 지혜가 필요할 뿐, 권력을 추구하려고 옛날로 돌아가는 생각은 무익하다. 과거를 잘 익혀 새로운 내 것으로 만들며 이 시대를 성실히 살아가는 삶이 정말 행복한 것이다. 또 이런 삶이 한 나라의 임금의 삶과 별반 다름이 없는 것이다.

성경은 가르쳐 준다. "영혼 없는 몸이 죽은 것 같이 행함 없는 믿음은 죽은 것이니라(야고보서 2장 26절)" "하나님을 가까이 하라 그리하면 너희를 가까이 하시리라 죄인들아 손을 깨끗이 하라 두 마음을 품은 자들아 마음을 성결하게 하라(야고보서 4장 8절)"

두 마음으로 손을 더럽게 하지 말고 선한 행실로 마음과 몸을 다스리는 자가 과거에도 현재에도 '임금'이 될 수 있다. 그런 자가 그리스도께서 나타나실 때에 칭찬과 영광과 존귀를 얻게 될 것이다.

이 시대는 자유와 민주주의의 꽃이 활짝 피고 있는 시대가 아닌가! 이 시대에 대한민국에 살고 있다는 것은 행복 중의 행복이다. 아, 대한민국! 멋진 대한민국에서 누리는 삶은 내게 크나큰 행복이다.

04
사람의 의지가 세상을 바꿀 수 있을까?

🌑 아들의 질문

어느 마을에 '모두', '누군가', '아무나', '아무도'라는 네 사람이 살았다. 어느 날 심각한 문제가 생겼는데, 토론 끝에 '모두'가 해결을 하기로 했다. 하지만 '모두'는 '누군가'가 그 일을 할 것이라고 믿었다. 그러나 '아무도' 하지 않았다. 그러자 '누군가' 화를 냈다. 그것은 '모두'의 일이었기 때문이다. 사실 그 일은 '아무나' 할 수 있는 일이었다. 그러나 '아무도' 하지 않았다는 걸 알고, '모두'는 '누군가'를 책망했다.

지식생태학자인 유영만 씨가 쓴 〈체인지〉의 한 구절이다. 저자는 '자기 자신의 변화'를 강조하며, 이런 질문을 던진다. "모두가 동의했지만 아무도 하지 않는 이유가 무엇일까?"

질문에 대한 답부터 얘기하면 "내가 먼저 하겠다"는 생각이 없기 때문이다. 우리네 인생에서 지금 '누군가'가 해야 할 일이 있다면 내가 먼저 하는 게 중요하다. 저자는 '아무나' 먼저 시작하면 '누군가'가 도와주기 시작하고 결국에는 '모두'가 참여하기 때문에 그냥 바라만 보는 사람은 '아무도' 없게 되는 '체인지Change'가 일어난다고 힘주어 말한다.

태도의 변화가 삶의 변화를 낳는다

삶의 변화를 위해 가장 먼저 요구되는 것은 태도의 변화다. 태도는 영어로 애티튜드attitude다. 정신과 전문의 김진세 박사가 쓴 〈애티튜드〉에 따르면 "애티튜드는 라틴어 앱투스aptus에서 기원한 것으로 '준비' 혹은 '적응'이라는 의미로 쓰이는 말이며, 어원적 의미로 따지면 무언가를 행할 준비가 된 상태쯤을 지칭하는 말"이다. 또 주식시장에서 '시골의사'로 유명한 박경철 씨는 〈자기혁명〉에서 "애티튜드 혹은 태도야말로 전 생애에 걸쳐 나의 삶을 좌우하는 가장 핵심적인 요소"라고 단언한다.

진대제 전 정보통신부 장관이 한 조찬간담회에서 던진 질문으로 알려진 계산법도 흥미롭다. '인생을 100점짜리로 만드는 조건은 무엇일까?'의 답은 'Attitude'이다. 왜 그럴까?

알파벳 A에 1을, B에 2를, C에 3을 대입하는 방식을 Z까지 적용해 보라. A(1), B(2), C(3), D(4), E(5), F(6), G(7), H(8), I(9), J(10), K(11), L(12), M(13), N(14), O(15), P(16), Q(17), R(18), S(19), T(20), U(21), V(22), W(23), X(24), Y(25), Z(26)의 표가 완성된다.

이제 의미 있는 단어의 철자를 숫자로 치환해 더해보자. 지식 knowledge은 96점, 사랑(love)은 54점, 돈money은 72점에 불과하다. 그런데 자세를 나타내는 태도attitude는 완벽하게 100점을 채운다.

그렇다면 태도의 변화를 유도하려면 어떠한 자극을 주어야 할까? 물리학 시간에 배운 대로 최대 정지마찰력은 운동마찰력보다 값이 크다. 그래서 처음에 밀 때는 힘들지만 한 번 움직이기 시작하면 힘이 덜 들어간다. 우리 마음도 마찬가지다. 만약 우리의 마음이 이미 최대 정지마찰력을 넘어섰다면 그 다음은 쉬워진다. 태도의 변화는 최대 정지마찰력을 넘어서는 자극을 줄 때 일어난다.

칩 힙스 · 댄 히스가 쓴 책 〈스위치〉에 보면 다음 내용이 나온다. 한 세차장에서 흥미로운 실험을 했다. 고객들에게 세차를 할 때마다 도장을 찍어 주었다. 고객들은 도장 8개를 받으면 무료 1회 세차권을 받았다. 그런데 연구팀은 고객들을 두 개의 그룹으로 나눠 각 그룹에 다른 도장 카드를 주었다. A그룹이 받은 카드엔 도장을 받아야 할 칸이 8개 있었다. 반면 B그룹의 카드는 칸이 10개였지만, 이미 2칸에 도장이 찍혀 있었다. 시일이 지난 후에 손님들이 얼마나 무료 세차권을 얻었는지 조사했다. 둘 다 채워야 할 자리는 8칸으로 같았지만, A그룹은 19%만 무료 세차권을 받은 반면 B그룹은 34%나 무료 세차권을 받았다. 무려 2배 차이였다.

좌뇌=논리, 우뇌=감성, 뇌량=의지

인간의 의지가 뇌의 작용이란 것은 익히 알려진 사실이다. 그런데 뇌과학의 연구 성과를 보면 재미있는 사실을 알 수 있다.

인간의 태도를 좌우하고 의지를 책임지는 뇌 파트는 뇌량이라고 불리는 밀집된 신경섬유 다발이다. 뇌량은 좌뇌와 우뇌를 통합하고 선택하는 기능을 담당한다.

익히 알려진 대로 좌뇌는 일반적으로 언어적, 수리적, 분석적, 논리적, 이성적 분야를 담당한다. 좌뇌는 논리적인 사고에 능해서 숫자나 기호를 잘 인식하고 읽기와 쓰기, 그리고 계산하는 능력이 강하다. 반면 우뇌는 비언어적, 시공간적, 직관적, 감성적 분야를 담당한다. 우뇌는 공간 인식의 기능을 담당하고, 시각적 정보를 종합적으로 파악한다. 특히 감성적 세계에 강하여 음악, 미술 등 예술 분야를 담당한다. 좌뇌의 생각은 논리가 정연한 반면에 결정을 내리는 데에 시간이 걸리므로 급한 상황에서는 직감적이고 순간적인 우뇌의 결정에 따른다.

뇌량은 좌뇌와 우뇌의 정보교환이 원활하게 이루어지도록 한다. 좌뇌와 우뇌는 각각의 고유성을 유지하면서도 하나의 기능 단위로 작용하게 해주는 것이다.

우리는 두뇌 개발이라고 하면 좌뇌와 우뇌만 쉽게 떠올리지만, 차동엽 신부의 〈무지개 원리〉에 따르면 '천재 집합소'인 유태인 사회에선 그 둘과 함께 뇌량 개발에도 힘을 쏟는다.

유태인들은 좌뇌를 통해 원리를 가르친다. 고기가 아니라 고기 잡는 법을 가르친다는 소리다. 유태인 학교에서는 학생들에게 리포트를 과제로 내줄 때, 가능한 한 많은 자료를 수집하게 한다. 그리고 그 수집한 자료들을 적절히 종합, 분석, 정리해서 자신의 머리로 리포트를 작성하도록 이끌어준다. 리포트의 평가 기준은 그 내용이 아니라 자료를 다룬 솜씨가 중점이 된다.

우뇌 개발은 베갯머리 교육이 담당한다. 유태인들은 중요한 지혜를 잠결에 들려준다. 유태인 엄마들의 하루 생활 중 가장 중요한 순간은 자녀들을 침대에 눕히고 그 곁에서 잠들 때까지 함께 있는 시간이다. 이는 자녀들에게도 마찬가지로 중요한 시간이다.

유태 민족의 전통에 따라 엄마가 읽어주는 이야기는 대개 구약성경 중에서 골라낸다. 이때 어린이들이 가장 재미있어 하는 것은 주로 영웅들의 이야기다. 모세가 이집트에서 탈출한 이야기나 다윗 왕과 거인 골리앗의 이야기 등, 아이들은 수천 년의 역사를 단숨에 거슬러 올라가서 마치 자신이 그곳에 있는 것처럼 마음껏 상상력을 펼친다. 이러한 성경 영웅담에 대한 흥분은 오랫동안 지속되며 상상력이 풍부한 시인과 작가, 그리고 과학자를 많이 만들어 낸다.

베갯머리 교육에 버금가는 것으로 밥상머리 교육도 있다. 유태인들은 밥상머리에서 가족과 대화를 나누는 것을 소중하게 생각한다. 유태인 부모는 음식에 웃음과 칭찬과 격려의 양념을 친다. 달콤한 음식을 먹으며 기분이 좋아진 아이에게 재미있는 이야기를 들려주고 칭찬과 격려의 말을 해주면 아이의 기쁨은 배가된다.

또한 유태인들은 매일 식탁에서 하나님께 감사를 드리는 것으로 식사를 시작한다. 자녀들은 이를 통해 하나님에 대한 경건한 마음과 감사하는 자세를 자연스럽게 익히게 된다.

이 정도까지는 익히 들은 사람들도 많을 것이다. 유태인 두뇌개발의 하이라이트는 뇌량에 있다. 〈무지개 원리〉는 유태인들에게 자녀들을 부르는 애칭이 따로 있다고 알려준다. 바로 선인장 꽃의 열매인 '사브라'다. 이 선인장에는 사막의 어떤 악조건에서도 꽃을 피우고 열매를 맺는 강인함과 억척스러움이 배어 있다.

'사브라'라는 호칭은 의지 강화 교육의 지혜다. 사랑하는 자녀를 사브라라고 부를 때마다 부모는 자녀에게 이런 메시지를 심어주고 있는 것이다.

'너는 사브라다. 내 인생은 선인장과 같았다. 나는 사막에서 뿌리를 내리고, 비 한 방울 오지 않는 땡볕이 쬐는 악조건 속에서 살아 남았다. 아침에 맺히는 이슬 몇 방울 빨아들이며 기어코 살아 남았다. 그러니 너는 얼마나 소중한 존재냐! 너라는 열매를 맺기까지 나는 인고의 세월을 견디어 냈다. 너는 사브라다. 선인장 열매다. 그러니 너도 끝까지 살아 남거라. 그리하여 또 다른 열매를 맺어라. 그 열매가 맺어지거든 그를 사브라라고 불러 주어라.'

유전자를 바꾸는 후성유전자

의지 교육의 힘은 과학적으로도 따져볼 여지가 충분하다. 제레미

리프킨 등은 인간은 유전자의 지배를 받는다고 주장한다. 하지만 페터 슈포르크Peter Spork처럼 후성유전학을 연구하는 학자들은 "인간은 자신의 유전자를 조종할 수 있다"고 말한다. 페터 슈포르크의 〈인간은 유전자를 어떻게 조종할 수 있을까〉가 전하는 후성유전학의 신비는 놀랍다.

후성유전학은 세포의 유전체(게놈genome) 위에 존재하는 후성유전체를 연구하는 학문이다. 유전체는 한 생물이 가지는 모든 유전정보를 일컫는다. 게놈을 구성하는 끝이 없어 보이는 염기서열은 유전 텍스트의 철자들이라 할 수 있는 네 가지의 화학적 구성 성분으로 되어 있는데, 이들이 모여 유전암호(유전 코드)를 이룬다. 세포들은 설계도를 읽듯 유전암호를 읽고, 생물을 구성하는 수많은 단백질로 암호를 '번역'한다.

반면 후성유전학은 세포에 저장되고 딸세포로 전달되는, 그러나 유전형질에는 포함되어 있지 않은 모든 분자생물학적 정보들을 다룬다.

인간이 컴퓨터라면 우리의 유전자는 하드웨어일 것이다. 당연히 소프트웨어도 있어야 하는데, 후성유전학자들은 후성유전자가 바로 그것이라고 말한다.

컴퓨터를 텍스트 작업 혹은 그래픽 작업에 활용할지, 표 계산이나 게임에 활용할지를 소프트웨어가 결정하는 것처럼 우리의 세포들이 생각을 할지, 소화를 시킬지, 호르몬을 분비할지, 질병과 싸울지 등은 후성유전학적 프로그래밍에 기인한다.

유전암호만으로는 우리 몸의 신비를 다 설명할 수 없다. 우리 신체의 모든 세포들이 모두 동일한 유전체를 가지고 있음에도 어떻게 우리의 신체는 그렇게도 다양한 세포를 만들어낼까? 어찌하여 우리 몸에는 신경세포, 머리카락 세포, 간세포 등 많은 세포들이 존재할까? 또 근육 조직의 세포핵에 들어 있는 유전물질과 장점막이나 갑상선에 들어 있는 유전물질은 왜 다 다를까?

여기에 후성유전체의 역할이 있다. 후성유전체는 세포로 하여금 모든 단백질의 설계도를 저장하게 할 뿐 아니라, 이런 설계도 중 어떤 것을 활용해야 하는지 지시를 내린다. 그리고 세포들은 분열을 통해 유전 텍스트와 더불어 이런 지시들을 딸세포에 전달할 수 있다.

세포들의 하드웨어인 후성유전체가 세포들의 유전암호 활용을 적절하게 돕지 못해 한 세포가 모든 유전자를 동시에 읽고 설계도에 저장된 많은 단백질 모두를 동시에 생산한다면 심각한 카오스가 초래될 것이다.

우리는 유전자의 꼭두각시가 아니다. 체질과 신진대사와 인성을 변화시킬 수 있다. 지난 몇 십 년간 '바이오–숙명론자'들이 계속 주장해왔던 것과는 달리 우리의 삶은 아주 작은 것까지 유전적으로 결정된 것이 아니다. 물론 생물학적 운명, 즉 신체와 정신을 주관하는 유전 프로그램은 분명히 있고 그것은 질병에 대한 저항력, 뚱뚱하고 날씬한 정도, 수명, 암에 걸릴 가능성, 성격, 중독에 빠질 가능성, 지능 등에 영향을 미친다. 그런데 우리 스스로도 이런 운명에 적잖이 영향을 미칠 수 있다.

후성유전학과 직접적인 관련성은 찾을 수 없지만, 의지의 힘은 이 이론을 통해 충분히 유추해석 가능하다. 오프라 윈프리는 미혼모의 딸로 태어나 어렸을 적에 사촌에게 성폭행을 당해 14살에 임신까지 했지만, 과거의 불행에 사로잡히지 않고 당당하게 맞서 싸웠다. 그녀의 쇼에 나오면 누구든지 마음의 문을 열게 되는 현상은 '오프라화 oprahization(속마음이나 과거의 철없는 행동을 만인에게 털어놓으려는 사람들이 늘어나는 현상)'라는 신조어를 낳기도 했다.

"누구에게나 소명이 있다. 진짜 해야 할 일은 그걸 찾는 것이다." 윈프리에게 의지는 '불행의 유전자'를 뒤집어 놓은 '생명의 후성유전자'였다.

우리가 대철학자로 아는 데카르트는 유년기의 어느 날 사랑의 열정을 불러일으키는 한 소녀를 만난다. 그런데 하필이면 그녀의 눈동자는 각기 다른 쪽을 향하고 있다. 뇌리에 새겨진 강렬한 사시의 인상이 좋고 싫음을 관장하는 감정과 긴밀히 연결돼버린 것이다. 데카르트는 오랜 세월이 흐른 뒤에도 사시를 가진 사람만 보면 그 신체적 결함 때문에 보통사람보다 더 진한 애정을 느꼈다.

앙리 페나-뤼즈는 〈데카르트가 사랑한 사팔뜨기 소녀〉에서 이 특이한 사례를 "주름이 잡혔다"고 표현하며 '뇌의 착각을 막아야 한다'는 철학적 명제를 도출해냈다. 옷을 개거나 다릴 때 한 번 주름이 잡힌 옷은 그 후에도 그 주름대로 잡히는 경향이 있다. 같은 원리로 인간이 받는 외부 인상과 내면의 감정도 반복 결합되다 보면 감각의 주름이 생길 수밖에 없다. 따라서 데카르트가 고도의 정신분석을 통해 '유년기의 혼동'에서 벗어났듯 우리도 감정과 인상의 상호 훼손을 막을 필요가 있다.

찬찬히 삶을 한 번 돌아보자. '남들이 살 땐 올랐던 주식이 내가 돈만 넣으면 곤두박질친다. 버스보다는 시간을 잘 맞출 수 있겠다 싶어 지하철에 올라탄 날은 앞차 사고로 30분 이상 발이 묶인다. 또 모처럼 정장 차려입고 길 나서는 날엔 갑자기 쏟아 붓는 비에 물에 빠진 생쥐가 돼버린다….' 이런 식의 경험 앞에서 자포자기하고 싶은 심정이 들 때야말로 의지의 힘을 보여 줄 상황이다. 시지프스의 신화를 기억한다면 다람쥐 쳇바퀴 도는 일상에서도 삶의 키를 꼭 쥔 채 세상과 맞설 수 있다. 인간의 의지는 능히 세상을 바꿀 수도 있다.

🟢 아버지의 답

사람의 의지는 모든 것을 바꿀 수 있는 힘이 있다. 물론 '그렇지 않다'고 하는 자의 생각도 이해한다. 하나님의 형상形狀대로 지음을 받고 하나님의 속성屬性을 그대로 닮았기 때문에 사람의 의지는 대단한 힘을 가지고 있다. 우공이산愚公移山이란 말이 그냥 생긴 것은 아니다. 무언가 어리석어 보이지만 내가 못하면 내 자녀들이, 또 그 이후의 자손들이 하면 된다는 끈질기고 확신에 찬 행동이라고 본다. 사람의 의지는 '언젠가'에 대한 소망이며, 또 이것은 능히 세상을 바꿀 수도 있다.

경부고속도로가 만들어지고 한강의 기적이 세워지며 포항제철이 건설된 것은 인간 의지의 작용이다. 미국의 링컨 대통령이 노예를 해방시킨 것도 불가능에서 가능으로 옮긴 사람의 의지가 아니지 않는가! 바울 사도는 자신이 가지고 있는 풍부한 지식과 로마 시민권을 개인의 안녕을 위하여 쓰지 않고 다메섹에서 만난 예수를 전하는데 썼다. 그는 지중해를 안고 아시아와 유럽을 오가며 죽음보다 더한 고통과 힘든 과정 속에서도 '예수 전하기'를 경주했다. 한 사람의 의지가 오늘날 기독교가 잘 정립되고 아름답게 커가는 계기가 된 것이다. 이 바울이 쓴 성경 바울서신은 불후의 명작으로 2000년 동안 많은 사람들에게 읽혀지고 있지 않는가!

'열 번 찍어 안 넘어가는 나무 없다'는 우리 속담이나 칠전팔기七顧八起라는 사자성어도 사람의 의지가 무엇이든지 할 수 있다는 것을 보여주는 좋은 말이다.

수영의 박태환, 역도의 장미란, 피겨스케이팅의 김연아, 체조의 양학선, 마라톤의 손기정은 자신의 의지를 운동을 통하여 발현한 선수들이다. 이들 모두는 사람의 의지가 어떤 것인지를 분명히 보여주며 세계 속에 한국을 똑똑하게 알린 멋진 사람이다. 사람의 의지는 하면 된다는 자신감과 지혜로운 삶의 노력으로 구성돼 있다. 의지는 수백 번의 엉덩방아를 찧고, 수백 번의 바벨을 들었다 놓았다 하면서도 계속 반복하는 에너지를 만들어 낸다.

마태복음(13장 44절)은 "천국은 마치 밭에 감추어진 보화와 같으니 사람이 이를 발견한 후 숨겨 두고 기뻐하며 돌아가서 자기의 소유를 다 팔아 그 밭을 사느니라"라고 하였다. 보화를 얻으려는 확실한 의지는 자신의 모든 것을 희생하여서라도 그것을 얻으려고 한다.

"누구든지 주의 이름을 부르는 자는 구원을 받으리라" 사도행전(2장 21절)과 로마서(10장 13절)에 나오는 이 말씀은 구약 요엘서 말씀(2장 32

절)을 누가와 바울이 인용한 말씀이다. 정말이다. 누구든지 예수님의 이름을 부르면 구원을 받는 것이다. 구원자 예수님은 이미 십자가를 통하여 우리의 죄를 용서하셨다. 그러니 그 분 곧 예수님이 나의 죄를 대신하여 십자가를 지셨다는 고백으로 예수님의 이름을 부르면 되는 것이다. 나의 의지가 꼭 필요한 부분이다.

천국은 하나님이 우리에게 허락한 것이다. 그렇다고 우리의 의지가 없고 소유하려는 노력이 없으면 그것은 남의 것이 될 수밖에 없다. 나의 의지가 확고해야 그 천국을 소유할 수 있는 것이다. 의지는 천국을 내 것으로 만드는 엄청난 힘을 가지고 있는 것이다.

05

삶의 여정은 어디에서 어디까지일까?

🌑 아들의 질문

남보다 조금이라도 앞서려고 애쓰는 '개인의 세기'다. 거북이가 경주에 이기기 위해 잠자는 토끼를 깨우지 않는 것을 당연시하고, 무자비한 생명파괴로도 볼 수 있는 '콜럼버스의 달걀'을 창조의 본보기로 치켜세운다. 전국 방방곡곡을 휩쓰는 재테크 열풍도 달리 보면 월급으로 안분지족하는 대한민국의 평균치 삶을 용납하지 못하기 때문이다.

신영복 성공회대 교수가 쓴 〈처음처럼 : 신영복 서화 에세이〉는 이런 세태에서 봤을 때 이단아 같은 책이다. 주객이 전도된 느낌이다. 〈감옥으로부터의 사색〉, 〈더불어 숲〉 등을 통해 나눔과 봉사, 평화의 공동체 정신을 강조한 신영복 교수는 타인의 행복을 자기 행복의 조건으로 기꺼이 수용하는 삶의 철학을 책장 가득 읊조린다. '10억 원 프로젝트'가 화두인 세상 흐름에서 봤을 땐 어색하기 그지없다.

"산다는 것은 수많은 처음을 만들어가는 끊임없는 시작이다." 신영

56

복 교수는 부단한 자기성찰을 주문한다. 사람은 삶의 준말이다. '사람'의 분자와 분모를 약분하면 '삶'이 되듯, 세상의 가장 아픈 상처도 사람이 남기고, 가장 큰 기쁨도 사람으로부터 온다. 또 사람과 삶은 사랑과도 어원을 같이 한다. 사람을 약분한 값이 삶이라면, 그 둘을 끊임없이 늘려가는 것이 사랑인 것이다.

머리에서 가슴, 가슴에서 발까지의 여행

신영복 교수가 책에서 말한 대로 인생의 여정은 머리에서 가슴, 가슴에서 발까지의 여행이 돼야 한다. 냉철한 머리보다 따뜻한 가슴 갖기가 더 어렵듯, 그 깨달음을 발로 실천하는 것은 더 고단한 수행의 과정이다. 타인과 부대끼며 살다 불가피한 상처와 역경을 이겨내려면 처음의 마음을 잃지 않는 것이 중요한데, 이를 위해서는 '수많은 처음'을 꾸준히 만드는 길밖에 없다.

그런데 우리가 살면서 공통적으로 마주하는 문제가 하나 있다. 인생의 여정은 육체의 여정과 달리 후반부가 더 어렵다.

이영직의 〈성장의 한계〉란 책에 보면 생명체의 한계수명을 대충 계산할 수 있는 방식이 나온다. 인간의 경우, 자연수명이 120세 정도 되는데, 그 근거는 성장기 기간에 있다. 모든 생명체는 성장이 빠를수록 수명이 짧고, 성장이 느릴수록 수명이 길다. 말이나 소는 태어나서 몇 시간이면 걸을 수 있고 1, 2년이면 번식기를 맞을 정도로 성장이 빠르지만 수명이 짧다. 반면 사람은 사춘기를 맞기까지 12년,

성장을 마치기까지 20년이 넘게 걸린다. 포유류 동물의 수명은 성장 기간에서 6, 7을 곱한 기간이다. 인간의 경우를 계산하면 120세 정도가 된다.

육체의 여정에는 성장기, 즉 전반부가 중요하지만, 인생의 여정에선 '머리에서 가슴'보다는 '가슴에서 발'까지가 더 어렵다.

누가복음에 나오는 '삭개오의 회개' 대목은 기독교인이라면 모르는 이가 없는 이야기다. '내 돈은 내 돈, 네 돈도 내 돈'을 집요하게 실천하던 세리장 삭개오. 그는 예수님이 보고 싶긴 하지만, 사람들이 자신을 향해 쑥덕쑥덕대는 것이 의식돼 군중들의 틈바구니에 끼지 못한다. 그래서 그가 택한 방법은 돌무화과나무 타기. 나무 위에 올라가면 사람들과 섞일 필요도 없고, 뵙고 싶었던 예수님도 방해물 없이 바라볼 수 있다. 그렇게 예수님의 눈에 띄었고, 그의 부르심도 받게 되었다.

"제가 가진 재산의 절반을 내놓고, 행여라도 갈취한 것이 있다면 4배로 갚겠습니다."

고대하던 예수님을 두 눈으로 본 삭개오에게 회개와 중생의 삶은 벼락같이 임했다.

삭개오가 '가슴에서 발까지의 여정'을 멋지게 내디딘 데에는 3가지 요인이 작용했다. 첫째, 그는 열등감을 벗어던졌다. 둘째, 그는 기회가 왔을 때 놓치지 않았다. 셋째, 그는 생각에 그치지 않고 행동에 옮겼다. 우리는 그냥 성경에 나오는 얘기이니 쉽게 읽고 넘기지만, 삭개오가 돌무화과나무에 오르는 것과 내려오는 것 모두 어지간한 용기가 없으면 불가능했을 것이다.

무소유로 유명한 법정 스님도 생전에 '가슴에서 발로의 여정'에 대해 언급한 적이 있다. 그는 〈일기일회〉에서 지혜와 자비가 둘이 아니라는 선 굵은 목소리를 낸다.

"지혜와 자비는 청정한 한 마음에서 나오는 가닥입니다. 굳이 차례를 이야기하자면 자비심에서 지혜가 싹틉니다. 자비가 없는 지혜는 지극히 메마른 것입니다. 한국 불교는 깨달음을 우선시하면서도 깨달음의 행을 할 줄 모릅니다. 행을 통해 깨달음을 이루는 것이지, 깨달음의 행 없이 정상에 이를 수 없습니다. 끝없는 자비의 행을 통해 지혜가 싹트고, 지혜와 자비가 하나가 되는 경지에 도달하는 것입니다. 이것이 수행의 길입니다."

삶의 여정, 3가지를 기억하라

인생은 이렇듯 후반부가 어렵지만, 3가지를 기억하면 삶의 여정이 풍요로워질 수 있다.

첫째는, 자신감 있게 살아야 한다. 달걀을 스스로 깨면 병아리가 되지만, 남이 깨면 달걀 프라이가 된다는 우스갯소리가 있다. '내가 최고'라는 교만은 금물이지만, 자신에 대한 어느 정도의 믿음은 약이 된다.

김종현의 〈힐러리의 수퍼 리더십〉에서 본 이야기다. 미국의 클린턴 전 대통령이 어느 날 주유소 사장이 돼 있는 힐러리 여사의 옛 남자친구를 만났다. 그리고는 의기양양하게 힐러리 여사에게 말했다.

"당신이 날 만났으니 미국의 영부인이 되었지, 저 친구랑 결혼했으면 주유소 사모님이 되었겠네."

그때 힐러리 여사가 뭐라고 받아쳤는 줄 아는가?

"아니지, 당신이 날 만났으니 대통령이 된 거야. 다른 여자 만났으면 감히 어떻게 대통령이 됐겠어?"

힐러리 여사처럼 우리도 스스로를 존중할 줄 아는 사람이 돼야 한다. 그래야 가슴에서 발로 향하는 발걸음에 힘이 실릴 수 있다.

두 번째 원칙은 "후회는 미리 하라"이다. 〈새로 고침〉이란 책에서 흥미로운 얘기를 들은 적이 있다. 정재승 카이스트 교수는 "인생을 늘 새롭게 살기 위해 후회를 미리 하라"고 조언한다. 후회를 통해 절박함이라는 감정을 끌어내면 인생의 '새로 고침'을 할 수 있다는 얘기다. 그가 알려주는 '미리 후회하는 법'은 이렇다.

내가 A라는 길을 갈 수도 있고 B라는 길을 갈 수도 있는데, A라는 길을 갔다. 이렇게 머릿속으로 생각한 후, 그 상황에서 내가 만일 B를 선택했다면 어떤 결과가 나왔을지를 시뮬레이션 해본다. 그래서 다른 걸 선택했을 때 얻게 되었을 예측 결과물과 나의 결과물을 비교한다.

"내가 암에 걸리면 어떤 일이 벌어질까? 내가 교통사고를 당하면 어떤 일이 벌어질까? 내가 지금 이렇게 죽으면 내 삶은 어떻게 될까? 누가 슬퍼할 거고, 내 돈은 어떻게 되는 거고, 내 직장은 어떻게 되는 걸까? 내가 하던 일은 어떻게 되고, 친구들은 어떻게 될까?"

저자는 이런 '시뮬레이션 후회'를 통해 '아, 이러면 안 되겠구나!' 하는 절박함을 느낄 수 있다고 한다. 이 후회가 삶에 대한 절박함을 만들어낸다. 정재승 교수의 말대로 지구상에서 후회를 하는 동물은 영장류밖에 없다. 이 말은 후회라는 게 매우 고등한 의식의 작용이라는 사실을 뜻한다. 후회는 다음에 유사한 선택의 상황이 되었을 때 더 나은 결정을 하라고 부여된 기능인 듯 보인다.

마지막으로 세 번째 키워드는 '포기 금물'이다. 내가 초등학교에 다닐 때에는 성적을 '수·우·미·양·가'로 표시했다. 그런데 이 '성적 인덱스(지표)'의 정확한 뜻이 재미있다. 수秀는 '빼어날 수' 자로 '우수하다'는 뜻이다. 우優는 우등생 할 때의 '우' 자로 '넉넉하다'는 말이다. 그리고 미美는 '아름다울 미'자로 '좋다'는 뜻이고, 양良은 '양호하다'는 뜻으로 '좋다, 어질다, 뛰어나다'의 뜻을 담고 있다. 그렇다면 가장 마지막에 있는 가可는 어떤 의미일까? "공부도 못하니 가버려"라고 해서 '가'인 걸까? 놀랍게도 '가'는 '가능하다'고 할 때의 '가'다. '옳다'는 뜻도 갖고 있어, 충분한 가능성이 있다는 뜻을 알릴 때 쓰는 표현이다.

우리네 인생에 포기란 없다. 영어 단어 'commencement'에는 '졸업식'과 '시작·개시'란 뜻이 함께 들어 있다. 끝났다고 생각하는 순간에 새로운 시작이 시동을 건다.

내가 몸을 담고 있는 〈머니투데이〉가 한 달에 한 끼씩 굶으며 그 정성을 사회와 나누는 '금요일의 점심' 행사를 시작했을 때, 취지를 들은 신영복 교수는 "돕는다는 것은 우산을 들어주는 것이 아니다"라고 말하며 '함께 맞는 비'란 휘호를 선물했다. 어찌 배려와 존중의 자세가 나눔에만 필요한 것이랴! 사랑은 같은 곳을 함께 바라보는 이해의 자세며, 배움은 자신을 한없이 낮춰 상대를 높이는 이타적 행위다. 잎사귀를 떨궈 이듬해 봄의 새싹을 예비하는 겨울의 나목처럼 산다면 우리의 수백 수천 일도 '언제나 새날처럼' 신선하고 아름다울 수 있다.

🔵 아버지의 답

태어나서부터 죽을 때까지를 인간의 삶의 여정으로 생각하는 사람이 많다. 죽었다가 살아난 사람이 없다는 '사실'이 이런 결론을 유도한다. 과학자들은 지구가 수억 년 전에 태어났으며, 인간의 조상으로 인류와 비슷한 동물을 내세우며 인류의 역사가 무한히 오래 전부터 시작되었다고 한다. 그렇다면 지구의 끝은 언제일까? 또 수억 년이 될 것인지 아니면 수조 년이 될 것인지 궁금하다. 시작이 있으면 끝이 있어야 할 것이다.

성경의 전도서는 "모든 것이 때가 있다 날 때가 있으면 죽을 때가 있고 심을 때가 있으면 심은 것을 뽑을 때가 있다 하나님의 하시는 일의 시종始終을 사람으로는 측량할 수 없게 하셨도다"라고 말하고 있다. 사람의 때는 모두가 기한이 정해져 있다. 그러나 그 때는 모두가 하나님의 절대권한이다.

영혼을 가지고 있는 인간은 끝이 있는 것이 아니라 죽은 후에도 영원세계가 있어 우리가 이생에서 살아온 결과를 보게 되는 것이다. 인간이 죽으면 육체는 흙으로 돌아가나 영혼은 영원세계에서 살아간다. 성경은 여러 곳에서 말세의 내용을 말하면서 천국과 지옥을 연계하고 있다. 한 부자와 한 거지 나사로가 죽어서 각각 한 사람은 천국에, 한 사람은 지옥에 간 이야기(누가복음 12장 13~21절)와 "푯대를 향하여 그리스도 예수 안에서 하나님이 위에서 부르신 부름의 상을 위하여 달려가노라"라고 한 바울 사도의 말(빌립보서 3장 14절)은 우리의 세계가 영원으로 이어지고 있음을 증거한다.

인간은 놀라운 지혜와 지식이 있는데 이것은 하나님이 창조하실 때 인간에게 주신 귀한 선물이다. 이 선물을 잘 사용하면 하나님을 닮은 깨끗하고 신실한 사람으로 영원세계를 바라보게 될 것이나, 잘못 사용하면 바벨탑을 쌓는 백성처럼 하나이던 언어가 수많은 언어로 나누어지는 벌을 받고 한 곳에서 사이좋게 살아가던 세상에서 흩어지는 서러움을 겪게 되는 것이다. 시작과 끝은 끊을 수 없는 단짝이다. 내가 정할 수 있는 것이 아니며 죽음으로써 끝이 나지도 않는다.

관건은 '선한 싸움의 결과로 받게 되는 영생이냐, 악한 싸움의 결과로 받게 되는 멸망(지옥)이냐'이다. 만약 삶의 여정이 원(동그라미)이라면 인생의 고달픔이 언제쯤 끝날 것인지, 그것을 누가 말할 수 있을까?

삶의 끝을 죽음이라고 생각하는 사람들은 전성기가 지나고 쇠퇴기가 오면 모든 것이 끝인 줄 알아 자살이라는 극단적인 행동을 취한다. 우리의 부모님들은 죽음과 맞바꾸는 고통과 삶의 애환을 다 겪으면서 우리를 키우셨다. 그래서 우리는 부모님으로부터 받은 이 육체를 잘 관리하고 다스려야 한다. 함부로 죽음을 택하든지 자해自害하는 행동은 어리석은 행동이다.

하나님께서 부모의 몸을 통하여 우리를 이 땅에 보내셨다. 이 땅에서 하나님의 뜻을 잘 수행해야 하는 것이 마땅한 도리이다. 이 몸이 내 몸이 아님은 성자들도 이미 말한 바 있다. 죽음이 끝이라는 생각은 절대 금물이다. 죽음은 새로운 세계에서의 시작이 되기 때문이다. 모든 것의 끝은 내가 정하는 것이 아니라 하나님이 정하시는 것이다.

"선한 일을 행한 자는 생명의 부활로 악한 일을 행한 자는 심판의 부활로 나오리라"(요한복음 5장 29절)

06
당신의 삶에 '보이지 않는 손'은 있는가?

🌀 아들의 질문

노를 젓다가/ 노를 놓쳐버렸다/ 비로소 넓은 물을 돌아다보았다

노벨 문학상이 발표될 때마다 단골 후보로 거론되는 고은 시인의 시다. 노를 젓는 동안에는 그 넓은 물이 안 보였단 말인가? 삶의 시선에 대해 시인은 이 짧은 시로 핵심을 짚어준다. 정말 그럴까 싶지만, 노를 열심히 젓고 있는 동안엔 비록 바다 한가운데 있어도 바다가 안 보인다. 그런데 노를 놓치게 되자 비로소 넓은 물이 눈앞에 펼쳐진다.

이런 아이러니를 실험을 통해 증명한 사람들이 있다. 1999년 미국의 인지심리학자인 크리스토퍼 차브리스C. Chabris와 대니얼 사이먼스 D. Simons는 하버드대학에서 고릴라 실험을 했다.[8]

연구진은 먼저 사람들에게 패스 횟수를 세어보라고 주문한다. 그

리고 흰옷을 입은 농구 선수들이 패스를 이어가고 있는 사이에 고릴라 복장을 한 사람이 그들 사이를 헤집고 다닌다.

연구팀은 실제로 수천 명에게 이 동영상을 보이며 고릴라를 보았냐고 물어봤는데, 절반 정도가 패스 횟수를 세느라 고릴라의 존재를 느끼지 못했다.

어떻게 이런 일이 가능할까? 인간이 무엇인가 관찰할 때는 한 가지 대상을 향해 선택적 주의가 발생한다. 이를 유식하게 말하면 부주의 맹시Inattentional blindness다.

세상은 창조되었나, 원래부터 있었나?

인간은 끊임없이 보이지 않는 것, 알 수 없는 것에 대한 희구를 피력해 왔다. 생각할 수 있는 가장 멀고 오랜 세월에 벌어진 일에 대해서도 마찬가지다.

세계의 창조설화들은 크게 두 가지 패턴으로 정리된다. 이 세상은 어떤 존재에 의해 창조되었든지, 원래부터 그 자리에 그대로 존재했든지 둘 중 하나다.

반고盤古라는 소년이 계란 모양의 원시우주 안에서 잠을 자다가 깨어 이 세상을 만들었다는 중국의 설화나 완전한 혼돈 속에서 우주가

---

8 〈보이지 않는 고릴라〉 - 크리스토퍼 차브리스, 대니얼 사이먼스 지음/김명철 옮김/김영사 펴냄

탄생됐다는 그리스의 신화는 '창조'의 대표적인 이야기들이다. 반면 불교와 힌두교에서 말하는 우주는 탄생과 파멸이 없는, 시간을 초월한 존재다. 이러한 설화 속에 존재하는 개개인들은 여러 가지 수준의 삶을 영위하고 있는데, 깊은 명상수행을 통해 우주와의 합일을 이룬 영원불멸의 상태인 열반涅槃에 이를 수 있다.

흥미로운 점은 이렇게 상반된 창조신화들이 과학을 통해 점차 통합돼가고 있다는 사실이다. 어느 책에서 보니, 현대 과학자들이 주장하는 우주론은 '열반의 바다 속에서 천지창조가 이루어졌다'는 문장으로 정리될 수 있다고 한다.

많은 학자들은 현대과학의 획기적인 발전이 '현대 물리학의 혁명가'인 알버트 아인슈타인Albert Einstein부터 시작되었다고 본다. 아인슈타인의 상대성이론은 그 당시 지배적이었던 시간과 공간에 대한 뉴턴의 체계를 송두리째 흔들어 놓았다. 시간과 공간을 결합시킨 시공간이 중력에 의해 휠 수 있다는 사고는 블랙홀의 개념으로까지 확장된다.

아인슈타인의 바통은 허블Edwin Powell Hubble이 이어받았다. 허블은 1925년 세계 최대였던 100인치 망원경을 이용해 안드로메다 은하까지의 거리를 밝혀냄으로써 외부은하의 존재를 입증했다. 또 거리가 먼 은하일수록 더욱 빨리 멀어진다는 거리-속도 사이의 관계(허블의 법칙)를 발견해 우주팽창에 대한 결정적인 단서를 제공했다. 그러자 우주가 혼돈스러운 폭발로부터 생성되었다는 대폭발이론big bang theory(빅뱅 이론)이 자연스럽게 대두되었다. 이 이론에 따르면 모든 천체들은 탄생 초기에 있었던 대폭발의 후유증으로 지금도 바깥쪽으로 흩어지고 있다.

또한 허블의 발견으로 우리가 속한 우리 은하는 수 없이 많이 존재하는 은하 중 하나일 뿐이라는 사실을 알게 됐다. 지구에서 태양, 그리고 우리 은하로 확장된 인류의 '우주 사고'의 패러다임 시프트가 일어났다.

우주가 팽창한다는 사실은 빅크런치(너무 많은 물질)와 빅칠(너무 적은 물질), 그리고 골디락스 우주(딱 알맞은 우주)의 논란을 낳았다. 하늘로 던져진 공이 다시 떨어지듯 우주는 팽창을 늦출 정도로 충분히 많은 물질을 포함하고 있어서 언젠가는 다시 수축할까? 아니면 우주의 물질이 적어서 마치 대기권을 벗어난 로켓처럼 팽창이 계속될까? 아니면 우주가 차츰 팽창이 늦춰지다가 종국엔 사실상 멈출 만큼의 질량만 포함하고 있을까? 학자들은 우주의 무게와 모양과 운명을 결정하기 위해 우주 안에 있는 물질의 양과 특성, 공간분포를 탐구했다.

우리가 아는 건 우주의 4퍼센트뿐

리처드 파넥이 쓴 〈4퍼센트 우주〉라는 책 내용을 토대로 보면 '우주탐구 여정'은 갈 길이 멀다. 인간과 별, 행성을 구성하는 물질은 전 우주의 단 4퍼센트에 불과하기 때문이다. 나머지 96퍼센트는 완전한 미지의 영역이다.

과학자들 사이에서도 의견이 갈리지만, 일부 학자들은 '평행우주

개념'도 거론한다. 더글러스 애덤스 · 이오인 콜퍼가 쓴 〈은하수를 여행하는 히치하이커를 위한 안내서〉의 주인공 아서는 기발한 방법으로 우주를 여행한다. 현대과학이 제안하는 웜홀이나 초광속비행, 차원입구 등의 복잡한 방법이 아니다. 주인공은 양자역학의 불확정성원리를 이용하여 은하들 사이를 순식간에 이동한다.

불확정성원리가 뭔가? 하나의 전자는 공간상의 한 점에 존재하지 않고 원자핵의 주변에 분포되어 있는 '전자가 놓일 수 있는 모든 지점들'에 동시에 존재한다. 물질을 이루고 있는 분자들이 스스로 분해되지 않는 이유는 여러 곳에 동시에 존재하는 '평행전자parallel electron'들이 양자적 춤을 추면서 분자들을 단단하게 묶어주고 있기 때문이다. 과학책에 설명된 내용은 이렇다.

평행우주 연구자들은 아서의 방식에 주목했다. 만일 일어날 가능성이 거의 없는 어떤 사건의 발생 확률을 마음대로 조절할 수 있다면 불확정성원리를 이용해 초광속비행이나 시간여행도 할 수 있다는 추론이 가능하기 때문이다. 우주 공간에 양자적 요동을 허용하면, 평행우주의 탄생과 같이 도저히 일어날 것 같지 않은 사건들도 엄연히 일어날 확률을 갖게 된다.

아인슈타인이 이미 밝힌 대로, 빛이 파동인 동시에 입자일 수 있는 것처럼 물질을 이루는 입자들도 동시에 파동일 수 있다. 이 말은 물질 입자가 한 번에 여러 가지 다른 일을 할 수도 있고, 갑자기 나타났다가 갑자기 사라질 수도 있다는 얘기다. 우주를 이루는 모든 물질은 입자로 구성되지만, 파동은 고정된 위치를 갖지 않는다. 따라서 모든 입자가 파동이기도 하다면 한 입자는 동시에 두 장소에 있을 수 있는 것이다.

평행우주의 기반이 되는 다중우주이론many worlds theory은 '모든 가능한 양자적 세계가 여러 개의 우주 속에 공존한다'는 것을 기본가정으로 삼고 있다. 다소 난해하지만 평행우주론자들이 주장하는 '확장된 사고'를 따라가 보자.[9]

"우리의 우주가 무한히 크다면 한 가지 이상의 논리가 성립된다. 무한한 크기의 우주에서 원자와 분자의 한정적인 배열은 어쩔 수 없이 반복되면서 우리와 비슷한 이들을 만들어내고 결국에는 똑같은 존재도 만들어낼 수 있다. 모든 경우의 수가 바닥나면 똑같은 가능성이 반복될 것이다. 우주가 무한히 넓다면 어딘가에는 지구와 똑같이 원자가 배열되어 만들어진 행성이 있고 우리가 보는 모든 것이 복제되어 있을 것이다."

많은 과학자들은 빅뱅을 만들어낸 에너지가 우리 우주가 시작되기 전부터 존재했을 것이라고 주장한다. 다중우주라고 불리는 시공간 속에서 말이다. 그들의 말대로, 다중우주 속에서 빅뱅이 항상 일어나고 있다면, 수없이 많은 다른 우주들이 존재하고 있다면, 우리가 사는 우주의 탄생은 아주 작은 사건에 불과했을 수도 있다. 그들의 말

---

9 〈멀티 유니버스〉 - 브라이언 그린 지음/박병철 옮김/김영사 펴냄

대로 다중우주가 거품 같은 우주들을 수없이 만들어내고 있다면, 우리 몸과 지구에 존재하는 물질들을 형성하는 패턴도 수없이 반복되고 있을 것이란 추론이 이론적으로는 가능하다.

한국의 방패연 vs 일본의 방패연

삶을 한 번 돌아보자. '상식적으로 볼 때'라는 전제에 너무 사로잡혀 살고 있지는 않은가? 이 광활한 우주에는, 좋아봤자 2.0밖에 안되는 눈으로는 볼 수 없는 것이 너무 많다.

그래서 철학자 블래즈 파스칼Blaise Pascal은 '파스칼의 내기'를 제안했다. 파스칼은 우리 삶의 '보이지 않는 손'인 하나님의 존재에 대해 이렇게 한 번 생각해 보자고 한다.

"신의 존재를 증명하고 반박하는 온갖 근거를 따져보면 유신론이나 무신론이나 양쪽 다 설득력이 없다. 증거는 갈린다. 당신은 당신의 인생에 내기를 건다. 당신이 삶을 사는 방식이 내기의 향방을 결정한다. 당신은 신의 존재 유무에 반드시 내기를 걸어야 한다. 중간은 없다. 만약 신에 반하여 살았고 그것이 옳았다면, 얻는 것이 무엇이겠는가? 별로 없다. 지상에서 좀 더 재미를 보다가 갈 수 있을는지는 모른다. 아니면 그것도 못해보고 간다. 하지만 종교적 복속의 가치를 중요하게 여기며 살면 이승에서도 더 행복할 것이다. 구체적으로 보자. 신이 존재하지 않는다고 생각하고 실제로도 신이 존재하지 않는다고 해보자.

71

그런 상태가 신은 존재하지 않는데 신을 믿는 경우보다 약간 더 행복하다고 가정해보자. 그 행복이 당신이 최고로 얻을 수 있는 보상의 한 계치이다. 한편 신은 존재하지 않는다고 내기를 걸었고 당신이 틀렸다면, 결과는 어떻겠는가? 무한한 선(선과의 영원한 합일)을 상실하고, 무한한 '악'(영원한 지옥)밖에 얻는 것이 없다. 신이 있다는 데 내기를 걸었는데 졌다고 쳐보자. 잃은 게 무엇인가? 기껏해야 이승에서 사는 동안 기대할 재미가 약간 없어질 뿐이다. 하지만 같은 내기를 걸었는데 이겼다고 해보자. 그러니까 신은 정말로 존재했다. 그렇다면 '잭팟'이다. 무한한 복으로 넘치는 영생이 펼쳐지는 것이다."

선택은 자유지만, 한 번 곱씹어볼 만한 내용임에는 틀림이 없다. 우리 사회의 대표적인 석학인 이어령 교수의 〈젊음의 탄생〉에 보면 방패연 얘기가 나온다. 방패연은 일본에도 있고, 한국에도 있다. 그런데 일본에선 방패연을 그냥 띄운다고 말하는데, 한국에서는 날린다고 말한다. 왜 이런 차이가 생기는 걸까?

이어령 교수가 말하는 비밀은 방패연 가운데 있는 구멍이다. 한국의 방패연엔 일본의 연에는 없는 구멍이 있어서, 바람을 자유롭게 통과시킬 수 있다. 당신의 삶에도 바람이 숭숭 통하는 구멍이 있는가? 구멍이 있어야 단순히 뜨는데 그치지 않고 하늘을 훨훨 날며 자유롭게 비행할 수 있다. 바람을 '볼 수 있는' 구멍이 필요하다.

🌸 아버지의 답

우리 곁에는 많은 것이 존재한다. 눈에 잘 보이는 것이 있는가 하면 잘 보이지 않는 것이 있다. 눈으로 보는 것뿐만 아니라 마음으로 보는 것도 있다. 그런가 하면 손으로 보는 것, 입으로 보는 것 등이 있다. 우리는 보는 것을 중요시해야 한다. '눈으로, 마음으로 무엇을 보느냐'가 인생의 중요한 갈림길이 될 수 있기 때문이다.

그런데 정말 '보이지 않는 손'이 있을까? 대부분의 사람들은 '보이지 않는 손'이 있다고 믿을 것이다. 왜냐하면 신의 존재를 믿든 안 믿든, 운명을 믿든 안 믿든 무언가 주위에 있음을 느낌으로 알 수 있기 때문이다.

내가 군에 입대할 때의 이야기를 잠깐 해볼까 한다. 육군 입대 영장이 나왔을 때 나는 많이 당황했다. 과연 내가 육군의 고된 훈련을 견딜 수 있을까? 며칠을 망설이면서 생각하다 두려움이 앞서 공군 입대 시험을 쳤다. 8주의 훈련은 나에게 몹시도 힘들었다. 제한급식 시대라 훈련 막바지가 되니 배가 고파 견딜 수가 없었다. 자고 일어나면 눈에 눈곱이 얼마나 큰지…. 정말 발등에 떨어지면 그 소리 때문에 잠을 자던 선임병들이 깰까 두려울 정도로 큰 것이 눈에 더덕더덕 붙어 있었고, 잠을 깨 일어나도 눈앞의 물체가 흐릿하게 보일 정도로 힘이 빠졌다. 그런 가운데서도 종합훈련(마지막 훈련)은 간신히 마칠 수 있게 되었다. 훈련을 제대로 마칠 수 없어 유급되지 않을까 얼마나 걱정을 했는지 모른다. 그런데 지금 생각해 보면 하나님의 보이지 않는 손길이 나를 인도하신 것이 틀림없었다.

구약 성경을 보면, 하나님의 보이지 않은 손길이 늘 그의 백성들과 함께 했다. 히스기야 왕이 치리할 때 앗수르 왕 산헤립이 사신을 보내 협박하자 히스기야는 하나님께 이렇게 기도한다.

"그룹들 위에 계신 이스라엘의 하나님 여호와여 주는 천하만국에 홀로 하나님이시라 주께서 천지를 만드셨나이다 여호와여 귀를 기울여 들으소서 여호와여 눈을 떠서 보시옵소서 산헤립이 살아계신 하나님을 비방하러 보낸 말을 들으시옵소서 우리 하나님 여호와여 원하건대 이제 우리를 그의 손에서 구원하옵소서 그리하시면 천하만국이 주 여호와가 홀로 하나님이신 줄 알리이다"(열왕기하 19장 15-16절, 19절)

이 앗수르 군대는 북쪽 이스라엘을 포함하여 주위의 많은 나라를 괴롭힌 침략자요 노략자였다. 그 무서운 힘에 히스기야도 겁을 먹은 것이다. 히스기야는 앗수르의 공격을 도저히 막을 방법이 없음을 깨닫고 하나님께 기도하였다. 그 결과 밤중에 하나님의 사자가 나와서 앗수르 군대 십팔만오천 명을 쳤고, 후에 앗수르 왕은 자기 신하에게 피살되었다.

하나님이 우리와 함께 하신다는 믿음과 생각은 우리를 긍정의 힘으로 승화시킨다. '보이지 않는 손'이 '하나님의 손'으로 인정될 때 그 손은 항상 나의 길을 밝히고 지켜주는 손이 된다. 정말 우리의 세계에는 '보이지 않는 손'이 분명히 있다. 그 손이 누구의 손인가를 아는 자가 지혜롭다.

07
한 송이 들꽃에서 천국을 볼 수 있을까?

미국의 뇌 과학자인 폴 매클린Paul MacLean은 인간이 세 개의 뇌를 갖고 있다고 말한다. 이른바 삼위일체 뇌 이론이다. 파충류 뇌 위에 포유류 뇌가 있고, 그 위에 인간의 뇌가 층층이 자리를 잡고 있다.

인류와 어류, 파충류가 공유하는 파충류 뇌는 진화를 믿는 이들이 주장하는 가장 오래된 뇌다. 이 뇌는 척수, 뇌간, 중뇌로 이루어져 있는데, 기본적인 욕구에 관여하는 신경 매커니즘이 위치한 곳이기도 하다. 혈압, 혈액 순환, 호흡, 먹이 섭취, 소화, 성적 행동과 분노 행동을 주로 담당한다.

포유류 뇌는 인류와 포유류가 공유하는 뇌로서 편도체, 해마, 중격으로 이루어진 변연계다. 다양한 감정이 일차적으로 생겨나는 곳으로, 정서와 기억에 깊이 관여한다.

이 두 뇌의 맨 위에 신피질이 있다. 신피질은 뇌 진화학자들이 보는 '신상 뇌'다. 약 1,000억 개의 뉴런(뇌세포)으로 구성되어 있다고 추정된다. 인지기능을 담당하는 신피질을 통해 인간은 생각하고 분석하고 미래를 계획하는 능력을 갖게 되었다고 학자들은 주장한다.

심리학자 아서 야노프Arther Janov에 따르면, 차원이 다른 이 3개의 뇌는 서로 연결돼 있다. 뇌간(생존하려는 마음), 변연계(느끼는 마음), 신피질(사고하려는 마음)은 별도로 존재하지만 서로 밀접하게 영향을 주고받는다. 매클린이 '삼위일체 뇌 이론'이라고 명명한 것도 이런 연유에서다.

삼위일체 뇌, 그리고 좌뇌와 우뇌

재미있는 사실은 인간의 뇌는 가로선이 아닌 세로선 기준으로도 나뉜다는 점이다. 두개골을 보면 세 개의 뇌가 수직으로 층층이 배열되어 있을 뿐 아니라 두 개의 뇌가 수평으로 나뉘어 있다. 이른바 좌반구와 우반구인데, 좌뇌는 신체의 오른쪽을 통제하고 우뇌는 왼쪽을 통제한다. 뇌 손상 실험을 통해 밝혀낸 결과에 따르면, 좌뇌는 언어 기능을 주로 담당하고, 우뇌는 인지와 정서 기능을 맡는다.

하나님을 믿지 않으면서도 성경에 대해 조예가 깊은 사람들 중에서 많은 수는 창세기에 나오는 실낙원 이야기를 우반구에서 좌반구로의 최초 이동에 대한 우화로 보고 있다. 아담과 하와가 선악과를 따먹은 행위를 가리켜 인류가 우반구에서 좌반구(지식의 반구)로 내디딘 첫 걸음을 상징한다고 믿는 것이다. 이로 인해 인간의 뇌는 자신을 인지하고 남을 관찰하는 능력을 얻게 되었다는 것이다. 하나님이 불렀을 때 아담과 하와가 부끄러워서 어쩔 줄 몰랐다는 성경의 표현을 놓고, 이들은 '별안간 벌거벗고 있는 자신들이 보였다는 사실은 그들이 남의 시선을 의식하게 되었다는 것을 의미한다'고 해석한다.

실낙원은 복락원을 부른다. 창세기는 기독교 신자에게는 실재實在이지만, 믿지 않는 이들에게는 우화만으로도 의미가 있다. '뇌의 우화'를 믿는 이들이 '우반구로의 귀환'을 얘기하는 것은 타당하다. '인간의 뇌가 다시 좌반구에서 우반구로 돌아가면 자기로의 귀환, 그리고 신에게로의 귀환이 이어질 것'이라는 그들의 예상은 하나님의 창조질서를 어느 정도 '캐치catch'하고 있다.

재미있는 것은 이 같은 '우반구로의 귀환'의 콘셉트를 유명한 경제사상가의 책에서도 느낄 수 있다는 점이다. 미래학자이 다니엘 핑크는 〈새로운 미래가 온다〉에서 새로운 미래에 갖춰야 할 인재의 조건으로 하이콘셉트와 하이터치를 꼽는다. 하이콘셉트는 예술적·감성적 아름다움을 창조하는 능력으로 트렌드와 기회를 감지하고, 훌륭한 스토리를 만들어내는 능력을 말한다. 하이터치는 공감을 이끌어내는 능력이다. 저자는 "미래는 좌뇌 중심의 논리적 능력, 컴퓨터와 같은 디지털 능력 등을 필요로 하는 정보화 시대에서 우뇌 중심의 창조의 능력, 공감의 능력 등을 필요로 하는 하이콘셉트의 시대로 옮겨 가고 있다"고 주장한다. '복락원을 부르는 실낙원'과 별반 다를 게 없다.

성경에서 바울은 "얼굴과 얼굴을 대하여 보는 온전한 의사소통이 있는 곳이 천국"이라고 이야기했다. 온전한 의사소통이 가능하다면,

이 땅의 수많은 공동체마다 천국을 맛보는 현장이 될 수 있다.

여기서 말하는 천국은 기독교인이 아니더라도 비유적으로도 이해할 수 있는 '지상의 천국'을 말한다.

의사소통의 방법에는 언어적인 것과 언어 외적인 것이 있다. 커뮤니케이션 전문가들은 말보다는 언어 외적인 의사소통 방법이 훨씬 더 효과적이라고 입을 모은다. 사람들의 의사소통을 100%로 산정할 때 말을 통한 의사소통은 7%에 불과하다. 몸짓(38%)과 표정(55%)을 통해 대부분의 '말'이 오고 간다.

또한 소통은 쌍방향적이다. 이 말은 전달하는 능력보다 전달받는 능력이 중요하다는 것을 의미한다. 자기가 듣고 싶은 것만 골라 듣는 선택적 경청과 듣는 척하면서 다른 귀로 흘리는 위선적 경청은 소통이 아닌 불통을 키운다.

To see a World in a grain of sand

And a Heaven in wild flower

Hold Infinity in the palm of your hand

And Eternity in an hour…

한 알의 모래 속에서 세계를 보고

한 송이 들꽃 속에서 천국을 본다

손바닥 안에 무한을 거머쥐고

순간 속에서 영원을 붙잡는다

윌리엄 블레이크William Blake의 이 시는 진정한 소통을 통한 '우반구로의 귀환' 프로젝트의 화두를 간명하게 보여준다. 눈에 보이는 것이 다가 아니다. 인간이 소우주라는 말은 인간이 살고 있는 세상에 삼라만상의 조화가 숨어 있다는 말과 연결된다. 티끌이 단지 티끌이 아니고, 한 송이 보잘것없는 들꽃이 단지 들꽃이 아니다.

가가린이 본 우주 vs 글렌이 본 우주

눈에 안 보인다고 해서 전혀 없는 것이 아니다. 인류 최초의 우주인은 1962년 2월 우주로 나간 소련의 가가린이고, 두 번째는 석 달 후에 나간 미국의 글렌이다. 하지만 똑같이 신비롭고 새로운 우주를 보았음에도, 가가린은 "주변을 돌아보았지만, 그 어떤 신도 존재하지 않았다"고 했고, 글렌은 "우주에 하나님의 영광이 가득하였다"고 말했다. 무슨 눈을 뜨고 있느냐가 중요하다.

살아생전 영혼의 기쁨을 맘껏 노래한 고故 장영희 교수는 〈축복〉에서 모래 속에 담긴 세계와, 들꽃 속에 담긴 천국을 보고 이렇게 노래했다.

"지금 내가 숨 쉬고 있는 이 순간 속에 내 과거와 미래와 영겁이 있고, 지금 내가 선 이 자리는 무한한 우주공간과 맞물려 있습니다. 딱정벌레, 도롱뇽, 풀 한 포기…. 아무리 작고 보잘것없는 존재들도 시간과 공간의 거대한 그물 속에 없어서는 안 될 작은 그물눈입니다. 하늘을 쳐다봅니다. 갑자기 지금의 내 자리가 아찔할 정도로 황홀해집니다."

볼 수 있는 능력이 눈에만 있다고 간주하지 말라. 마음으로만 볼 수 있는 것이 분명히 존재한다. 최병성은 〈이슬 이야기〉에서 마음으로만 볼 수 있는 것을 진정한 사랑이라고 고백한다. 또 세상은 갈수록 현란해지지만, 세상의 중요한 것은 오직 마음으로만 봐야 한다고 〈어린왕자〉의 여우는 이야기해준다.

인간은 인생 앞에서, 세상 앞에서, 또 절대자 앞에서 겸허해져야 한다. 인간의 생각과 능력으로는 신의 차원을 알 수가 없다. 2차원 존재인 개미가 3차원의 세상을 다 알 수 없는 것과 마찬가지다. 하지만 우리는 4차원 이상의 고차원인 신의 세상을 이해하고 설명할 수는 없지만 머리를 통해 인정할 수는 있다. 신은 우리에게 그의 차원을 인식할 수 있는 뇌를 주었기 때문이다.

로버트 루트번스타인·미셸 루트번스타인이 쓴 〈생각의 탄생〉이란 책에 보면 차원을 측정하는 법이 나온다. 학교에서 배운 대로, 점은 무차원이고 선은 1차원이다. 또 2차원은 면, 3차원은 입체다. 무차원은 꼭짓점 1개, 1차원은 꼭짓점 2개, 2차원은 꼭짓점 4개와 각 4개로 이뤄져 있다. 그리고 3차원은 꼭짓점 8개와 각 8개, 면 6개로 돼 있다.

그런데 이걸 유심히 들여다보면 4차원엔 꼭짓점과 각이 모두 몇 개일지 알 수가 있다. 4차원엔 꼭짓점이 16개, 각이 16개 있어야 한다.

머릿속으로 그림을 한 번 그려보라. 1차원은 2개의 0차원적 점이 핵심이고, 2차원은 4개의 1차원적 선이 핵심이다. 그리고 3차원은 6개의 2차원적 면이 핵심이다. 그럼 4차원은 뭐가 핵심일까? 8개의 3차원적 입방체가 핵심이다. 쉽게 말해, 독자들이 한 번씩은 맞춰봤던 큐브 8개를 잘 배치하고, 꼭짓점과 각을 각각 16개씩 만들어내면 4차원 세상을 그려볼 수도 있다는 얘기다.

다시 한 번 강조하면, 아직은 이 세상 누구도 4차원을 정확하게 이해하고 설명해내지 못했지만, 4차원의 존재 자체를 인정할 수는 있다.

성경에 보면, 예수를 궁지에 빠뜨리기 위해 서기관들과 바리새인들이 음행하다가 현장에서 잡힌 여인을 잡아오는 사건이 기록돼 있다. 그들이 예수에게 질문을 한다.

"예수님, 결혼한 남자와 부적절한 관계를 맺은 이 여인을 어떻게 해야 합니까? 모세의 율법에는 이런 여인을 돌로 쳐 죽이라고 돼 있는데, 예수님은 어떻게 생각하십니까?"

이 사람들은 딜레마 상황에서 예수의 지혜를 구하기 위해 찾아온 게 아니었다. 일종의 시험이었다. 사랑과 용서를 가르치는 예수가 '돌로 쳐 죽이라'는 끔찍한 명령을 내리거나, 아니면 모세의 율법을 거역해야 하는 곤란한 상황에 빠진 것이다. 그들은 회심의 미소를 지으며 예수가 과연 이 곤경에서 어떻게 벗어나나 유심히 지켜봤을 것이다.

하지만 예수는 "너희 중에 죄 없는 자가 돌로 치라"라는 말로 멋지게 위기를 탈출했다.

기독교인들은 잘 알겠지만, 예수가 언급한 죄는 서기관들과 바리

새인들이 지적한 죄와 차원이 다른 것이다. 예수가 말한 죄는 아담의 선악과 사건 이후에 모든 인류에게 씌워진 원죄原罪다. 무리들은 모세의 구약 율법을 잣대로 예수를 시험했지만, 예수는 모세가 태어나기 훨씬 전인 에덴동산 상황을 갖다 대며 그들의 말문을 완벽하게 막아버렸다. 그들이 비록 모세의 율법은 잘 지켰는지 모르지만, 원죄를 기준으로 보면 모조리 죄인이었다. 죄인들이 또 다른 죄인을 정죄하고 벌할 수는 없다. 예수는 모세의 율법이란 차원을 넘어 원죄라는 차원으로 그들을 무력화시켰다.

우리가 '예수의 4차원 사고'를 인식할 수 있다면, 일상생활에서도 '천국'을 느끼며 살 수 있다. 이 같은 지혜는 기독교인과 비기독교인을 가리지 않고 주어지는 보편지혜다.

포스트잇은 원래 '루저'였다

일본의 한 농부가 운영하는 사과 과수원에서 갑자기 쏟아진 폭우 때문에 사과의 90%가 땅에 떨어져 버렸다. 사과를 팔아 자식들도 공부시키고 빌린 돈도 좀 갚고 해야 하는데, 그만 팔아야 할 사과가 10분의 1로 줄어든 것이다. 처음에는 울고불고 난리가 났다. 하지만 그 농부는 결국 돈을 엄청 많이 벌었다. 어떻게 된 걸까?

농부는 폭우에도 떨어지지 않고 나뭇가지에 붙어있던 10%의 사과에 '떨어지지 않는 사과'라는 이름을 붙여 대입 수험생들에게 20배 높은 가격에 팔았다고 한다. 시험에 떨어지고 싶은 수험생은 없다. 그들에게 힘과 희망을 줄 수 있는 '떨어지지 않는 사과'는 비싼 가격에도 불구하고 불티나게 팔렸다.

이런 사례도 한번 생각해 보자. 더운 여름날 아버지가 덥다고 창문을 열라고 한다. 그런데 어머니는 모기 들어온다고 창문을 닫으라고 한다. 독자들이라면 이런 상황에서 어떤 결정을 내릴 수 있을까? '아버지가 더 무서우니까 창문 열어야지'라거나 '어머니가 더 좋으니 창문을 닫아야지'라고 판단한다면, 질서를 깨는 상황이 발생한다.

이 때 집에 방충망을 단다면 어떨까? 창문을 열 수 있으니 아버지도 좋고, 모기가 안 들어오니 어머니도 웃는 상황이 연출될 것이다.

떨어지지 않는 사과와 방충망은 '차원이 다른' 신의 지혜를 세상에 구현한 양태다. 제아무리 신심信心이 깊은 사람도 지금 당장 죽어 천국에 가고 싶지는 않을 것이다. 하나님은 우리가 '한 알의 모래'와 '한 송이 들꽃'을 두고 지금 당장 떠나라고 요구하지 않는다. 하지만 그 '모래'와 '들꽃' 속에서 천국을 느끼기를 바라신다.

우리가 즐겨 쓰는 포스트잇은 원래 '루저Loser'였다. 포스트잇의 원래 용도는 물체를 잘 붙여야 하는 풀이었는데, 이 제품은 경쟁회사의 제품에 비해 접착력이 현저히 떨어졌다. 포스트잇을 만드는 회사는 풀의 성능을 더 높일 방법도 없고 해서 고민하다가, '아예 용도를 바꾸면 어떨까' 하는 생각을 하게 됐다. 그렇게, 붙이기만 하는 풀이 아니라 붙였다 뗐다 할 수 있는 메모지로 발상을 전환했다. 그러자 오히려 더 큰 대박이 터졌다.

'천국'에 대한 발상도 바꿔보면 어떨까? 김용규의 〈철학카페에서 문학읽기〉를 보면 역사 이래로 인간이 말하는 천국은 늘 '당신들의 천국'이었다. 고대 전제국가의 국왕, 중세 봉건국가의 영주, 근대 자유민주주의 국가의 자본가, 사회민주주의 국가의 공산당원…. 힘을 가진 자들의 천국은 어느 시기, 어느 곳에나 존재해 왔다. 하지만 그것은 또한 '힘없는 자의 지옥'이기도 했다.

하지만 세상 모든 사람이 들꽃에서 천국을 볼 수 있다면, 이청준이 〈당신들의 천국〉에서 형상화한 '우리 모두의 천국'은 가능해질 것이다. 나환자와 건강인이 믿음과 사랑을 바탕으로 운명을 같이 하는 천국은 나환자 따로, 건강인 따로 추구하는 '3차원의 세상'과 차원을 달리한다. 힘 있는 자와 힘 없는 자, 돈 있는 자와 돈 없는 자, 할 일 많아 바쁜 자와 오란 데 없어 한가한 자가 모두 행복할 수 있는 천국! 우리 모두가 그걸 꿈꿔 볼 수 있었으면 좋겠다.

🔵 아버지의 답

들에 피는 꽃이라고 해서 마음대로 꺾거나 상하게 해도 될까? 이 꽃들도 주인이 있다. 나비나 벌들이 분주히 날아다니며 꽃들이 수정하여 번식하도록 한다. 또 하늘은 비를 내려주고, 땅은 영양분을 공급한다. 꽃을 연구하는 학자나 꽃을 좋아하는 일반인들은 귀하고 아름다운 '들꽃'을 촬영한 후 인터넷 등을 통하여 많은 사람들에게 제공한다. 이들 모두가 꽃의 주인이다.

나는 국화를 좋아한다. 국화菊花라는 이름을 들으면 왠지 '국화 국菊'자가 아닌 '나라 국國'자가 먼저 떠오르기 때문이다. 백성으로서 나는 우리

84

나라가 자랑스럽고 좋다. 한 송이 들국화는 들꽃들의 대표라 할 수 있다. 나는 결혼 전에 동네 뒷산이나 강가의 둑을 잘 거닐었다. 특별한 공원이 없는 시절이고 높은 산은 좋아하지 않아 그랬는지는 모르겠다. 여하튼 그 때마다 피어난 꽃들을 보며 꽤 많이 신기해했던 듯하다. '정말 아름답다'라는 감탄사가 절로 나오게 하는 풍경이었다. 꽃을 보면 마음이 편안해지고, 그 꽃의 향기가 온 몸에 새로운 힘을 나게 한다. 벌이나 나비는 꽃보다는 그 속에 있는 꿀의 냄새를 맡고 그걸 얻기 위하여 꽃을 좋아하지만, 나는 나의 모습보다 아름다운 꽃을 있는 그대로 좋아한다.

경국지색傾國之色이란 말이 있다. 여인의 아름다움 때문에 정치를 가볍게 여겨 나라가 기울게 된다는 뜻이다. 얼마나 아름다웠으면 그 아름다움에 빠져 나라를 망치게 되었을까? 아름다움은 정말 힘이 세다. 하지만 사람의 아름다움이 아무리 아름답다고 하여도 꽃보다는 못하리라.

누가복음(12장 27절)에서 예수님은 "백합화를 생각하여 보라 실도 만들지 않고 짜지도 아니하느니라 그러나 내가 너희에게 말하노니 솔로몬의 모든 영광으로도 입은 것이 이 꽃 하나만큼 훌륭하지 못하였느니라"고 하셨다.

솔로몬의 영광은 잘 알려진 대로 전무후무한 부귀와 영화였는데도 불구하고 예수님은 솔로몬의 모든 영광으로도 입은 것이 백합화 하나만큼도 못하다고 하신 것이다.

그렇다면 이런 아름다운 꽃은 분명히 하늘나라를 보여준 하나님의 창조물이다. 그것을 보면서 천국의 아름다움을 느껴보라는 귀한 계시啓示이다. 천국을 본 사람이 없기에 천국을 설명할 수 없고, 천국을 보았다고 해도 그것을 현실에서 비유할 만한 것이 없기에 알려주기가 쉽지 않다. 다만 천국은 눈물과 땀이 없는 곳이며, 슬픔과 애통이 없는 곳이다. 더이상 미워함도, 시기도 질투도 없는 곳이며 '내가 가장 좋아하는 것'으로 채워진 곳이다. 빛 되신 예수님이 계신 곳이기에 아름답다는 표현만으로는 부족하다. 그러기에 하나님은 꽃이란 아름다운 식물을 만들어 천국의 아름다움을 생각하게 하신 것이 아닐까?

영적靈的인 눈이 뜨이지 않은 사람은 꽃에서 하나님의 손길을 느낄 수가 없는 것. 천지창조의 비밀을 아는 자만이 아름다움의 대명사인 들꽃의 아름다움을 알게 될 것이며, 그것을 깨달은 자만이 천국의 아름다움을 말할 수 있을 것이다. 이 세상의 그 모든 것 중 하나라도 하나님의 손길이 미치지 않는 곳이 없다는 믿음 속에서 꽃의 아름다움이 진정한 아름다움이 되어 하나님 나라를 볼 수 있게 될 것이다.

제2부

혼자 가면 빨리,
같이 가면 멀리

08
왜 시험만 보면 머리가 어질어질할까?

🔵 아들의 질문

'스티브 블래스 증후군'이란 게 있다. 1971년에 피츠버그 파이리츠의 스티브 블래스는 메이저 리그 역사상 최고 투수로 평가받았다. 하지만 2년 뒤 그는 포수에게조차 공을 던질 수 없었다. TV 카메라를 의식하는 순간 마운드에 선 자신의 몸이 꽁꽁 얼어붙었다. 갑자기 들이닥친 이 이해할 수 없는 현상은 블래스의 야구 인생을 단단히 망쳐 놓았다. 블래스는 탈삼진을 27개 잡아내는 88이닝 동안 타자는 무려 84명을 내보냈다. 그 다음해에는 아예 메이저리그에서 쫓겨나 마이너를 전전했고, 한 해 뒤에는 야구계를 은퇴했다.

'재능 있는 사람에게도 설명할 수 없는 성능 버그가 갑자기 찾아온다'는 것을 블래스 때문에 알게 된 야구계는 공을 정확하게 던지는 능력을 불가사의하게 잃은 듯이 보이는 선수에게 '스티브 블래스 증후군'이란 진단을 내린다. 이 증후군이 심각한 것은 이 무능함이 오직 실제 경기에서만 나타나기 때문이다. 연습 때는 상대팀 타자가 '벌벌' 떨지만, 실제 경기에만 나서면 투수 본인이 '덜덜' 떨게 된다.

이해할 수 없는 뇌의 성능 버그

뇌는 압박을 받지 않을 때 더 잘 작동하기 때문에 자기 불신은 치명적이다. 자신감이 줄어들면 집중하고 주목하는 능력이 현저하게 감소해 블래스의 경우처럼 엄청난 문제를 일으킬 수 있다. 마운드에 선 투수처럼, 시험을 치를 때는 편안함을 느끼고 긴장을 푸는 마음가짐이 중요하다.

개인적으로도, 중학생 때 시험 징크스가 있었다. 당시 내가 다니던 중학교에서는 국어시험 문제에 꼭 한자쓰기가 한두 문제씩 포함돼 있었다. 그런데 이상하게도 시험지만 받아들면, 제시된 고사성어를 한자로 쓸 수 없게 되었다. 시험감독 교사가 교실에 들어오기 직전까지 연습장에 써보았던 글자도 막상 시험 때는 머릿속에서 백짓장처럼 지워지는 것이었다.

이런 징크스에 대해 알 세쿤다는 〈위대한 작은 발걸음〉에서 두 가지의 두려움을 언급한다. 당연히 첫 번째 두려움은 실제적인 위협이 발생시키는 공포다. 이를테면 맹수나 깡패들에게 쫓기거나 할 때 느끼는 두려움이다. 또 다른 하나는 경험에 의해 학습된 두려움이다. 거의 모든 종류의 실행 불안이 여기에 속한다. 무대공포증, 시험공포증, 다른 사람들에게 웃음거리가 되지는 않을까 하는 두려움 등이 그

예다.

이와 같은 학습된 두려움은 과거의 부정적 기억으로 인해 일어나는 불편한 신체적 반응에 대한 반작용이다. 이를테면 많은 이들 앞에서 뭔가 실수를 하여 큰 망신을 당한 적이 있는 사람은 공개적인 자리에 서는 것 자체만으로, 아니 그런 생각을 하는 것만으로도 가슴이 뛰고 식은땀이 난다. 이러한 몸의 반응에 대한 방어기제가 바로 두려움이다. 그 두려움이 결국 우리가 앞으로 나아가지 못하도록 발목을 잡는다.

내 경우는 후자였다. 한자를 못 써서 창피를 당한 적이 있었는데, 그게 트라우마가 됐다.

하지만 이런 것들은 감정의 문제다. 충분히 치유 가능하다. 〈위대한 작은 발걸음〉의 저자는 이렇게 조언한다.

"불편한 신체적 반응들이 한껏 활개를 치도록 내버려 두자. 그리하면 오래지 않아 잦아들게 마련이며, 두려움으로 증폭되는 일도 없다."

한 시대를 풍미한 배우이자 가수인 프랭크 시나트라도 한 토크쇼에서 이렇게 얘기했다.

"지금도 무대에 설 때마다 긴장되기는 데뷔 시절과 마찬가지입니다. 하지만 이제는 그런 몸과 마음의 상태에 익숙해졌지요. 무대에 오르기 전부터 시작되는 극도의 긴장은 노래가 시작되고 얼마 지나지 않아 열정과 흥분으로 바뀌어버려요."

두려움과 불안을 대하는 태도를 바꾸면, 눈앞이 캄캄하던 상황에서도 해법을 발견할 수 있다.

'두려움은 약과' 시험이 진짜 문제인 이유

시험이 진짜 문제인 이유는 정작 따로 있다. 중간고사가 영어로 뭔지 아는가? 'midterm'이다. 'midterm exam'이라고 해도 되지만, 통상적으로 'exam'을 빼고 말한다. 기말고사도 'final exam'인데, 'finals'라는 표현을 즐겨 쓴다. 영어권 사람들은 왜 '시험'이란 단어에서 '시험'을 뺄까? '중간' 봤니? '기말' 잘 쳤니? 우리말로 하면 표현은 좀 어색하다. 다른 이유도 있겠지만, 인생 자체가 시험이기 때문에 생략한 게 아닐까?

그런데 시험이 평생에 걸쳐 계속된다는 것은 우리에게 진짜 '시험 거리'다. 그래서 시험에서 100점을 맞으려면 문제를 잘 파악해야 한다. 각기 다른 종류의 시험은 끊임없이 찾아오기 때문에, 어느 것 하나에서 꼬이면 '절망의 도미노'가 질주를 시작할 수도 있다.

문제와 문제점의 차이를 알고 있는가? 세상을 살다 만나게 되는 모든 문제에는 문제점이 있다. 하지만 문제와 문제점은 뜻이 조금 다르다.

문제가 해결책이 필요한 상황이라면, 문제점은 문제를 발생시킨 원인이다. 단 문제점은 해결이 가능해야 한다. 어제 비가 많이 왔는데, 어떤 사람이 빗길에서 DMB를 보며 운전을 하다가 교통사고를 냈다면 문제는 뭐고, 문제점은 뭘까? 문제는 교통사고 그 자체이고, 문제점은 DMB 시청이다. 비는 문제를 발생시킨 원인은 맞지만, 사람의 힘으로 해결할 수 있는 문제가 아니라서 문제점은 아니다. 문제속에서 문제점을 확실히 파악해야 한다.

　다니는 회사에서 예전에 갑자기 미국 출장을 가야 하는 일이 발생했다. 아무나 가면 되는 것인데, 대신 그날 바로 미국 비자를 제출해야 했다. 당시의 미국 출장은 가서 할 일도 별로 많지 않기 때문에, 미국에 가볼 수 있는 엄청 좋은 기회였다. 그래서 나도 지원해 보려고 했는데, 가만히 보니 미국 비자를 미리 만들어 놓지를 않았다. "언제 미국 한번 가겠어?"라는 생각에 차일피일 했던 것이다. 결국 미리 비자를 만들어 둔 다른 사람이 미국에 가는 행운을 얻었다.

　평소에 자신의 문제점을 잘 파악해 대비를 해놓아야 한다. 야구 선수가 강도를 만났을 때, 눈앞에 야구배트와 새총이 있으면 뭘 먼저 집어 들겠는가? 사람이 살다 위급한 상황을 만나면 머릿속에 가장 자신 있는 것이 떠오르게 된다.

　인생의 시험과 관련해 또 한 가지 기억해야 할 것은 시험의 타이밍이다. 학창시절의 테스트와 달리 '인생고사'엔 정해진 시험날짜가 없다. 시험은 언제 올지 모른다. 그래서 묵묵히 시험의 때를 기다리는 지혜가 필요하다.

도쿠가와 이에야스와 이순신

　울어야 하는 새가 울지 않을 때 어떻게 해야 할까? 일본의 과거 영웅인 오다 노부나가는 새가 울지 않으면 그 자리에서 목을 쳐버렸다. 또 임진왜란을 일으킨 토요토미 히데요시는 수단과 방법을 가리지 않고 새를 울게 만들었다. 그런데 일본 천하를 완전하게 통일한 도쿠가와 이에야스란 사람은 새가 울 때까지 묵묵히 기다리는 사람이었다. 시험의 성취는 인내의 산물이다.

똑 같이 승리의 순간을 기다렸지만, 23전 23승의 이순신 장군은 이에야스와는 사뭇 다른 양상을 보여준다. 알다시피 이순신 장군은 왕의 명령과 대신들의 압박에도 지는 싸움에는 단 한 번도 나가지 않았다. 그렇다고 이기는 싸움이 오기만 무작정 기다린 것은 아니다. 지형지물과 바닷물의 변화, 계절에 따른 기후 변동을 체크하고, 거북선이라는 걸출한 병기를 준비했다. 이에야스와 이순신은 같은 듯 다른 전략으로 자신의 시험에서 승리를 거머쥐었다.

세 번째는 기존의 실패에서 배울 줄 알아야 한다. 뉴스를 보면, 실직이나 경제적 파산 등으로 많은 사람들이 재기의 의욕을 잃고 집을 나간다. 범죄를 저지르거나 목숨까지 끊었다는 소식도 끊이지 않고 있다.

평생 스트라이크 아웃을 1,300번 당한 야구 선수가 있었다. 10번도 100번도 아닌 1,000번 이상 아웃을 당하면 낙심이 안 될 수가 없다. 하지만 그는 그 실패를 거울삼아 더욱 정교하고 파워 넘치는 스윙을 배웠다. 그리고 714개의 홈런을 담장 밖으로 날려 보내고 '신화적인 홈런타자' 베이브 루스의 이름을 온 세상에 각인시켰다.

요리하기를 좋아하는 남자는 별로 없지만, 세상의 유명 요리사 중엔 남자가 많다. 이런 아이러니에 대해 〈위대한 작은 발걸음〉의 저자는 재미있는 근거를 댄다.

남자들은 성장 과정에서 요리를 강요받지 않기 때문에 음식 하는 일에 대한 스트레스가 없다. 남자 아이들은 마음이 내키면 음식을 한다. 잘해야 한다는 부담이 없으므로 기존의 방식에서 벗어나 마치 화학실험이라도 하듯 제멋대로 음식을 만든다. 가족들은 남자 아이가 제대로 된 음식을 만들 것이라 기대하지 않기 때문에 어지간하면 맛있다며 칭찬을 해준다. 그 칭찬에 더욱 자신감을 갖고 요리에 흥미를 갖게 된다. 결과에 아랑곳하지 않고 과정 자체를 즐기면 모든 시도에 있어 더 큰 기쁨을 누릴 수 있다. 홀가분한 마음은 즐거움, 독창성, 창의력이 샘솟게 하는 원천이다.

요리에 대한 분석이지만 시험 때문에 어질어질한 이들에게도 적절한 조언이 아닐 수 없다. 시험도 '요리'의 대상이 아닌가!

🔵 아버지의 답

인생은 모두가 '기다, 아니다' 게임이다. 한 쪽에서 또 다른 쪽으로 '왔다 갔다' 하는 것이다. 그룹 미팅이나 회의 때 설왕설래說往說來하는 것도, 운동경기에서 '이겼다 졌다'를 반복하는 것도 모두가 우리의 머리를 어지럽게 만드는 요소다. 거기에다 지구가 둥글게 만들어졌기 때문에 가만히 서 있어도 어지러운 게 당연하다. 오히려 지구가 돌고 있는 데도 머리가 어지럽지 않다니 고마운 일이다. 시험을 볼 때 머리가 아프거나 어지럽다는 것은 약이 내 몸에 과하여 어지러운 증세가 나타나는 것과 지구가 움직이는 것과 관련된 듯하다.

나는 학교 다닐 때 좋은 성적을 거둔 적이 거의 없었다. 공부를 하긴 했지만 암기한 내용의 정확도가 떨어져서 그런지 시험을 볼 때면 긴가민 가하며 고개를 갸우뚱거리게 됐다. 그래서 머리가 어지러웠던 것 같기도 하다.

'왜 시험만 보면 머리가 어질어질할까'라고 하는 사람은 시험을 치를 준비가 덜 되었다는 증거이다. 문제에 대해 확신이 없기 때문이다. 고개를 갸우뚱거리지 않는다면, 그리고 확실한 답을 아는 것이 나온다면 머리가 가뿐할 것이다. 준비가 확실하면 머리가 어지럽지 않을 것이다.

시험을 치를 준비가 잘 되어 있지 않다면 다음 기회를 노리며 담대함을 보여 줌이 필요하다. 모르는 문제가 나와도 '역시 공부를 하지 않은 대가가 그대로 나타나는구나'라고 생각하며 다음을 대비하는 것이다. 설령 모르는 것 때문에 머리가 어지럽다 하더라도, 그 문제를 남보다 조금이라도 빨리 정리하여 다음을 기약하는 노력을 한다면 어질어질하던 머리가 상쾌한 머리로 바뀌는 놀라운 체험을 할 수 있을 것이다.

'소 잃고 외양간 고친다'는 속담은 '소 잃고라도 외양간 고치자'로 바꾸어야 한다. 계속해서 소를 키우려면 고쳐야 한다. 문제의 유형이라도 알려고 노력하고 집중하면 머리가 아프지 않다. 모르는 것을 출제자 책임으로 돌리려고 하니 머리가 더 어지러운 것이다.

책상에게 많은 시간을 준다면 서너 시간의 시험시간은 거뜬히 견디는 힘을 얻을 것이나 책상에게 시간을 주지 않는다면 1시간도 몇 시간처럼 고통스럽게 어질어질한 머리로 헤매야 할 것이다. 어찌 보면 시험은 고마운 것이다. 내가 받는 시험은 미래를 설계하는데 도움이 되며, 앞으로 나아가는데 좋은 양약이 된다.

성경에도 사탄이 예수님을 시험하러 와서 "돌을 가져다 떡을 만들라", "사탄인 자기에게 절을 하라"고 했다. 당시 예수님은 성육신成肉身이신 몸으로 40일간의 금식으로 엄청나게 배가 고팠을 것이다. 먹을 것을 보면 견디기가 쉽지 않았을 상황인지라, 갑자기 닥친 시험에 정말 어질어질했을 것이다. 그렇지만 말씀으로 무장한 하나님의 아들로서 "사람이 떡으로만 살 것이 아니라 하나님의 말씀으로 살 것이니라 다만 하나님 아버지께만 경배하라"는 말로 사탄의 시험을 물리치셨다. 그래서 3년간의 공생애公生涯를 잘 마칠 수 있는 첫걸음을 떼셨다.

시험에 관한 책이라면 시험에 대해 이렇게 말할 것이다. "시험을 볼 때 머리가 어질어질한 사람들은 나에게로 오라 내가 너희의 머리를 산뜻하게 하리라." 많은 시간을 책과 씨름하면 책의 기술을 간파하게 되고 그러면 어질한 나를 넘어 산뜻한 마음의 소유자가 될 것이다.

하나님께서 우리에게 주시는 시험은 간단하다. "주예수를 믿으라 그리하면 구원을 얻으리라" 믿음을 시험의 과제로 삼으셨기에 그 믿음을 머리로 가슴으로 마음으로 새기면 어질어질한 느낌 없이 합격의 승리자가 될 것이다.

09
겸손해서 손해 본 사람 있을까?

🔵 아들의 질문

카피라이터 정철이 쓴 〈내 머리 사용법〉에서 '박수'라는 제목의 짧은 글을 읽었다. "박수는 오른손이 하는 일을 왼손이 모르게 할 수 없는 것이다. 잘하는 것은 잘한다고 드러내놓고 칭찬해 주어야 한다."

"오른손이 하는 일을 왼손이 모르게 하라"는 성경 구절과 대비되면서 묘한 여운을 남기는 글귀였다. 우리는 통상 남을 칭찬할 때와 나를 칭찬할 때 동일한 잣대를 들이댄다. 스스로에게 겸손하라는 뜻을 오해해 남의 공을 말할 때도 '쓸데없는 겸양'을 떤다.

진정한 배려는 남을 높이는 만큼 자신을 낮추는 것이란 얘기를 들은 적이 있다. 눈, 코, 입, 귀, 손, 발, 허리… 신체기관을 둘러보면 스스로를 위해 존재하는 것은 없다. 눈은 나머지를 위해 사물을 인식하고, 코는 나머지를 위해 숨을 쉰다. 입은 나머지를 위해 음식물을 섭취하고, 귀는 나머지를 위해 귀한 정보를 듣는다. 손이나 발 역시 이타심이 몸에 밴 신체기관으로 손색이 없다.

인간은 더불어 살며 사회를 구성한다.

"전투마차를 상급, 중급, 하급으로 나눠, 적이 상급으로 나올 때 하급을 내라. 중급일 땐 상급을 내고, 하급엔 중급으로 맞서라. 그러면 2승1패로 늘 이긴다." 〈소설 손자병법〉의 이 대목을 처음 읽었던 유년 시절엔 속으로 쾌재를 불렀었다. 소설가 정비석이 들려주는 '손무의 손자' 손빈의 병법 얘기는 '절대 지지 않는' 묘책인양 가슴 속을 파고들었다. "손자병법대로만 살면 거칠 것이 없겠다"는 느낌이 인생 전반에 대한 자신감으로 '급확장' 됐다. 정말로 그땐 내 인생에 패배란 없을 줄 알았다.

하지만 마흔이 다 돼 읽은 강상구의 〈마흔에 읽는 손자병법〉은 다른 얘기를 한다.

"나이가 들면서 세상은 훨씬 커졌지만, 나는 부쩍 작아져 있었다. 당당하게 맞서던 상사의 지시에 더 이상 토 달지 않게 됐고, 후배들에게는 지시보다 부탁을 하게 됐다."

마흔이 돼 다시 잡은 손자병법은 '승리의 기술'이 아닌 '비겁의 철학'이었다.

'지피지기'는 지지 않으려는 전략

'지피지기 백전백승'으로 잘못 알고 있는 손자병법의 구절은 원래 '지피지기 백전불퇴'다. 손무가 당대와 후대에 알리고자 했던 것은

'싸워 이기기'가 아니라 '지지 않기'였다. 시계始計, 작전作戰, 모공謨攻, 군형軍形, 병세兵勢, 허실虛實, 군쟁軍爭, 구변九變, 행군行軍, 지형地形, 구지九地, 화공火攻, 용간用間. 저자가 13개의 카테고리로 분류한 손자병법을 한 마디로 하면 '싸우지 않고 이기기'다. 살아낸 세월이 많을수록 선과 악의 경계가 모호해지는 순간이 잦아진다. 공존이 중요하다.

〈마흔에 읽는 손자병법〉의 저자처럼 '인생의 전환점'에서 다시 읽는 손자병법은 "삶의 목적이 절대적인 그 무엇이 아니라 삶 그 자체"라고 가르친다. 그런데도 사람들은 바람처럼 빠르고, 불처럼 쳐들어가고, 번개같이 움직이고만 싶다. 자기 밥그릇 빼앗기는 줄도 모르고 남의 밥그릇을 끊임없이 노린다.

겸손은 손해 보는 것처럼 보이지만 실상은 그렇지 않다.

물론 〈군주론〉을 쓴 니콜로 마키아벨리Niccolo Machiavelli도 지적했지만 품성이 온화한 사람은 리더십에 도전을 받기 마련이다. 착한 사람은 나쁜 사람을 당해내기 어렵다. 착한 사람은 갈등이 초래하는 대결국면의 긴장감을 회피하는 경향이 있는 반면, 나쁜 사람은 오히려 의도적으로 그런 상태를 만들려는 경향이 있다. 따라서 습관적으로 갈등을 회피하는 착한 사람은 대결국면에서 패배하기 쉽고, 결국 성격이 모질고 품성이 나쁜 사람이 주도권을 잡게 되는 경우가 허다하다.

하지만 예외 없는 규칙은 없다. 수백 년 동안 세상을 지배했던 이탈리아의 메디치 가문에 피에로란 통치자가 대표적이다. 그는 피렌체를 쥐락펴락하던 명문가의 장남으로 태어나 거대한 재산과 기업을 물려받은 사람이었다.

하지만 그가 '대권'을 물려받는 과정을 보면 부잣집 맏아들의 편안함만 있었던 것은 아니었다. 피에로는 몸이 안 좋아서 자칫하면 가문의 수장 자리를 잇지 못할 뻔했다. 피에로의 아버지는 처음에 자신의 후계자로 피에로의 동생을 지목했는데, 그만 그 동생이 갑자기 죽어버렸다. 사람들은 그래서 "이제 장남인 피에로가 후계자가 되겠구나" 했는데, 이번엔 아주 나이가 어린 피에로의 아들이 후계자로 지명이 됐다. 우리나라 사례에 견주면, 조선시대 영조가 사도세자를 건너뛰고 그의 아들, 즉 영조의 손자인 정조에게 왕위를 물려준 것과 비슷하다.

여하튼 피에로는 몸이 많이 안 좋아 아버지의 신임을 전혀 얻지 못했다. 그런데 새로운 후계자가 채 어른이 되기도 전에 가문의 수장인 피에로의 아버지가 그만 죽어버렸다. 후계자로 지명된 아들이 너무 어려서 피에로는 엉겁결에 메디치 가문의 임시 리더가 됐다.

그런데 그 때 일이 터졌다. 루카 피티라는 사람이 반란을 일으킨 것이다. 몸이 허약한 피에로를 물리치고 메디치 가문을 접수하려는 의도였다. 하지만 결론만 간략하게 얘기하면 이 반란은 실패로 끝나게 된다.

여기서 질문 하나. 독자가 피에로라면 자신을 쓰러뜨리기 위해 반란을 일으킨 루카 피티를 어떻게 할 것 같은가? 십중팔구 복수의 칼을 갈 것이다. 하지만 피에로는 그를 포함한 모든 반란자들을 용서하는 대대적인 사면령을 내린다. 그는 자신의 울분에 대한 복수보다는, 메디치 가문을 중심으로 피렌체 사회를 통합하는 것이 더 중요하고 모두에게 이익이 된다고 판단했다. 그래서 자신을 죽이려고 했던 적까지 용서한다. 그러자 이 관용의 리더십에 충격을 받은 반란의 주동자 루카 피티는 자신의 잘못된 판단을 뉘우치고, 평생 메디치 가문의 충성스러운 신하로 남은 삶을 산다.[10]

착하게 살면 행복해진다

세상을 살다보면 착한 사람은 나쁜 사람을 당해내기 어렵다는 소리를 많이 듣게 된다. 하지만 피에로 스토리는 예외가 있음을 분명히 알려준다.

남을 배려하면 고통도 줄어든다. 수십조 개의 세포로 형성된 인간의 몸은 '배려의 조직'이라고 한다. 밥 한 숟가락, 물 한 잔도 우리 몸의 세포들은 나누어 함께 먹는다고 한다. 볼에 살이 찔 때도 양쪽 볼이 동일한 영양분을 가져가고, 허리의 살도 양쪽에 골고루 붙는다. 몸은 어느 한 지체가 필요 이상으로 욕심을 내면 암이 되고, 그래서 결국 모든 몸을 죽게 만든다는 것을 알기에 나눔과 배려를 실천하고 있다.

〈국민일보〉 미션라이프에서 읽은 얘기다.[11] 〈샘에게 보내는 편지〉를 쓴 대니얼 고틀립Daniel Gottlieb은 정신의학 전문의로 한창 성공가도

---

10 〈사람의 마음을 얻는 법〉 – 김상근 지음/21세기북스 펴냄
11 〈국민일보〉 미션라이프 섹션 2012년 5월 28일자 [박지웅 목사의 시편]

를 달리던 삼십대에 불의의 교통사고를 당한다. 결혼 10주년을 맞아 아내에게 줄 선물을 사러 가던 길이었는데, 그만 척추 손상을 입어 전신마비가 된다. 사고로 인한 우울증은 아내와의 이혼으로 이어졌고, 지난한 재활치료를 받아야 하는 상황에 놓였다.

하지만 그는 중환자실에서 겪은 한 짧은 경험 덕분에 '인생 최대의 불운'을 딛고 재기에 성공한다.

그가 침대에 누워 죽음만을 생각하고 있을 때 담당 간호사가 말을 걸어왔다. "혹시 당신은 심리 치료하는 분이시죠?" 이 질문과 함께 담당 간호사는 자신의 개인적인 이야기를 하나씩 털어놓더라는 것이다. 그 여인은 한 남자를 사랑했는데, 그 남자에게 배신을 당한 후 도무지 외로움을 견딜 수 없었고, 이제는 간호사 생활을 더 이상 할 수 없을 정도로 심한 우울증에 시달리고 있었다. 그리고 때때로 강한 자살충동까지 느끼고 있었다. 긴 시간 동안 이 간호사는 누워 있는 중환자에게 자신의 마음의 고통을 고백하고 있었던 것이다.

이야기를 듣던 고틀립은 점점 이 여인의 마음의 고통을 공감하기 시작했다. 그리고 이 여인의 고통스러운 삶의 무게가 자기의 가슴에 와 닿으면서 여인의 삶이 측은하게 여겨졌다. 고틀립은 이 여인이 너무나도 불쌍했다. 그리고 무슨 말이든지 이 여인을 붙들어주고 싶었고, 그를 세워주고 싶었다.

이 여인과의 예기치 않은 긴 상담이 끝난 후, 고틀립은 한 가지 놀라운 사실을 깨닫게 되었다. 그것은 이 여인의 고통을 들어주며 함께 아파하는 시간 동안만큼은 자기 자신의 고통을 잊어버리고 있었다는 사실이다. 이것은 놀라운 것이었다. 왜냐하면 교통사고가 난 이후로 그는 자기의 고통을 단 한순간도 잊어본 적이 없었기 때문이다. 심지어 진통제도 그의 고통을 잊어버리게 하지 못했다. 그러나 다른 사람을 살리고 세워주는 시간만큼은 자기의 고통이 잊어지더라는 것이다. 이 위대한 발견 덕분에 그는 고통을 줄이고 또 재활까지도 성공하게 됐다.

세계에서 제일 빠른 상용 슈퍼카인 '부가티 베이론 16.4'는 시속 400km 이상으로 달리면 30분 만에 연료가 바닥난다. 이건 안 좋은 연비 때문이기도 하지만, 운전자의 안전을 고려한 장치라고 한다. 차가 400km로 30분 이상 달리면 타이어가 견디지 못하고 녹아내리는데, 그걸 무시하고 장시간 운행을 하면 운전자 안전이 위협 받을 것이다. 그래서 연료통 크기를 '30분 질주'에 맞게 설계를 했다.

부가티 베이론 16.4처럼 우리 인생에도 '겸손의 브레이크'가 필요하다. 나 잘났다고, 너 못났다고 자만과 교만에 빠져 사는 삶은 언제 어느 순간에 타이어가 녹아내릴지 모르는 아찔한 인생이다.

김상용·김성윤이 쓴 〈오리진〉에 따르면, 우리가 '행복'으로 알고 있는 'Happy'의 어원은 'Fall'이다. '행복하다'와 '떨어지다' 사이의 관계에 주목할 필요가 있다. "행복은 눈앞에 떨어지는 것을 항상 포착해야 느낄 수 있다."

이렇게 정리하면 행복의 개념이 선명하다. '오버'하지 말라. 행복은 눈앞에 있는 것 중에서 찾아야 하는 것. 그래서 눈앞에 없는 돈과 명예 때문에 행복하지 못하다는 말은 아예 성립이 되지 않는다. 그보다는 눈앞에서 조잘대는 아이들의 환한 웃음소리와 따사로운 햇살이 우리를 더 행복하게 만든다.

심성이 곱고 남을 잘 배려하는 사람, 그렇게 겸손을 삶의 최우선 가치로 삼고 세상을 사는 이들이 행복하다는 사실은 과학적으로도 증명이 가능하다. 신경정보학자들의 연구 결과에 따르면 시각과 청각, 후각이 뇌에 전달하는 정보는 1초당 약 1,000만 비트 이상이지만 그 중 사람이 의식하는 정보는 고작 0.004%에 불과하다. 사람은 살면서 수많은 '고통 정보'를 입수하지만 뇌가 그 정보에 어떤 반응을 보이느냐에 따라 고통은 '제로(0)'가 될 수도 있고, 무한대가 될 수도 있다.

이것은 나를 넘어 우리 모두에게 공통적으로 적용되는 법칙이다. 신경마케팅 분야의 세계적 권위자인 한스-게오르크 호이젤Hans-Georg Hausel 박사는 "소비자의 구매를 결정하는데 감정이 거의 모든 부분을 지배한다"라고 말했다. 그런데 이것이 단지 상품을 사고파는 시장에만 한정된 얘기일까? 우리네 삶 자체가 객관적인 데이터보다는 무의식적인 감정에 더 쉽게 좌우된다. 그 옛날 피에로처럼, 고통 없이 남에게 '힘'을 행사할 수 있는 멋진 삶은 결코 꿈이 아니다. 겸손해서 손해 본 사람은 없다.

🌐 아버지의 답

옛날 한 가정에 남편을 먼저 저 세상으로 보냈지만 두 아들을 잘 키워낸 어머니가 있었다. 어머니는 불이 난 집에 남겨진 아들을 구하려다 온

몸에 화상을 입고 주위의 도움으로 겨우 살아났다. 그리고 뼈가 으스러지도록 일을 하며 두 아들을 유명한 대학교에 입학시켰고 드디어 졸업하는 날을 맞았다.

어머니는 먼저 큰 아들에게 갔다. 큰 아들은 흉한 얼굴에 거의 거지꼴인 어머니를 피하려고 했다. 그것을 눈치 챈 어머니는 몰래 학교에서 빠져나왔다. 그리고는 집으로 가려다 그래도 둘째 아들 얼굴이라도 먼발치에서 보고 싶은 나머지 둘째 아들의 학교로 향했다. 자기를 키워준 어머니를 본 둘째 아들은 그 자리에서 벌떡 일어났다. 그는 어머니를 끌어안고 울었다. 그리고는 강단에 올라가 '세상에서 가장 귀하고 존경하는 어머니'라고 모두에게 자신의 어머니를 소개하였다.

화상으로 인해 얼굴은 볼모양이 없었지만 둘째 아들은 어머니의 마음을 볼 수 있었기에 겸손히 어머니를 자랑할 수 있었고, 그렇게 더 나은 세상을 만들어가는 한 시대의 주인공이 될 수 있었다.

겸손은 힘이다. 그 힘은 보기에는 약하지만 강한 능력을 가지고 있다. 우리의 몸을 치료하는 약은 대부분 작은 것이다. 그렇지만 그 안에 함유된 성분들은 우리 몸의 나쁜 악을 무찌르는 장군과 같은 것이다. 겸손은 이처럼 작고 약해 보이지만 그 속에 많고 큰 힘을 가지고 있다. 평강 공주의 겸손의 미덕은 바보 온달을 장군 온달로 만들어내는 힘이 되었다. 겸손은 존귀의 길잡이다. 그렇다. 존귀의 첩경捷徑이 겸손인데 겸손해서 손해 본 사람이 있을 수 있을까?

옛 성현들은 하나같이 겸손을 귀한 덕목으로 삼았다. 제자들은 스승의 그림자도 밟지 않을 정도로 스승 앞에서 늘 무릎을 꿇고 예의를 갖췄다. 배움에는 나이나 귀천이 없다 하여 배움의 예의를 갖추었다. 겸손하여 늘 양보하는 겸양지덕謙讓之德의 미덕이 있었다.

잠언은 "사람의 마음의 교만은 멸망의 선봉이요 겸손은 존귀의 길잡이"라고 말하며 "겸손한 자와 함께 하여 마음을 낮추는 것이 교만한 자와 함께 하여 탈취물을 나누는 것보다 나으니라"라고 가르친다(잠언 18장 12절, 19절).

겸손은 예수님의 가장 귀한 덕목 가운데 하나이다. 제자들의 발을 씻기시고 자신의 이적을 다른 사람들에게 알리지 못하게 하셨다. 마지막 한 주간을 보내기 위하여 예루살렘 성으로 들어갈 때 어린 나귀를 타셨고, 가장 고통이 심한 십자가에서 죽으셨다. 높고 높은 하늘나라를 두고 낮고 천한 사람을 위하여 무겁고 힘든 십자가를 지시고 원수들을 용서해 달라고 부탁하시는 예수님. 그 예수님의 겸손으로 구원받은 우리는 더욱 더 겸손히 엎드려 우리의 어린 자녀들을 위하여 기도해야 한다.

예루살렘에 대한 여호와 하나님의 진노에 예레미야애가서(2장 19절)는 "초저녁에 일어나 부르짖을 지어다 네 마음을 주의 얼굴 앞에 물 쏟듯 할지어다 각 길 어귀에서 주려 기진한 네 어린 자녀들의 생명을 위하여 주를 향하여 손을 들지어다"라고 말한다.

고난이 밀려올 때 나를 도와줄 하나님께 겸손히 무릎 꿇고, 나와 내 자녀들에게 평탄한 길을 달라고 요구한다면 하나님께서는 자기를 찾는 모든 이의 사정을 살피시고 소원을 이루어주신다.

10
엄지손가락은 왜 맞은편에 있을까?

🌑 아들의 질문

머리가 좋다는 것은 어떤 의미일까? 언젠가 TV에서 본 '소년 암기왕'처럼 뭐든지 척척 기억하는 이들을 머리가 좋다고 말할 수 있을까? 사실 많은 한국인이 '잘 외운' 덕분에 대학도 나오고 사회에서 일정한 자리도 꿰찼지만 섣불리 '예스'라고 답할 수 없다. 암기력보다 중요한 게 바로 통찰력이기 때문이다.

이는 내 생각이 아니라 비즈니스 현장과 상아탑에서 골고루 명성을 쌓은 '혁신 구루' 로저 마틴Roger Martin의 경험칙이다. 그는 50명이 넘는 세기적 리더를 직접 인터뷰한 후 통찰력의 가치에 대해 이렇게 말한다. 〈생각이 차이를 만든다〉.[12]

미국의 유명한 외교관 조지 E. 캐넌의 사례를 보자. 제2차 세계대

---

[12] 〈생각이 차이를 만든다〉 – 로저 마틴 지음/김정혜 옮김/지식노마드 펴냄

전이 끝난 후 미국은 스탈린의 팽창 전략 앞에서 딜레마에 빠진다. '과감하게 전면전을 벌여야 하나, 아니면 소련 제국의 건설을 묵인해야 하나?' 대안은 두 가지로 압축됐는데 어느 것 하나 마뜩하지 않다. 그런데 이 양자택일의 상황에서 캐넌은 봉쇄정책이란 놀라운 카드를 집어 들었다. 서방세계는 그 덕분에 전쟁과 항복이란 극단의 선택을 피하고 중용의 길을 걸을 수 있었다.

저자에 따르면 캐넌의 봉쇄정책은 통합적 사고의 산물이었다. 의사결정은 쉽게 떠오르는 '트레이드 오프'[13]가 아니다. 하나를 선택하면 나머지 하나는 희생해야 한다고? 저자의 노트에 빼곡히 적힌 성공신화들의 공통점은 '완전히 상반되는 아이디어를 동시에 생각할 수 있는 능력'이었다.

엄지손가락과 통합적 사고의 관계

통합적 사고가 감이 안 잡힌다면 글을 쓰고 바느질을 하며 그림을 그리는 손가락의 역할을 떠올려 보라. 인간에겐 나머지 네 손가락과 마주 보는 엄지손가락opposable thumbs이 있다. 엄지와 다른 손가락들 사이엔 일정한 긴장이 형성되지만 이 긴장을 잘 활용하면 어떤 다른 동물도 할 수 없는 놀라운 일을 해낼 수 있다.

---

13 영어로는 trade off. 두 개의 정책목표 가운데 하나를 달성하려고 하면 다른 목표의 달성이 늦어지거나 희생되는 경우의 양자 간의 관계를 말한다.

저자에게 통합적 사고는 '어포저블 마인드opposable mind'이다. 더 이상 상반된 선택지 사이에서 고민하지 말고 더 나은 '제3의 길'을 찾아내야 한다. 우리가 경영 대가들에게 진정 배워야 할 것은 그럴 듯한 멘트와 멋들어진 액션이 아니다. 그런 것들은 백 날 읽고 천 날 암기해도 '나만의 비밀병기'가 되지 못한다.

다행인 것은 통합적 사고가 '하늘의 선물'이 아니라 갈고 닦아 성취를 키울 수 있는 '인간의 영역'에 속해 있다는 사실이다.

통합적 사고는 긴장이 만들어내는 창조적 사고다. 천문학에서는 두 별이 중력의 상호작용 때문에 궤도가 서로 얽히는 것을 가리켜 연성계連星系라 한다. 인류의 역사에서도 궤도를 선회하는 두 거성 간의 관계와 경쟁의식으로 한 시대가 형성되는, 연성계와 유사한 상황을 간간이 볼 수 있다. 20세기 물리학 세계의 알베르 아인슈타인과 닐스 보어가 그랬고, 초기 미국 정계의 토머스 제퍼슨과 알렉산더 해밀턴이 그랬다. 1970년대 말부터 시작된 PC 시대의 첫 30년 동안에도 1955년생 동갑내기로 대학 중퇴 이력까지 똑같은 빌 게이츠와 스티브 잡스가 뚜렷한 연성계를 형성했다. 둘 사이의 긴장은 성취를 높인다.

긴장이 있는 경쟁적 삶의 가치에 대해 토드 부크홀츠는 〈러쉬〉에서 이렇게 말한다. "스트레스는 우리에게 이롭다. 녹초가 되도록 테니스나 터치풋볼을 해본 적이 있는가? 1세트나 1쿼터를 하고 나면, 이러다 경기 종료 휘슬이 울리기 전에 죽을 것만 같다. 그러나 아주 특별한 현상이 일어난다. 오피오이드, 엔도르핀, 엔케팔린 등이 분비되면서 팔다리를 어쨌든 계속 움직일 수 있는 것이다. 이튿날이면 삭신이 쑤셔서 상비약을 찾을 것이다. 그러나 우리는 그 스트레스를 견딜 수 있다. 힘들어 죽을 것만 같아도 어떤 행복감에 젖어들 수 있다."

100% 동의할 순 없지만, 역발상이 중요하다는 메시지는 잡아낼 수 있다. 세계에서 돈 많은 사람 조사를 하면, 단골손님처럼 나오는 워런 버핏은 역발상의 대가다. 그는 '오마하의 현인'으로 불리는 유명인이지만 처음부터 자신감에 차 있었던 건 아니었다. 버핏은 젊은 시절 3가지 고민에 빠져 있었다. 그가 성공한 주식투자자를 분석해 봤는데, 그들은 하나같이 두뇌 회전이 굉장히 빠르고, 수리적인 감각이 뛰어났고, 또 절대로 아무도 믿지 않았다는 공통점이 있었다. 그런데 자신은 두뇌 회전도 느리고, 수리적 감각도 없고, 사람을 좋아해 친구를 너무 믿는 타입이라는 생각이 들었다. 성공 투자자와 거리가 먼걸 넘어 완전 정반대였던 것이다. 그래서 처음엔 포기할까 생각도 해봤지만, 오히려 한 번 반대로 해보자는 오기가 생겼다고 한다.

그는 자기 성격대로 잘 할 수 있는 길을 찾았다. 그래서 빠른 두뇌 회전이 필요한 단기투자 대신 장기투자를 선택했고, 수리 감각이 부족하니 자기가 이해할 수 있는 아주 단순한 회사에만 투자했고, 또 사람을 잘 믿는 성격이니 자기가 100% 믿을 수 있는 사람을 뽑아서 그들에게 전권을 위임했다. 그렇게 그는 기존의 성공 투자자를 다 뛰어넘는 세계 최고의 주식투자자가 될 수 있었다.

110

잠수함에 토끼가 탄 이유는…

인생이 힘들 땐 엄지가 맞은편에 있다는 걸 기억하자. 그 정신으로 동역자를 구해야 한다.

잠수함이 개발된 지 얼마 안 되었을 무렵엔 남은 산소의 양을 측정하는 기술이 없어 애를 먹었다고 한다. 산소가 소진되기 전에 수면 가까이 올라와 있지 않으면 탑승자들이 큰 화를 입을 수도 있기 때문이었다.

그런데 이 시간 맞추기가 말처럼 쉽지는 않았다. 그래서 택한 방법이 산소가 부족한 것을 가장 잘 느끼는 동물을 함께 태우고 들어갔다가 그가 먼저 감지를 하면 빨리 대책을 세우는 것이었다. 그리고 선택된 동물이 거북이에게 속아 용왕님을 만나고 온 토끼였다. 산소 부족을 느끼는 민감성에 있어 토끼는 사람을 훨씬 능가한다고 한다. 그래서 토끼를 여러 마리 태우고 다니다가 그들의 호흡이 급해지면 잠수함을 빨리 물 위로 끌어올리는 방법을 쓴 것이다.

내 인생의 부족함을 채워줄 수 있는 누군가 혹은 무언가를 찾을 수 있다면 삶은 '마주 보는 엄지손가락'의 힘을 느낄 수 있게 된다.

일산 로고스교회의 안성우 목사가 쓴 글에서 이런 일화를 접했다.[14] 제2차 세계대전 당시 미국의 유명한 희극배우 지미 듀란테에게 참전 용사들을 위한 쇼에 출연해 달라는 요청이 들어왔다. 그는 자신

---

14 〈국민일보〉 미션라이프 섹션 2012년 6월 5일자 [겨자씨]

의 스케줄을 설명하며 거절했지만 기획자는 잠시 무대에 서는 것만으로도 충분하다 여겨 그를 초대했다. 막상 그날이 되어 무대 위로 올라간 듀란테는 내려올 생각을 하지 않은 것처럼 보였다. 이를 바라본 쇼 기획자는 흡족한 미소를 지었지만 내심 그의 마음이 변한 이유가 무엇인지 궁금했다.

듀란테가 마지막 인사를 마치고 내려왔을 때 기획자가 물었다.

"난 당신이 몇 분간만 무대에 설 줄 알았는데 어찌 된 일입니까?"

그러자 그는 한 곳을 가리켰다. 그곳에는 팔 한 쪽씩을 잃은 참전 용사들이 있었다. 한 사람은 오른팔을, 또 한 사람은 왼팔을 잃고 나란히 앉은 두 사람은 즐거운 얼굴로 남은 한 쪽 팔을 서로 부딪쳐 열심히 박수를 치고 있었다.

"하나가 된다는 것은 획일화가 아니라 다름을 인정하는 것이다. 부족함을 서로 채워주는 것이다. 없는 것을 보지 않고, 있는 것으로 할 수 있는 일을 하는 것이다."

안성우 목사는 '엄지손가락의 철학'을 꿰뚫고 있는 게 틀림없다.

🌀 아버지의 답

엄지손가락에는 나머지 4개의 손가락을 통제하는 제어능력이 있다. 필요한 손가락과 협조하여 일을 순조롭게 이루어간다. 집게손가락과 연합하여 '좋다' 혹은 '됐다'는 뜻으로 사용하고, 중지와 약지와 연합하여 당구를 칠 때 큐대를 고정하는 역할을 한다. 새끼손가락과는 연합하여 '완전수 3'을 만드는 데 사용한다. 이렇게 엄지손가락은 필요에 따라 나머지 손가락과 연합하여 하나가 되는 연합의 힘을 만들어낸다. 또한 엄지손가락이 맞은편에 있음으로 물건을 쉽게 잡을 수 있다. 다른 네 개의 손가락과 함께 연합하여 무엇이든지 잘 잡을 수 있게 하여 세미한 부분까지도 만들어낼 수 있는 재주를 발휘한다.

사람이 시계 기술을 발전시킨 것도 엄지손가락이 맞은편에 있기에 가능한 일이었다. 엄지손가락이 맞은편에 있다는 것은 다른 동물들에게는 하나님이 허락하지 않았다는 점에서도 의미가 깊다. 모든 손가락을 연합하여 책을 만들고 읽게 하여 지식을 습득하는데 좋은 환경을 만들어준 것이다.

동물을 비롯한 만물을 다스리고 관리하려면 다른 동물보다 분명하게 우위를 점하는 부분이 있어야 한다. 그 부분 중의 하나가 엄지손가락이다. 최고라는 표현을 할 때 엄지를 치켜세우는 이유도 엄지손가락이 우월감이 있어서 그럴 것이다.

그렇지만 엄지손가락은 겸손하지 않으면 안 된다. 다른 손가락의 협조를 구하여야 하기 때문이다. "너희 모두는 손가락을 안으로 접어주기 바란다"며 협조를 구한다. 그것이 이루어지지 않으면 최고의 표현이 없어질 수밖에 없기 때문이다. 독특하고 특별한 대우로 맞은편에 위치한 엄지손가락도 자신의 겸손과 동료들의 협조가 수반되지 않으면 아무것도 할 수 없는 그저 그런 하나의 손가락에 불과하다.

맞은편에 있는 엄지손가락. 그것은 정말 연합과 화합의 손길을 전제로 한 우월한 손가락임에 틀림없다. 그들의 아름다운 협조가 이루어질 때 맞은편의 엄지손가락은 빛을 발한다. 엄지손가락은 자신의 존재를 알지만 최고의 자리에서 꼿꼿이 서 있지만은 않다. 왜? 친구들의 도움 없이는 될 수 없는 것이기에….

나는 누구의 맞은편에 있을까? 만약 친구들의 맞은편에 있다면 엄지손가락처럼 연합과 화평을 추구하는 멋진 사람으로 새롭게 태어나고 싶다.

마누라는 '마주보고 누워라'라는 뜻이라고 하는 이야기가 있다. 가장 가까운 사람은 마주보고 있다. 밥을 먹으면서 마주보고 소곤소곤 얘기하고, 잠을 자기 전 서로 마주보고 누워 사랑을 속삭이고, TV와 마주보고 즐기며, 책을 마주하며 삶의 기쁨과 행복을 누린다.

성경 에스더서에 보면, 모르드개는 항상 바사 왕 아하수에르(크세르크세스)의 왕후 에스더의 맞은편에서 그녀를 응원하며 가야 할 길을 바로 제시한다. 하만의 계략에 유태인들이 억울하게 몰살당할 처지에서 모르드개는 에스더에게 말한다. "너는 왕궁에 있으니 모든 유다인 중에 홀로 목숨을 건지리라 생각하지 말라 이 때에 네가 만일 잠잠하여 말이 없으면 유다인은 다른 데로 말미암아 놓임과 구원을 얻으려니와 너와 네 아버지 집은 멸망하리라 네가 왕후의 자리를 얻은 것이 이때를 위함이 아닌지 누가 알겠느냐"(에스더 5장 13~14절)

그 후 유태인들과 왕후 에스더는 금식하였고, 왕후 에스더는 "죽으면 죽으리이다"라고 하면서 왕 앞에 나아가 유태인들을 살리고 원수 하만을 장대에 매다는 결과를 가져왔다.

누군가가 맞은편에 있다는 것은 너무나 든든하다. 싸움의 적이나 시합의 적이 아니라 삶의 동반자로 누군가가 맞은편에 있다면 그것은 하나님이 내리신 복이요, 하나님께 감사해야 할 사건임에 틀림없다.

11
프라이버시를 지키는 방법이 있을까?

🌸 아들의 질문

현대사회는 너무나 '투명'하다. 태평가太平歌라도 불러야 할까? 세상이 참 살기 편하다. 지갑 속 신용카드 덕분에 못 타는 대중교통이 없고, 열쇠 안 챙겨 다녀도 구멍에 손가락만 넣으면 문이 스르르 열린다. 재테크 한답시고 구매 영수증 일일이 모을 필요도 없어졌는데 하다못해 미용실에서도 언제 몇 번 커트를 했는지 알아서 척척 두발 관리를 해준다.

그런데 왠지 모르게 뒷덜미가 찜찜하다. 마치 옷 걸치는 것을 깜빡하고 목욕탕에서 나온 느낌이다. 누군가가 내 은밀한 사생활을 엿보는 듯한 정신의 불편함이 몸의 편리함 뒤에 똬리를 틀고 있다. 충분한 철학적 담론 없이 급변하는 과학기술에만 삶을 맡기다 보니 일거수일투족이 '관찰'되고 '기록' 당한다.

우리 사회도 몇 년 전 '비밀 없는 세상'의 무서움을 몸소 체험했다.

학력위조가 이끌어낸 의외의 '성과(?)'에 사람들은 '몸 로비'가 어떻고, 연애편지가 어떻고 하며 공짜 '말 안주'를 실컷 즐겼다. 그 결과가 무엇이었나?

신정아 씨와 변양균 씨의 사생활을 드러낸 결정적인 요인이 이메일이었는데, 그게 원래는 꼭꼭 숨겨져 있었던 것이란다. "혹시 내가 주고받는 이메일도 누가 나중에 꺼내 보는 거 아냐?" '신·변의 로맨스'에 취한 이들이 문득 자기 신변을 돌아봤을 땐, 이미 불안은 섬뜩함으로 변해 있었다.

갓난아기에게도 비밀은 있다

세계적인 정신분석학자 피에르 레비 수쌍은 〈비밀의 심리학〉에서 이런 세상을 빗대 "내면세계는 공적인 영역으로 바뀌었고, 지구촌은 사생활까지 마구 거래하는 시대가 됐다"고 개탄한다. 개인의 프라이버시가 사회의 만족을 위해 마구 파헤쳐지고 있다.

가족의 비밀을 알고 싶은 이들로 흥신소는 발 디딜 틈이 없고, 대중매체는 정론을 펴기보다는 개인 사생활 전파에 열을 올린다. 어느 누구도 이런 집단적이고 독단적인 사고가 개인에게 미치는 영향에 대해 고민하지 않는다.

문제는 비밀이란 것이 '있어도 그만 없어도 그만'이 아니라는 데 있다. 저자는 비밀을 간직할 권리를 흥미를 위한 알 권리와 바꾸는 것이 얼마나 위험한 도박인지 방대한 임상자료로 설득력 있게 증명한다. 비밀은 상상력과 창의력의 원천으로 처절한 현실 속에서도 희망의 불꽃을 이끌어내는 부싯돌이다. 질문을 통해 확인해볼 순 없지만 갓 태어난 아기에게도 비밀이 있다.

그만큼 심리 발달의 기초요 정점이다. 사람들은 마음속에 '비밀의 정원'을 가꾸며 은밀한 내면의 기록을 차곡차곡 쌓는다. 신정아 씨 사건이야 부정과 불의 때문에 도덕적으로 문제가 됐지만 일반인들의 '비밀'은 현실을 보다 풍성하게 해주는 고마운 존재다. 어린 시절 가족에게 '테러'를 당한 병리적 환자나 엄마 잘못 만나 마마보이로 자란 소년을 보면, '비밀'을 제거당한 인생이 얼마나 위태로운지 알아챌 수는 있다.

그래서 사람들은 암호 같은 것을 만들어 쓴다. 위인전 단골 주인공이라 아이들도 잘 아는 율리우스 카이사르Gaius Julius Caesar도 암호를 즐기던 사람이었다.

시계추를 뒤로 많이 돌려, 그가 죽던 날로 가 보자. 그의 아내가 불길한 꿈을 꾸었다며 원로원 회의 참석을 막았던 그 날, 카이사르에겐 죽음을 피할 수 있는 다른 한 번의 기회가 있었다. 이탈리아 외의 다른 속주에서 카이사르의 칭호를 '황제'로 부르게 한다는 제안이 결의될 예정이었던 이 날, 카이사르가 회의장에 도착하기 직전에 암호서신이 긴급히 전달되었던 것이다.

평소 카이사르는 가족과 비밀통신을 할 때 각 알파벳순으로 세 자씩 뒤로 물려 읽는 방법으로 암호문을 작성했다. 즉 D는 A로, F는 C로 바꿔 읽는 방식이었다. 이는 글자를 일정한 규약에 따라 완전히 새로운 글자나 숫자, 기호로 바꾸는 환자換字 방식의 암호문이었다.

그날 카이사르가 손에 쥔 암호는 이랬다. 'EH FDUHIXO IRU DVVDVVLQDWRU.'

이걸 알파벳순으로 세 자씩 뒤를 물려 읽으면, 이런 문장이 나타난다. "BE CAREFUL FOR ASSASSINATOR." 암살자를 조심하라는 내용이었다. 하지만 카이사르는 구체적으로 암살자가 누구인지 알 수 없었기 때문에, 그대로 출석을 강행했다. 그리고 애인의 아들인 브루투스에게 칼을 맞으며 "브루투스, 너마저….."라는 유명한 말을 남겼다.

정보가 퍼질수록 암호는 필요하다

암호는 첩보영화에나 나오는 말 같지만, 이렇듯 우리네 일상에 깊숙이 스며들어 있다. 주민등록번호가 있어야 자신의 존재가 증명되고, 온라인에선 얼굴 대신 아이디ID로 신분을 확인한다. 1010235(열렬히 사모), 7700(뛰뛰빵빵 드라이브 하자) 등의 휴대폰 단축문자 역시 현대인의 암호 중독을 극명하게 보여준다.

그럼에도 암호를 '특정인들만의 특수문자'로 여기는 이들이 많다고 〈역사 속에 숨겨진 코드, 암호 이야기〉의 저자 박영수는 진단한다. 오랫동안 동서양 문화를 연구해 온 저자는 "우리는 알게 모르게 암호의 규칙과 기호를 활용하고 있다"고 말한다.

'정보의 공유'라는 인터넷 문화가 확산될수록 암호의 필요성이 커지는 것은 분명 문명의 아이러니다. 다이어리를 꺼내보면 남에게 노출시키지 말아야 할 개인정보가 얼마나 많은가! 그리고 사방팔방 연결된 정보망을 통해 흘러나가는 '내 정보'는 이제 통제불능 상태에 이르렀다.

얼마 전 교회 교우들과 일이 있어 차를 타고 가는데, 광고를 보면 돈을 지급받는 앱에 대한 얘기가 나왔다. 앱마켓에서 앱을 다운로드 받아 스마트폰에 깔면 화면을 새로 열 때마다 광고 페이지가 보이는 것이다. "그걸 눈으로 확인만 해도 몇 원씩 돈이 쌓이니 얼마나 좋은 앱이냐"고 교우 중 한 분이 얘기했다. 제시된 특정 사이트에 회원가입까지 하면 몇 백 원이 한꺼번에 적립된다는 말도 그는 덧붙였다. 그런데 그 말을 듣고 보니, 내 신상정보를 단 돈 몇 백 원에 넘기는 것과 다를 바 없다는 생각이 들었다. 그렇게 의심의 눈을 크게 뜨고 바라보니, 광고 페이지를 클릭할 때도 어떤 식으로든 개인정보가 새어 나갈 수 있겠다는 판단이 찾아왔다. 그래서 그 의심을 그 자리에서 꺼내놨더니, '광고 앱' 예찬론을 폈던 교우가 이렇게 받아쳤다. "이거 안 깔아도, 이미 내 정보 나갈 만큼 나가지 않았을까요?"

어쩌면 이 교우의 말이 맞을지 모르겠다. 운전을 하는 사람이라면, 자동차보험 계약 만료시기에 맞추어 여러 보험회사에서 동시다발적으로 걸려오는 전화 세례를 경험했을 것이다. 스마트폰이 확산되면서 과거에는 불가능했던 엄청난 양의 개인정보가 양산되고 있고, 컴퓨팅 기술의 발달로 이들 데이터에 대한 분석도 용이해졌다.

스마트폰은 이제 이용자가 어디쯤에 있는지를 실시간으로 기록하고, 지하철과 버스 요금 정산기에 얼마를 지불하고 있는지 등 언제 어느 장소에 있는지에 관한 정보를 기록한다. 네이버나 다음, 구글에 검색어를 입력할 때도, 페이스북이나 트위터에 오늘 점심은 무엇을 먹었는지, 오늘 기분은 어떤지에 관한 짧은 글을 남기는 그 순간에도, 사람들의 위치정보는 물론이고 취향이나 습관, 검색 패턴, 구매 기록까지 샅샅이 알아낼 수 있는 막대한 양의 데이터들이 차곡차곡 쌓이고 있다. 더구나 어디서든 수집이 가능한 센서, 주파수 등의 데이터는 생성 주체가 전혀 인지하지 못하는 상황에서 수집되고 활용되는 경향이 있다.

송민정의 〈빅 데이터가 만드는 비즈니스 미래지도〉는 그래서 빅 데이터가 화두가 된 세상에서 더 이상 프라이버시는 '개인정보의 유출을 막을 권리'가 아니라 '누구인지 식별되지 않을 권리'로 개념이 바뀌어야 할 정도라고 말한다.

개인정보 유출에 대한 고민을 전혀 안 할 수는 없지만, 암호를 만들어 힘겹게 지키는 것보다는 인생을 떳떳하게 사는 게 더 낫겠다.

"내가 세상에 태어났을 때 나는 울고 세상은 웃었다. 내가 죽을 때는 세상이 울고 나는 웃을 수 있으면 좋겠다."

어디에선가 들은 이 말이 '프라이버시privacy 침범 사회'에 꼭 필요한 한 마디라는 생각이 든다. 아버지가 어린 시절 적어주신 우리집 가훈은 '잘 죽자'다. 언제 어디서 죽더라도, 지나온 인생을 돌아보며 웃을 수 있는 삶. 그렇지만 날 떠나보내는 게 아쉬워 남들은 울어줄 수 있는 삶. 그런 삶을 살아낼 수 있다면, 프라이버시 침해 공포도,

암호 만들기 노력도 '남의 일'이 되지 않을까?

🌑 아버지의 답

국어사전은 프라이버시를 '개인의 사생활이나 집안의 사적인 일 또는 그것을 남에게 간섭받지 않을 권리'로 정의하고 있다. 아름다운 여인은 자신의 아름다움을 사람들에게 보이고 싶어 하지만 누군가가 개인적으로 훔쳐보는 것은 싫어한다. 운동선수가 운동장에서 경기를 할 때는 현란한 솜씨로 자신의 기술을 자랑한다. 그렇지만 혼자 기술을 연마하고 독특한 방법을 구사할 때는 누구에게도 그것을 보이지 않으려 한다. 사람은 누구나가 자랑하고 싶은 것이 있으나 그것을 아무 때나 자랑하지는 않는다.

그래서 세상엔 이것을 이용한 심리전 같은 전쟁이 벌어진다. 몰래 찍기, 몰래 훔쳐보기, 몰래 녹음하기, 몰래 숨기기, 주식 숨기기 등 몰래 알아낸 지식을 팔아 돈을 챙기는 것을 주업으로 삼는 사람도 이미 많다. 몰래 먹는 떡이 맛있고, 몰래 보는 잡지가 재미난다고 습관적으로 하게 되면 파파라치가 되는 것이다. 이런 사람이 많아지는 세상은 프라이버시를 도둑맞게 되어 지켜 나가기 어렵다.

지위를 이용하여 소금물을 먹은 자, 담합談合을 하는 자, 왕따를 시키는 자, 자기 줄을 세우는 자는 온 몸과 마음에 깊은 골이 있어 프라이버시가 잘 흘러 나갈 것이다. 반면, 신실信實한 사람, 직업관이 뚜렷한 사람, 자기의 생활에 자신이 있는 사람은 프라이버시 또한 잘 지켜나간다. 프라이버시를 잘 지키는 사람은 모든 일에 신실함으로 자신을 잘 지켜나가게 된다. 경찰 열이 도둑 하나 지키기 힘들 듯이 훔쳐가는 파파라치를 막을 방법은 어렵지만 몸과 마음의 깊은 계곡을 없애고 삶의 질을 내 중심에서 많은 사람에게 유익을 주는 방향으로 돌린다면 프라이버시는 훌륭히 지켜질 것이다. 수십 리 밖에 있는 벌에게 전파되는 꽃의 향기처럼 좋은 소문이 되어 수백 리를 흘러갈지언정 프라이버시를 잃지 않게 된다.

베드로는 예수님이 십자가에 달리기 전에 그를 모른다고 부인否認한 사람이다. 그러나 훗날 회개하고 이런 말을 남겼다.

"그는 죄를 범하지 아니하시고 그 입에 거짓도 없으시며 욕을 당하시되 맞대어 욕하지 아니하시고 고난을 당하시되 위협하지 아니하시고 오직 공의로 심판하시는 이에게 부탁하시며 친히 나무에 달려 그 몸으로 우리 죄를 담당하셨으니 이는 우리로 죄에 대하여 죽고 의에 대하여 살게 하려 하심이라 그가 채찍에 맞음으로 너희는 나음을 얻었나니" (베드로전서 3장 22~24절)

예수님은 우리가 죄에 대하여 죽고 의에 대하여 살게 하시려고 십자가를 지셨음을 강하게 전하면서 구원의 확신으로 산 소망이신 예수님을 위하여 순교하는 예수님의 수제자首弟子의 도리를 다 한 것이다. 예수님을 부인하였던 그가 순교의 산 제물이 되었으니 순간 놓쳤던 그 자신의 프라이버시를 잘 지킨 사람이라 생각된다.

믿음의 주요 온전케 하신 이인 예수님을 바라보는 믿음의 자녀, 크리스천이 되는 길은 하나님의 자녀로서의 프라이버시를 훌륭히 지키는 것이다.

12
암은 왜 마음의 병인가?

🌑 아들의 질문

신문 기자들은 매일 '스트 박스'를 쓴다. 스트레이트 기사와 해설 기사를 일컫는 말인데, 시간에 쫓기다 보면 이게 완전히 '스트레스 박스Stress Box'다. 데스크는 기사 빨리 넘기라고 독촉하고, 취재원은 말만 빙빙 돌리며 '알짜 정보'를 안 준다. 그러면 머리는 '지끈지끈', 입술은 '바싹바싹'이다.

비단 기자만의 일이랴! 보도에 따르면, 대한민국 직장인 100명 중 84명은 업무 스트레스로 인한 369 증후군에 시달린다. 고된 맞벌이 생활, 상대하기 힘든 상사와 고객은 3개월 단위로 샐러리맨들을 탈진 상태로 몰아 부친다.

하지만 대다수 샐러리맨은 스트레스를 없애지 못하고 그냥 살짝 덮어둘 뿐이다. 괜히 동료에게 "스트레스 때문에 일 못 하겠어"라고 운 띄웠다가는 "사치 부리냐"는 핀잔밖에 들을 게 없기 때문이다. 위

124

아래로 치이는 비즈니스 전장에서 기운 좀 빠진다고 일을 등한시하면, 바로 책상 빠지기 십상이다.

'샐러던트(샐러리맨과 스튜던트의 합성어)'라는 말이 나올 정도로 자기계발이 유행이지만, 사실 최고의 자기계발은 '스트레스 격파'다. 영어학원 아무리 다니고, MBA 코스를 비싼 돈 주고 밟으면 뭐하나? 점심시간이든 퇴근이든 회사 밖으로만 나오면 다시 들어가기 싫어지는 스트레스병은 모든 성공의 최대 걸림돌이다. 밥 로시크가 쓴 〈김대리 정신차려〉라는 책은 아예 "100% 기량의 50% 발휘보다 55% 기량의 100% 발휘가 낫다"고 말한다.

이혼 · 실직 · 흡연 · 음주의 공통분모

스트레스는 건강 때문에라도 '격파'해야 한다. 〈인간은 유전자를 어떻게 조종할 수 있을까〉라는 책에서 페터 슈포르크Peter Spork 신경생물학 박사는 스트레스의 위력을 실감나게 묘사한다.

이혼을 하면 통계적으로 여자는 9.8년, 남자는 9.3년이나 수명이 단축된다. 흡연을 많이 한다면 평균 22년에서 18.2년의 수명이 단축된다. 술을 많이 마시면 여성은 23.1년, 남성은 16.2년 수명이 줄어든다. 실직(여성의 경우 12.6년, 남성은 14.3년)과 교육을 제대로 받지 않은 것(여성은 9.1년, 남성은 7.2년)도 수명을 단축시킬 수 있다.

이혼과 실직, 흡연과 술의 공통점이 뭔지 생각해 본다면, 스트레스의 무서움을 실감할 수 있을 것이다. 몸은 스트레스를 병으로 표현한다. 알렉산더 로이드 · 벤 존슨이 쓴 〈힐링 코드〉는 스트레스가 모든 질병의 근원임을 하나의 사례를 통해 보여준다.

"위산 역류라는 병을 예로 들어 병에 걸리는 과정을 차근차근 살펴보자. 우선 스트레스를 경험한다. 스트레스는 아래쪽 식도 주위의 근육의 강도를 약화시킨다. 스트레스를 받으면 투쟁 혹은 도피 반응에서처럼 혈액과 에너지가 소모되기 때문이다. 그때 위산이 식도로 밀려 올라와 식도의 내벽을 손상시킨다. 식도의 세포는 지속적으로 손상되어 통증을 유발하고 결국 궤양이나 암을 일으킨다. 하지만 세포들의 성장과 치유, 치료가 이루어지지 않을 때에만 이런 일이 발생하며 정상적인 경우 산욕acid bath으로부터 스스로를 보호할 수 있다. 위산 역류라는 병은 이러한 과정을 거쳐 발생한다.

의사들은 산酸을 멈추게 하는 보라색 알약을 해결책으로 내놓는다. 이 약은 산을 줄이는 효과가 탁월하다. 하지만 문제는 음식을 소화하려면 산이 필요하다는 것이다. 산은 또한 음식과 함께 흡수한 박테리아를 죽이는 효과도 있다. 증상을 없애는 과정에서 두 개의 새로운 문제가 발생하는 셈이다. 박테리아가 증가하면 면역계에 부담을 준다. 위장이 음식을 소화할 산을 충분히 분비할 때까지 음식이 오랜 시간 위장에 머물게 된다. 이때 식도는 오랜 시간 산에 노출된다. 이렇게 해서 악순환이 일어난다. 그렇다면 증상만을 가리고 싶은가, 아니면 근원을 치유하고 싶은가? 분명히 근원을 치유하고 싶을 것이다. 지금까지 명백히 밝혔듯이 근원은 스트레스다."

사람들도 이런 저런 정보를 통해 스트레스의 무서움을 실감하고 있다. 하지만 문제는 자신의 스트레스만 풀려고 한다는 데 있다.

판타지 사극을 표방했던 한 TV 드라마에서 재미있는 대사를 접한 적이 있다. 왕이 어전회의에서 신하들에게 묻는다. "해마다 때가 되면 북쪽 부족들이 국경을 침범해오는 이유를 아시오?" 그러자 신하들은 "그걸 알아 뭐합니까? 오는 족족 쳐부수면 되지요"라며 뒷짐을 진다.

"복수의 씨를 뿌리면서 이기면 무얼 하오. 그들의 침략은 뭔가가 필요하기 때문인데…." 답답한 듯 잠시 뜸을 들인 왕은 중개무역이란 '상생의 해법'을 제시하며 이렇게 말한다. "제발 무작정 싸우려고만 말고 그들의 말을 들어 보세요."

암의 한자 뜻을 아는가?

역사의 수레바퀴가 1,600여년을 더 굴러 인간의 '귀'는 100억 개를 헤아리지만 남의 말을 듣지 않으려는 풍조는 예나 지금이나 마찬가지다. '귀'보다 '입'이 빠르고 '악수'보다 '무기'가 앞선다.

최첨단의 현대 의학도 어쩌지 못하는 불치병 암癌. 조신영·박현찬의 〈경청〉에서는 이 병의 한자 뜻을 "입이 세 개나 필요할 정도로 하고 싶은 말이 많은 데 그걸 산에 가두어놓고 막아버렸다"라고 풀이한다. 무릇 생명체는 내면의 스트레스와 의사소통의 문제를 해소하지 못할 때 치명적인 병에 걸릴 수밖에 없다. 그래서인지 사람들은 틈만

나면 자기 스트레스를 입 밖으로 토해낸다.

하지만 심신의 고른 건강을 원한다면 입보다 귀를 잘 활용해야 한다. 책은 '들을 청聽' 자의 의미를 재미있게 풀어준다. 듣기란 왕 같은 존귀한 귀를 갖는 것을 뜻하는데 이는 열 개의 눈(마음의 눈)과 하나의 마음을 소유한다는 의미도 내포한다. "나를 위해 경청하면 발견을 할 수 있고, 우리를 위해 경청하면 공감할 수 있으며, 모두를 위해 경청하면 상생할 수 있다." 언뜻 '한가한 담론' 같지만 자기 PR(홍보)만 난무하는 세상을 배경으로 놓고 보면 흑백의 대비처럼 메시지가 선명하다.

남의 말에 귀를 기울이면, 그래서 그들의 상황을 이해하려는 노력이 습관이 되면 스트레스의 최대 원인인 분노가 사라진다. 링컨에겐 써놓고 보내지 않은 편지가 무수히 많았다고 한다. 상대방에 대한 분노를 가라앉히고 썼던 편지를 다시 한 번 읽으면 우체통 대신 서랍 속에 넣을 수 있다.

'신밧드의 모험'에 보면, 아주 높은 나무에 있는 코코넛을 쉽게 얻는 방법이 나온다. 그것은 나무 위의 원숭이에게 돌멩이질을 해서 화를 돋우는 것이다. 그러면 화가 난 원숭이는 코코넛을 따서 내던진다. 이처럼 화를 내면 자기에게 유리해지는 게 아니라 도리어 화를 돋우는 쪽만 좋게 해준다.

하지만 화는 참는 게 능사는 아니다. 한국인은 복수의 원怨보다는 감내의 한恨과 심정적으로 가깝다. 그래서 화병火病이 많다.

화병은 울화병鬱火病의 줄임말로, 화火가 쌓여서鬱 생긴 병病이다.

화병은 미국정신의학협회 '정신장애의 진단 및 통계 편람 4판(DSM-Ⅳ)'에 'Hwa-byung'이라는 한국어로 정식 표기되어 한국민속증후군으로 규정되고 있다. 영어로는 분노증후군으로 번역되며, 분노의 억압으로 인해 발생한다고 정의되어 있다.

'한'이 아니라 '용서'가 필요하다. 용서는 마음속에 가득 찬 분노를 말끔히 지워버리는 성능 좋은 지우개다. 상처를 용서하지 못하고 마음에 되새기는 분노와 적개심은 심장병과 밀접한 관계가 있다는 연구 성과도 있다.

최승일 목사(서울 상도교회)는 신문에 낸 글을 통해 화를 용서로 바꾸는 3가지 실천방법을 알려준다.[15]

첫째, 숫자를 세는 방법이 있다. 시간이 지나면 그처럼 타올랐던 감정의 불길이 가라앉는 것을 느낄 수 있다. 둘째, 이해하는 것이다. 일례로, 운전할 때 누가 새치기로 끼어들면 이렇게 생각해보는 것이다. '저 운전사의 식구가 위독하기 때문일지도 몰라.' 셋째는 자신을 돌아보는 것이다. '나도 언젠가는 저런 실수를 할 수도 있고, 이미 했을 수도 있다'고 받아들이는 것이다.

최승일 목사 표현대로, '화' 속에는 이미 미움이 들어 있다. 영어의 'Anger(분노, 화)'는 'Danger(위험)'와 글자 하나 차이일 뿐이다. 꼭 기억하자. 'Anger'가 있는 곳에 'Danger'가 있다. 나는 누구에게 '화'를 내며 '화'를 자초하고 있는가?

---

15 〈국민일보〉 미션라이프 섹션 2012년 10월 18일자 30면

🌑 아버지의 답

암은 육신의 병이다. 생체 조직 안에서 세포가 무제한으로 증식하여 악성 종양을 일으키는 병으로 결국에는 사람을 사망에 이르게 한다. 그래서 암세포를 잘라 내거나 그 자리에서 죽이면 암은 완쾌된다.

그런데 암은 왜 마음의 병일 수도 있는가? 화가 나면 우리 몸은 평소와 다른 상태가 된다. 기분 나쁜 일이 발생하면 뇌에 자극을 주게 되고, 뇌의 각 부분은 다양한 신경전달 물질을 내보낸다. 신경전달 물질 중에 '세로토닌'과 '노르아드레날린'이란 물질이 분노와 관련이 있다. 자주 화를 내고 폭력적인 사람을 보면 뇌에 유전적으로 세로토닌이 부족하고 노르아드레날린은 많은 경향이 있다. 화를 잘 내는 사람은 화를 내든 참든 스트레스가 많이 쌓이고, 그 스트레스는 우리의 몸을 나약하게 만든다.

웃음으로 화를 다스리는 지혜가 필요하다. 반면에, 웃을 때는 기분을 좋게 만드는 물질인 '엔드로핀'이 분비되고 각종 질병과 암을 퇴치하는 면역세포(NK세포)가 활성화된다. 또 스트레스와 관련된 호르몬을 제거하는 활동도 일어난다. 우리가 크게 웃을 때 우리 몸의 650여 개 근육 중 231개를 움직이기 때문에 운동이 많이 된다. 우스울 때 웃는 것과 억지로 웃는 것도 같은 효과를 나타낸다. 나의 웃음은 다른 이를 웃게 하고, 다른 이의 웃음은 나를 웃게 한다. 행복해서 웃는 것이 아니라 웃어서 행복함을 누려야 한다. 우울증이 올 때도 많이 웃으면 '우울'이 '웃음'으로 바뀌어 '웃음증證'이 된다. 우울증은 기본적으로 뇌 모세혈관이 막혀서 오는 병이지만, 약물과 함께 마음의 치료도 필요하다.

한 주민센터에서 '웃는 훈련'을 받는 중에 우울증과 대인 기피증을 심하게 겪고 있는 딸과 그녀의 어머니를 만났다. 처음에는 한 번도 웃지 않고 인사도 하지 않던 딸은 두 달 지나자 웃기 시작했고 인사를 같이 나누게 되는 사이가 되었다. 그 누구보다 기뻐하는 사람은 어머니였다. 그 어머니는 딸을 데려오기 전에 본인이 먼저 웃음 치료를 받고 완치가 된 상태였다.

나는 그것을 보고 웃음에는 치료의 효과가 있다는 것을 알게 되었다. 우리를 가르친 강사는 "서울대병원의 암환자에게도 훈련을 시켰는데 웃음이 암세포를 죽이는 역할을 하였다"고 말하였다. 노래와 웃음치료를 병행한 환우들의 통증이 많이 줄었다는 것이다.

"항상 기뻐하라 쉬지 말고 기도하라 범사에 감사하라 이것이 그리스도 예수 안에서 너희를 향하신 하나님의 뜻이니라"(데살로니가전서 5장 16~18절)

"마음의 즐거움은 얼굴을 빛나게 하여도 마음의 근심은 심령을 상하게 하느니라"(잠언 15장 13절)

기쁨으로 이루어진 웃음은 만병통치약과 흡사하다. '암'은 육신의 병이다. 그러면서도 마음의 병이다. 사도 바울은 "내가 나를 전제(奠祭)로 드릴지라도 나는 기뻐하고 너희 무리와 함께 기뻐하리니 이와 같이 너희도 기뻐하고 나와 함께 기뻐하라"고 하였다. 무슨 말인가? 기뻐하는 것은 하나님의 뜻이며 얼굴을 빛나게 하며 나의 모든 것을 드리게 되더라도 기뻐하는 마음이 있어야 함을 말하고 있다.

노하기를 더디 하며 기쁜 얼굴로 살아감은 '암'을 이길 수 있는 능력이다. 몸을 챙기듯이 마음도 잘 챙기는 사람이 되어 마음을 다스리면 암은 힘을 잃게 된다.

13
일이 우선일까, 가족이 우선일까?

세상은 썰렁하다. 어찌 보면 각박하다. 한 꼬마가 아빠에게 시간
당 얼마 버느냐고 물었다. 아빠가 20달러라고 대답하니 당돌하게도
10달러만 빌려달라고 요청한다. 살짝 당황한 아빠가 잠시 머뭇거리
다가 10달러를 지갑에서 꺼내자 꼬마가 말한다. "아빠, 제 용돈 10달
러 보태 20달러 드릴 테니, 저랑 1시간만 놀아주세요." 촌음을 다투
는 현대사회에서 '부자유친父子有親 실천하기'는 여간 어려운 일이 아
니다.

하지만 현대인들은 뭔가 단단히 잘못 알고 있다. 조그만 제스처 하
나가 사람의 인생을 바꿀 수 있음을 모른다. 가족이란 온갖 오해 속
에서도 사랑과 관심의 끈을 놓지 않는 존재며, 배우자는 우리의 날개
가 어떻게 날아야 하는지 기억하는데 어려움을 겪을 때 일으켜 세워
주는 천사다. 일을 위해서 가정이 있는 게 아니라, 가정의 행복을 위

해서 일이 있다.

우연히 만난 멘토의 조언을 통해 삶과 일의 새 길을 뚫는다는 내용의 간다 마사노리가 쓴 책 〈누구에게나 세 번의 기회는 있다〉에 재미난 얘기가 나온다.

"부부 관계가 엇갈리게 되면 꼭 아이가 아프다. 아이에게는 가정이 전부이기 때문이다. 가정이 불편하고 안전한 환경이 아니라면 아이가 자랄 수 없다. 그래서 부부 사이를 중재하려고 한다."

책에 따르면, 세상의 아이는 착한 아이나 나쁜 아이 둘 중에서 하나가 되려고 한다. 착한 아이는 부모의 말을 잘 듣고 우등생이 됨으로써 가정의 영웅이 된다. 그렇게 함으로써 부부 관계를 회복시키고 가족의 인연을 되찾으려고 한다. 한편, 나쁜 아이는 폭력을 휘두르거나 병에 걸리거나 사고를 당한다. 그러면 부부가 협조해서 문제를 해결하려고 하기 때문이다. 아이는 자기도 모르는 사이에 그런 식으로 부부 관계를 회복시키려고 한다.

천재와 둔재, 아버지에게 달렸다

아이들도 가정의 소중함을 본능적으로 알고 있는데, 부모들이 오판을 한다면 부끄러운 일이다. 말콤 글래드웰의 〈아웃라이어〉에 보면 천재를 둔재로 만든 아버지와 천재를 천재로 키운 아버지의 이야기가 나온다.

미국에 IQ 190의 크릿 랭건이라는 천재가 있었다. 랭건은 자기 스스로 "나보다 똑똑한 사람이 있다고 생각하지 않는다"고 말할 정도로 특출한 천재였다. 하지만 현재 랭건은 미주리 주의 교외에 있는 말 목장에서 책을 읽으며 지극히 '평범하게' 살고 있다. 100만 명 중에 한 명 태어날까 말까 한 두뇌의 소유자가 지금껏 세상에 아무런 영향을 미치지 못하고 있는 것이다.

랭건이 실패한 천재가 될 수밖에 없었던 원인은 부모의 도움을 받지 못한 가난하고 비참한 어린 시절에 있다. 랭건은 형제가 네 명인데 모두 아버지가 달랐다. 너무 가난했고 부모로부터 아무런 교육도 받지 못했다. 전액 장학금을 받고 대학에 들어갔지만 문화적 충격을 겪으면서 적응하시 못했다. 먹고살기 위해 고군분투하며 건설 현장에서 일하고 추운 겨울에 조개잡이 배를 탔다. 공장과 술집에서 일하며 돈을 벌기도 했다. 그 와중에 철학과 수학, 물리학을 연구해 스스로 '우주의 인식론적 모델'이라고 이름 붙인 저술 작업을 했다. 하지만 학계에 속하지 못했기 때문에 연구 성과를 학술지에 발표조차 할수 없었다. 대학을 2학년 1학기까지만 다녀 학위도 따지 못했다. 결국 랭건은 천재임에도 불구하고 아무런 업적도 일궈낼 수가 없었다.

반면, 핵무기를 개발해 제2차 세계대전을 종식시키는 데 기여한 세계적인 물리학자 로버트 오펜하이머는 부모의 지원에 힘입어 어린 시절의 천재성을 잘 살릴 수 있었다.

랭건과 오펜하이머의 차이는 바로 아버지다. 오펜하이머는 예술

가이자 상업의류 생산업자인 아버지 덕분에 뉴욕 맨해튼에서 부유한 이웃과 함께 성장했고, 사립학교에 들어가 자긍심을 북돋워주는 교육 환경 속에서 자랐다.

또한 자수성가형이었던 아버지는 오펜하이머에게 어린 시절부터 힘겨운 조건하에서 협상하는 방식과 자기 생각을 당당하게 표현하는 법을 가르쳐 주었다. 그는 학교 교육과 부모의 가르침을 통해 자신이 세상으로부터 원하는 것을 얻어내는데 필요한 방법이 무엇인지 배웠다.

반면, 황량한 환경에서 자란 랭건은 집안에서 늘 술 취한 양아버지에게 시달렸고 권위에 대해 불신하게 되었으며 홀로 서기 위해 돈벌이에 나서야 했다.

이처럼 아무리 뛰어난 천재라 할지라도 그 천재성을 세상에 드러내는 방법을 배웠느냐의 여부가 결과를 전혀 다르게 만들기도 한다.

'행복의 씨앗' 가정에서 뿌려야…

자녀에겐 부모의 역할이 중요하고, 식구에겐 가족의 역할이 중요하다. 삼성의 이건희 회장이 지독한 일벌레임에도, 아들이 대입원서 내는 날 회사를 결근한 것도 이런 사실을 알았기 때문이 아닐까?

우리나라 사람들은 유난히 '우리'를 좋아한다. 우리 엄마, 우리 집, 우리 학교, 우리 마을, 우리 나라…. 한국인들은 나라에까지 우리라는 말을 붙여 아주 가까운 공동 운명체로 느끼곤 한다. 이 말은 우리의 진정한 행복이 '우리의 대명사'인 가정에서 시작됨을 잘 알았다는 얘기다.

에이브러햄 링컨은 "사람은 누구나 마음먹는 것만큼만 행복하다"고 간파했다. 행복하기 위해서는 행복의 씨앗을 뿌려야 한다. 그리고 그 행복의 씨앗을 처음 뿌리는 곳은 가정이다.

"부부 싸움은 칼로 물베기가 아니다." 카피라이터 정철이 한 말이다. 사람들은 칼로 물을 베면 물은 금방 다시 합쳐진다는 사실을 근거로, 부부 사이의 싸움은 오래 가지 않는다고 믿지만, 칼의 입장에서 보면 전혀 그렇지 않다. 물에 자주 닿은 칼의 운명은 녹슨 칼일 뿐이다. 부부 싸움의 상처는 생각보다 오래 간다. 부모와 자녀 사이도 마찬가지다. 가슴에 못을 박는 아픈 얘기는 입 밖으로 내보내서는 안 된다.

🌑 아버지의 답

일은 내가 삶의 가치를 높이기 위하여 꼭 하여야 하는 것이고, 가족은 내가 지키고 가꾸어야 하는 가장 소중한 것이며 가장 아름다운 홈home이다. 이것은 우선순위가 아닌 병행의 문제이다. 가정에서 내가 아니라도 지탱할 수 있는 시기時機라면 일을 우선해야 한다. 직장이나 개인사업체가 내가 아니라도 잘 돌아가게 된다면 가정이 우선 되어야 한다. 임기응변臨機應變의 꾀가 필요한 것이다. 가정에서 일을 돌보는 중에라도 이웃이나 친척에 길흉사가 생기면 모든 것을 뒤로하고 참석하게 된다. 자기가 다니는 회사에 급한 일이 생긴다면 가정의 일을 다른 가족에게 맡기고 회사로 가게 된다. 특히 군인이나 경찰은 더 말할 나위 없다.

소학에 '독서근검讀書勤儉 하면 기가지본起家之本이로다'라는 말이 있다. "훌륭한 사람이 되고 훌륭한 가정이 되려면, 부지런히 일하고 검소하게 생활하며 열심히 공부를 해야 한다"는 뜻이다. 하나의 신약을 개발하는 데는 대략 10~15년이 소요되고, 평균 2,000번의 실패 비용까지 고려해야 하며, 1조원 가까운 큰 비용이 든다고 한다. 이런 일을 하는 사람은 아무래도 일에 우선을 두어야 그 일에 성공할 가능성이 커진다고 믿는다. 세계가 주목하는 모든 사람들, 즉 세계에서 1위를 하는 사람들은 대개가 그 순간을 쟁취하기까지 가족보다는 일을 우선한 사람일 것이다. 일은 잠시 미치는 시간이 필요하다. 항상 건성으로 하는 것은 일을 사랑하는 사람의 태도가 아니다. 정신일도 하사불성精神一到 何事不成이라는 말처럼 일은 집중하는 시간이나 시기가 필요하다. 그래야 그 일이 재미나고, 그 일을 통하여 늘 보람을 느낄 수 있다. 그러면서도 가족을 위한 짬을 내는 넉넉함을 보여줄 때 일 잘하는 멋진 구성원이 될 수 있다. 열심히 일하는 사람이 가족을 사랑하는 사람이 될 수 있다.

심한 가려움과 피부염의 풍토병으로 고생하는 사람이 약을 먹었는데 그 약이 제 역할을 하지 못해 계속 가렵다면 어찌 되겠는가? 그 약은 무용지물이다. 약이 몸속에 들어가면 최선을 다하여 제 역할을 해야 한다. 이렇듯이 모든 일에 최선을 다하는 것이 살아가는 힘이요 자랑이 되는 것이다. 개미는 여왕을 위하여 최선을 다하며, 벌은 꿀을 모으기에 최선을 다한다. 사람은 맡겨진 일에 대하여 어떻게 해야 할 것인지를 생각하며 지혜를 내어 그 목적을 이루어야 한다. 몸의 지체들이 협력하지 않으면 좋은 결론을 얻지 못하며, 어느 한 지체가 아프면 온 몸이 아픈 것이다. 지체들이 제 위치에서 최선을 다하면 모든 지체가 다 평안을 누린다. 그러면 일도 가족도 모두 다스려지는 것이다.

"사람이 마땅히 우리를 그리스도의 일꾼이요 하나님의 비밀을 맡은 자로 여길지어다 그리고 맡은 자들에게 구할 것은 충성이니라"(고린도전서 4장 1~2절)

일꾼처럼 충성을 다하게 되면 삶의 가치가 한층 더 높아진다. 가족은 나의 삶에 안식과 평안, 그리고 가장 행복함을 주는 선물의 보고寶庫이다. 일을 잘하면서도 가정을 행복의 터전으로 만드는 것은 두 마리의 토끼를 잡는 일거양득一擧兩得이고 금상첨화錦上添花다. 주어진 일을 신실하게 하는 것이 삶의 가치를 변화시키고 가족의 안녕을 만들어가는 것이다. 하물며 전능하신 하나님의 말씀에 귀 기울여 충성한다면 그것은 우리의 모든 것 위에 더한 승리의 면류관이 될 것이다.

14
친구는 몇 명이 적당할까?

🔵 아들의 질문

운전 중의 통화는 소주 6잔을 마시고 하는 음주운전과 같다고 한다. 이 때 통화라 함은 휴대전화를 들고 하든 '핸즈프리'를 활용하든 매 한 가지다.

그렇다면 차 내 동승자와의 대화는 어떨까? 일감一感은 동승자와의 대화 역시 운전 중 통화와 마찬가지로 주의력이 분산되니 음주운전과 같은 효과를 낼 것 같다. 그러나 놀랍게도 동승자와의 대화는 핸즈프리로 운전 중 통화를 하는 것과는 매우 다르다. 2008년에 나온 뉴스에 따르면, 차 내 동승자와 수다를 떠는 것은 운전능력 변화에 거의 영향을 미치지 않는다고 한다. 왜 그럴까?

차 내 동승자는 운전자와 대화를 하지만 그와 주변상황을 공유하고 있기 때문에, 대화로 인해서 운전자에게 일어나는 부정적인 효과를 상쇄시켜 준다.

사고思考의 차원을 높여, 인생이란 운전대의 동승자를 생각해보자. 나와 세계를 공유하고 주변상황을 적절히 이야기해 주는 좋은 동승자가 있다면, 인생이라는 여정을 운전할 때 즐거움과 안전성을 동시에 얻을 수 있지 않을까? 당신의 인생에게 진정한 동승자는 누구인가?

좋은 친구를 만나려면 먼저
나 자신이 좋은 친구감이 되어야 한다.
왜냐하면 친구란
내 부름에 대한 응답이기 때문이다.

법정 스님이 쓴 '친구'라는 시의 한 구절은 '좋은 친구'를 얻는 방법은 자기 자신에게 달렸다고 말한다.

〈어린왕자〉의 왕자는 우연히 아름다운 장미가 가득 피어 있는 정원을 보고 지금까지 단 하나의 장미를 갖고도 부자라고 생각했던 자신이 초라해져서 그만 풀밭에 엎드려 울고 만다. 너무 쓸쓸한 나머지 여우에게 친구가 되자고 제안하자 여우는 아직 '길들여지지' 않아서 친구가 될 수 없다고 말한다.

"내게 넌 아직 다른 아이들과 다를 바 없는 한 아이에 불과해. 하지만 네가 날 길들인다면 우리는 서로를 필요로 하게 되지. 내겐 네가 이 세상에서 오직 하나밖에 없는 존재가 될 거야. 만일 네가 날 길들인다면, 마치 태양이 떠오르듯 내 세상은 환해질 거야. 나는 다른 발자국 소리와 구별되는 네 발자국 소리를 알게 될 거구. 저길 봐! 밀밭이 보이지? 난 빵을 먹지 않으니까 밀밭은 내게 아무 의미도 없어. 그건 슬픈 일이지. 그러나 넌 금빛 머리칼을 가졌어. 그러니까 네가 날 길들인다면 밀은 금빛이니까 너를 생각나게 할 거야. 그러면 난 밀밭을 지나가는 바람소리도 사랑하게 되겠지. 만약 네가 오후 네 시에 온다면, 난 세 시부터 행복해지기 시작할 거야. 그리고 시간이 지날수록 더욱더 행복해질 거야."

작별 인사를 할 때 여우는 선물로 비밀을 하나 가르쳐준다. "내 비밀이란 이런 거야. 제대로 보려면 마음으로 봐야 해. 가장 중요한 것은 눈에는 보이지 않거든." 어린왕자는 마음을 쏟아 '길들인' 장미의 소중함을 기억하고 다시 자기 별로 돌아간다.

좋은 친구 vs 나쁜 친구

당신은 어떤 친구를 '길들이고' 있는가? 공자가 쓴 〈논어〉에 보면, 유익한 친구 셋과 손해되는 친구 셋이 나온다. 유익한 친구는 정직한 사람, 신실한 사람, 아는 것이 많은 사람이고, 손해되는 친구는 편벽된 사람, 남의 비위만 맞추는 사람, 말만 잘하고 아무런 실속도 없는 사람이다. 짜장면이 굳을까봐 배달돼 오면 내 것보다 먼저 면을 비벼주고 싶은 친구, 나중에 내가 대통령이 되더라도 사석에선 반말 하라고 스스럼없이 말해줄 수 있는 친구···. 당신에겐 이런 친구가 몇 명이나 있는가? "나를 낳아 준 사람은 부모고, 나를 알아주는 사람은 포숙아다"라고 자랑할 만한 관포지교管鮑之交가 있는가? 아니면 친구는 널리고 널렸지만 이해관계로 접근하는 오집지교烏集之交에 불과한가? 모두 당신에게 달렸다.

하나의 기적이, 혹은 기적과도 같은 일이 이루어지려면 먼저 이 기적을 믿는 한 사람이 있어야 한다. 당신의 기적을 믿어줄 수 있는 한 사람이 바로 당신의 친구다.

그렇다면 이런 친구는 어떻게 만들 수 있을까? 자신의 생명보다 더 사랑해야 하는 게 친구다. 성경에 나오는 친구의 대명사는 다윗과 요나단이다. 후일 이스라엘의 2대 왕이 되는 다윗과 1대 왕인 사울의 아들인 요나단은 자신의 목숨을 걸 만큼 서로에 대한 우정에 자신이 있었다. 사무엘상(19장)을 보면, 다윗의 인기가 날이 갈수록 치솟자 본격적으로 견제하는 사울왕의 모습이 나온다. 악령이 사울왕의 몸에 들어간 것이다. '다윗을 가만히 놔두면 너를 죽일 것이다.' 악령은 이런 생각들을 마구 사울왕에게 주입시켰다. 그래서 사울왕은 다윗을 죽이라는 명령을 부하들에게 내리기에 이른다.

그때 요나단은 아버지에게 아무 잘못 없는 다윗에게 범죄하지 말라고 진언을 올린다. "다윗이 자기 생명을 아끼지 않고 블레셋 사람을 죽였고 여호와께서는 온 이스라엘을 위하여 큰 구원을 이루신 것을 왕 역시 보고 기뻐하였는데, 왜 무죄한 피를 흘리게 만드느냐"고 항변했다. 요나단은 그 말을 하다가 아버지의 단창에 맞아 죽을 뻔하기도 했지만, 목숨을 건 그 설득 덕분에 사울왕은 다윗에 대한 암

143

살령을 거둬들인다.

우리나라의 역사에도 보면, 다윗과 요나단을 연상시키는 두 인물이 나온다. 이순신 장군과 영의정 류성룡이다. 조선시대 유명한 천재였던 류성룡은 많은 다른 업적으로도 유명하지만 또 다른 천재 장군인 이순신 장군을 알아봤다는 것만으로도 박수를 받을 만 했다. 이순신 장군이 늦은 나이까지 변변한 자리를 잡지 못했을 때 그를 천거한 것도, 모함을 받고 백의종군하게 되었을 때 목숨을 걸고 다시 기회를 주라고 왕에게 장계를 올린 것도 모두 류성룡이었다. 그 덕분에 이순신 장군이 빛이 났고, 또 그 덕분에 조선이 일본의 군대를 물리칠 수 있었다.

두 번째로, 친구는 서로 배려한다. 교과서에도 등장하는 유명한 화가 밀레의 얘기다. 밀레는 화가 데뷔 초기에 별로 돈을 벌지 못했다. 작품이 팔리지 않아 가난에 허덕이던 밀레에게 어느 날 친구인 루소가 찾아왔다. 여기서 말한 루소는 〈에밀〉을 쓴 위대한 사상가 장 자크 루소Jean-Jacques Rousseau다. 루소가 밀레에게 말했다.

"여보게 친구, 드디어 자네의 그림을 사려는 사람이 나타났네. 내가 자네의 그림을 소개했더니 작품 하나 골라 달라며 내게 1,000만원을 주더군."

루소의 말에 밀레는 뛸 듯이 기뻤다. 그리고 신기하게도 그렇게 루소가 1,000만원을 밀레에게 주고 작품 한 점을 가져간 후 밀레의 작품들이 화단의 호평을 받기 시작했다.

밀레는 속으로 '작품 구입을 부탁한 그 사람이 대단한 평론가였나'

144

하는 생각을 했다. 그런데 어느 날 우연찮게 루소의 집에 갔다가 그 1,000만원짜리 그림이 거실 벽에 걸려 있는 걸 보게 됐다. 그리고는 밀레는 친구 루소의 깊은 배려심에 눈물을 글썽였다.

헬렌 켈러 옆에 설리반 선생님이 있었고, 오성 옆에 한음이, 한음 옆에 오성이 있었으며, 돈키호테가 탄 말 뒤에는 늘 산초가 따랐다. 당신 옆에는 누가 있는가?

"만약에 우리의 우정이 공간과 시간 따위에 의존하는 것이라면, 우리가 마침내 공간과 시간을 정복한다면 우리의 관계는 사라져버리겠지요. 하지만 공간을 정복한다면 우리가 남겨둔 모든 것은 '이곳'이지요. 그러니 '이곳'과 '지금'의 한가운데에서 우리가 한두 번 서로 만나볼 수 있으리라고 생각하지 않으세요?"

리처드 바크가 쓴 〈갈매기의 꿈〉에서 이별을 아쉬워하는 친구이자 스승인 설리반에게 조나단이 던진 말이다. 모든 역사는 시공간의 제약 하에 전개되고 기록된다. 하지만 그 제약을 인정하고 이해하더라도 그것을 뛰어넘을 수 있는 인식체계를 요구하는 것이 삶이다. 그것이 친구다.

친구는 건강까지 챙겨준다

술·담배는 건강을 해치지만, 친구는 사람의 몸까지도 튼튼하게 해준다. 김상용 · 김성윤은 〈오리진〉에서 'Company'란 단어의 어원이 '어려운 시기에도 빵을 나누어 먹을 줄 아는 사이'임을 밝히며, 친구가 많은 사람들이 장수한다는 미국의 조사결과를 소개한다. 친구가 건네주는 '빵 조각'에 효과 만점의 스트레스 해소약이 듬뿍 묻어 있는 것이다.

그런데도 우리는 나 혼자 이기겠다고 아등바등한다. 이유를 물으면, 남들도 그렇게 하기 때문이란다. 하지만 책은 "돈만 밝히고 싸움만 좋아해, 절대 지지 않으려 하는 세상 사람들과는 다르게 살자"고 잘라 말한다. 원하는 것을 나 혼자 다 가져야만 맛은 아니다.

"당신은 회사에서 쌓이는 스트레스를 익숙한 '술 · 담배'로 푸는가, 아니면 '친구'로 푸는가?" Company에 '동행 · 친구' 외에도 '회사'라는 뜻이 있음을 기억하자. 직장 동료부터 먼저 친구로 만드는 노력을 해보면 어떨까?

🌑 아버지의 답

청백리淸白吏는 맑고 깨끗하게 사는 관리를 말하는데 원래는 백성의 본보기가 되는 조선시대 선비를 가리켰다. 청백리로 사는 사람은 친구가 적은 편이다. '깨끗한 물에는 고기가 없다'는 말처럼 친구를 사귐에 지나치게 깨끗한 행동은 장애가 된다는 말이다. 그렇지만, 그렇지 않다. 자신의 삶을 뒤돌아보아 한 점 부끄럼 없는 삶이라면 보이지 않는 곳에서 친구가 생겨나고 있다는 사실을 기억하면 좋겠다.

친구라 하면 어느 정도의 사귐으로 맺어진 것일까? 정치를 하게 되면 많은 사람들에게 자기를 알리게 된다. 그러면 그 사람들이 친구가 될 수 있을까? 옛날이든 지금이든 친구는 많으면 많을수록 좋다. 그렇다고 그 친구들과 매일같이 연락하고 얼굴을 대할 수는 없다. 연락이 안 되어도 죽마고우竹馬故友처럼 변함없는 친구, 얼굴을 안 보여줘도 늘 아름다운 모습으로 기억되는 친구가 진짜 친구가 아닐까?

초등학교 반장 선거에도 많은 친구 또는 인맥이 필요하다고 한다. 내가 얼마나 반 친구들에게 잘 보여야 하는지를 말하고 있는 것이다. 표를 얻기 위한 친구는 친구의 정의 안에 포함시킬 수 없다. 그렇다고 그를 '친구가 아니다'라고 말할 수도 없으니, 다소간 애매하다.

이런 친구든 저런 친구든 모두가 우리네 삶에 영향을 주는 사람들이다. 친구는 두세 명이 좋다고 하는 사람도 있다. 죽음을 같이 할 친구라면 한 사람이라도 좋다고 한다.

친구를 적은 수로 국한하는 사람은 많은 친구를 사귈 재능이 부족한 사람으로 비칠 수도 있다. 그렇다고 마냥 많은 사람을 친구로 두기는 무척 어렵다. 지금 시대에는 각종 사회적인 프로그램을 통하여 인맥을 쌓아나갈 수 있어 많은 친구를 둘 수 있다. 초등학교, 중·고등학교, 대학교, 대학원, 군대, 회사 등의 인연을 통해 많은 친구와 동료들이 생겨난다.

서해 도서에서 같이 근무한 군 전우들과 40년 가까이 연락하며 가끔씩은 만나기도 한다. 고향 소꿉친구들은 최근 들어 매년 만나고 있다. 20년을 한 직장에 같이 보낸 동료들은 요즘 만나지는 못하지만, 아직도 연락은 취하고 있다. 그렇지만 나의 대부분의 친구는 교회에 있다. 갓난아기부터 연세 많은 분들까지, 같은 교회를 섬기는 이들이 나의 소중한 친구들이라고 자신 있게 말하고 싶다. 신앙의 동지들이며 천국을 향해 같은 소망을 품고 살아가는 자들이기 때문이다. 이런 친구는 많으면 많을 수록 좋다.

"사람이 친구를 위하여 자기 목숨을 버리면 이보다 더 큰 사랑이 없나니"(요한복음 15장 13절)

예수님은 온 인류를 위하여 십자가에 자신의 몸을 희생하셨다. 모두를 당신의 친구로 삼으시기 위해서였다. 그런데 우리는 어떤가? 내 목숨을 위하여 희생한 예수님을 한 사람의 진정한 친구로 받아들이지 못하고 있는 것이 아닌가?

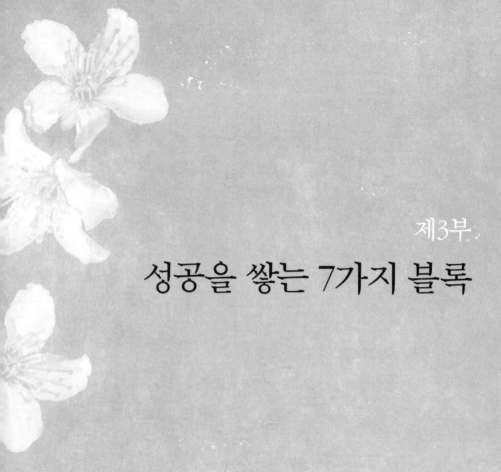

제3부

성공을 쌓는 7가지 블록

15
사람에게 일이란 무엇인가?

🌸 아들의 질문

배스킨라빈스는 31개의 아이스크림을 골라 먹는 재미가 있다고 홍보한다. 그런데 그 31개의 맛을 다 먹어봤다는 사람은 거의 없다. 배스킨라빈스에서 사람들은 대개 네 가지 정도 안에서 선택을 한다. 31가지 중 여덟 개 아이스크림의 매출이 80퍼센트를 넘는다. 대부분의 사람들은 골라 먹지 않고, 주로 정해진 것들을 먹는다.

먹는 것도 별로 생각하지 않는데, 하물며 일에 있어서랴! 사람들에게 일이 무엇이냐고 물어보면 그냥 먹고살기 위해 하는 것이라고 대답한다.

하지만 많은 성공자들은 그렇게 생각하지 않는다.

구자홍 동양그룹 부회장은 루게릭병과 사투하면서도 회사 일에 매진하던 후배의 사표를 '세상에서 가장 아름다운 사표'라고 말한다. 〈일단 저질러봐〉라는 책에서 읽은 내용이다.

몸도 제대로 못 가누는 그가 사장실로 힘겹게 들어왔다. "사장님, 더 늦으면 못 낼 것 같아 사표 들고 나왔습니다." 루게릭병이 심해져 말은 알아들을 수 없었지만, 그의 마음은 이렇게 토해낸다. CEO의 직권으로 늦춰준 그의 '사표'가 이제 더 이상 물러설 곳을 잃었다. 삶이 곧 일이었던 그가 이제 완전히 일손을 놓으려 하고 있었다.

구자홍 부회장이 전해주는 '감동의 쓰나미'는 "인간에게 일이란 무엇인가? 저마다에게 주어진 삶은 또 어떻게 살아야 하는가?"라는 질문을 던지며 읽는 이의 가슴을 먹먹하게 만든다.

"가슴이 뛰는 속도를 잣대로 결단이냐 포기냐를 결정하고, 불확실성의 가능성을 확신할 수 있는 마인드를 가져본 적이 있는가?" 거침이 없었던 저자의 삶은 책을 통해 이렇게 질문한다. 그러고 보니, 정말 그렇다. 입시 때문이었든 연애편지 때문이었든 시퍼렇게 밝아오는 새벽하늘을 시뻘게진 눈동자로 맞은 경험은 누구에게나 있다. 가슴의 상처가 너무 아려서, 잎사귀 사이로 살랑대는 바람에도 가슴 아팠던 기억 역시 공통적이다.

일 순서가 중요하다

그런데 저자는 왜 저렇고, 나는 왜 이럴까? "치열한 열정과 불도저 같은 결단을 쉼 없이 가동하라"는 말을 액면 그대로 다 실천하기는 쉽지 않다. 그래서 나는 '편법'이지만, 일의 순서만 확실히 해두려고

한다. 중요한 일을 순서대로 쫙 펼쳐 놓고 우선순위만이라도 챙긴다
면 성공자들의 흉내는 낼 수 있지 않겠냐는 생각에서다. 인터넷에 이
런 글이 떠돌아다니고 있다.

가자!

때가 왔다.

포기할

생각 마라.

승리는

우리의 것이다.

하찮은 무기를 보라.

반드시 승리한다.

적들은

멍청이다.

제군들 모두가

살아남을 수 있다.

도망치는 자는

용서치 않겠다.

영웅이 되고 싶은가!

내용을 보면, 포탄이 머리 위로 쏟아지는 전쟁터에서 한 장교가 부
하들을 모아 놓고 한 연설이다. 승리가 눈앞에 있으니 포기하지 말고

용감하게 나가 싸우자고 독려하는 글이다. 그런데 이 연설을 뒤집어
보라.

영웅이 되고 싶은가!

용서치 않겠다.

도망치는 자는

살아남을 수 있다.

제군들 모두가

멍청이다.

적들은

반드시 승리한다.

하찮은 무기를 보라.

우리의 것이다.

승리는

생각 마라.

포기할

때가 왔다.

가자!

어디로 가자는 것으로 읽히는가? 거꾸로 읽으니 완전 반대 이야기
다. 아군의 처참한 현실이 보이고, 아군들은 곧 다 도망가게 생겼다.
순서와 방향이 일의 성과를 좌우한다. 1년에 한 번씩 아프리카의

사하라 사막에서는 수천 킬로미터를 달리는 자동차 경주가 열린다. 이런 대회에 출전하는 선수들은 꼭 2인1조로 팀을 이뤄 도전을 한다. 수천 킬로미터를 가야 하기 때문에 운전을 교대로 하려는 게 아니다. 한 명이 운전을 할 때 다른 한 명은 나침반을 들고 방향을 살핀다. 전문 용어를 쓰면 '페이스 노트pace note'다.

길이 정해지지 않는 사막에서 자동차를 몰 땐 속도보다 방향이 중요하다. 아무리 다른 경쟁자들보다 빨리 차를 움직여도 방향이 잘못되면 결코 목적지에 도달할 수 없다.

'4~5년간 잠잠' 모죽의 비밀

일을 할 때 또 한 가지 유의해야 할 점은 "일에는 임계점이 있다"는 사실이다. 일의 피드백은 '일대 일'로 잘 오지 않는다.

한국과 중국, 일본에서 자생하는 '모죽'이란 나무가 있다. 이 대나무는 성장 유형이 아주 독특한 데 땅에다 싹을 심으면 4~5년간 아무 일도 일어나지 않는다. 농부가 물과 거름을 아무리 부지런히 줘도 싹이 땅 위로 쉽사리 올라오지 않는다. 하지만 일단 4~5년 후 대나무 싹이 지상으로 올라오면 그 성장 속도가 이루 말할 수 없이 빠르다. 싹 틔우고 6주 만에 키가 무려 30미터나 된다.

이 대나무는 5년 동안 자란 걸까, 아니면 6주 만에 자란 걸까? 5년의 시간이 없었다면 대나무는 자랄 수 없었을 것이다. 우리 눈에는 아무런 움직임이 없는 5년의 성장기를 볼 수 있는 눈이 필요하다. 눈으로 확인할 수는 없지만, 뿌리가 사방으로 땅속 깊은 곳까지 퍼져 있을 것이란 사실을 믿어야 한다. 그 믿음으로 '일의 임계점'을 기다려야 한다. 우리의 일이 지금 싹이 보이지 않는다고 해서 충분한 수분과 거름, 따스한 햇볕을 적절하게 제공해주지 않으면 땅속에서 말라 죽게 된다.

53세의 나이에 맥도날드를 창업해 햄버거 제국을 건설한 레이 크록도 이런 말을 했다.

"내가 하루아침에 성공한 것도 사실이다. 그러나 그 아침을 맞이하기까지 나는 30년이라는 길고도 긴 밤을 보냈다."

눈으로 변화를 볼 수 없다고 낙담하지 말자. 나무에 힘을 가하면 한동안은 계속 구부러지기만 하다가 임계점이 됐을 때 부러지고, 고려청자나 조선백자 같은 훌륭한 도자기를 만들려면 가마의 온도를 1,250℃까지 끌어올려야 한다.

마지막으로, 일을 할 때는 '생각의 벽'을 조심해야 한다. 과학자들이 열대어를 이용한 실험을 했다. 수조의 중간에 유리판을 끼워 넣어 양쪽에 열대어를 반반씩 넣어두었다. 그리고 얼마쯤 지나 유리판을 빼냈다. 그런데 이상하게도 수조의 반대편으로 넘어가는 열대어가 한 마리도 없었다. 열대어들은 반쪽짜리 수조에 익숙해져 반대편 수조로 넘어가는 것을 위험하다고 여기게 된 것이다. 당신의 수조는 얼마만한 크기인가? 눈에 안 보이는 벽에 갇혀 지내는 것은 아닌가?

🌑 아버지의 답

사람이 태어나면 첫 번째 하는 일이 우는 것이다. 아기에게는 가장 중요한 일이 울음이다. 자라면서 배가 고프든지 아프든지 하면 울음으로 목적한 바를 이룬다. 의사전달의 수단이면서 생명을 이어가는 귀중한 방법이다.

일은 일—이다. 모든 것의 으뜸이며, 모든 것의 처음이다. 일을 하지 않는 것은 모든 것을 시작도 하지 않는 것이다. 일을 포기하면 인생의 모든 것을 포기하는 것과 다를 바가 없다. 창세기에는 사람이 선악과를 따먹음으로 죄를 지어 하나님의 약속에 따라 죽을 수밖에 없었지만 하나님께서는 지으신 피조물 중의 최고의 자랑인 사람을 바로 죽이지 않으셨다. 가죽옷을 지어 입히시면서 땀을 흘리며 일을 하는 벌을 대신 주셨다. 그러므로 사람은 자신이 지은 죄를 갚는 절박한 심정으로 열심히 일을 해야 한다. 하지만 세상에는 "선한 일을 도모하고 악한 일은 그 모양이라도 버리라"는 성경의 가르침을 멀리하고 자기의 유익과 사사로운 감정을 앞세워 공익에 배반하는 삶을 사는 인생이 많다. 참으로 안타까운 일이다.

사람은 사회적 동물이다. 공동생활을 하면서 개성을 살려가는 연합군대와 같다. 사람이 이웃을 배려하지 않고 타인을 생각하지 않는다면 동물과 다를 바가 없다. 2001년 9월 11일, 미국 뉴욕 중심부 맨해튼에 있는 세계무역센터WTC 110층짜리 쌍둥이 빌딩이 와르르 무너져 내렸다. 이슬람 테러 조직인 알카에다가 비행기를 납치해 빌딩으로 돌진했기 때문이다. 의회 의사당으로 향하던 또 다른 비행기는 펜실베이니아 외곽

들판에 추락했다. 3,000여 명이 사망하였고, 막대한 재산 피해를 입혔다. 알카에다는 이것을 일이라 생각할지 모르지만 이것은 일이 아니다. 그것은 단지 테러일 뿐이다.

이런 일이 발생하면 사망자나 부상자가 많이 나오며, 재산 피해 역시 만만치 않다. 그리고 재발되지 않게 대비를 해야 하는데 엄청난 물질과 인력이 필요하게 된다. 이것이 한 번으로 끝나고 잘못을 뉘우치면 좋은 사회의 귀감이 되지만 비슷한 일이 되풀이된다면 돌이킬 수 없는 사회악으로 연결될 것이다.

바울 사도는 로마서에서 "한 사람이 순종하지 아니함으로 많은 사람이 죄인 된 것같이 한 사람이 순종하심으로 많은 사람이 의인 되리라"고 하였다. 어떤 사람은 장애우(障碍友)를 위하여, 어떤 사람은 생명을 살리는 일을 위하여, 어떤 사람은 세계 평화를 위하여, 어떤 사람은 보이지 않는 곳에서 그 누군가를 위하여 일평생을 살아간다. 희망을 치솟게 하는 이런 분들을 생각하면 너무나 가슴이 뿌듯하다.

도둑도 제 자식에게는 '도적질을 하지 말라'고 하며, 가재도 제 새끼에게는 '옆으로 걷지 말라'고 한다. 우리의 일은 선한 일이 되어야 한다. 바울은 "나는 선한 싸움을 싸우고 나의 달려갈 길을 마치고 믿음을 지켰으니"라고 하면서 이제 이후로는 나를 위하여 의의 면류관이 예비되었다고 하였다.

사람은 분명히 죽어서 이름을 남기게 된다. 기독교인들은 늘 "본디오 빌라도에게 고난을 받으사 십자가에 못 박혀 죽으시고"라는 신앙고백을 한다. 악한 자의 대명사로 약 2,000년간 기독교인의 입에 오른 빌라도가 아니라, 선한 싸움을 싸우다가 죽는 자가 되어야 한다. 동요 가운데 '한국을 빛낸 100명의 위인들'이라는 노래가 있다. 일이란 이런 곳에 이름이 올려지고, 세계인들의 가슴에 영원히 살아 숨 쉬는 '무엇'이 되어야 한다. 비록 세계를 호령할 만한 큰 것은 아니라 할지라도 나에게 주어진 모든 것에 최선을 다하는 자세는 '손에 꼽힐 최고의 일'이 아닐까? 그런 생각이 든다.

16
성공한 리더의 공통점은 뭘까?

🌑 아들의 질문

"우리 사회의 빼어난 리더들은 이러지 않을 텐데…." 내 맘 같지 않은 세상을 살다보면 쥐구멍에 숨고 싶거나 한강 다리로 도망쳐 버리고 싶을 때가 왕왕 찾아온다. 그럴 때 사람들은 '늘 성공가도만 달리는 것 같은' 유명 인사들을 부러워한다. 내려쬐는 태양이 하나도 뜨겁지 않고, 잎사귀에 이는 바람에도 몸이 떨리지 않는 행복은 왜 내 것이 아닌가? 사람들은 '포기'가 배추 세는 단위임을 잊고 실패 앞에서 죄 지은 듯 움츠러든다.

고故 노무현 대통령은 2006년 5월 5일 어린이날을 맞아 대통령 자격으로 순직 공무원 자녀와 소년·소녀 가장, 장애 어린이들을 청와대로 초청했다. 이 행사에서 어머니 병수발을 하며 대통령의 꿈을 키워가고 있는 한 아이가 "어떻게 하면 대통령이 될 수 있는지 조언을 해 달라"고 즉석 질문을 던지자, 노 전 대통령은 이렇게 말했다.

"대통령이 되는 방법은 대통령이 되고 나서 하고 싶은 일을 지금부터 열심히 하는 것입니다."

성공 리더들의 삶을 보면 노무현 전 대통령의 생각과 맥이 닿아 있다. 〈백만장자 코드〉를 저술한 브라이언 트레이시Brian Tracy는 성공한 사람들에게서 발견한 공통점을 "제가 뭐 도울 게 없을까요?"라는 말이라고 했다. 트레이시는 "제가 당신을 위해 해줄 수 있는 일이 있을까요?"라고 물어본 억만장자, "제가 당신을 도울 수 있는 방법이 없겠습니까?"라고 물은 5억 달러 재산가, 두세 번의 미팅을 마쳤을 때 "내 위치에서 당신을 도울 수 있는 일이 무엇입니까?"라고 물은 8억 달러 재산가를 예로 들며, 그 간단한 말 때문에 그들을 위해 평생 최선을 다하겠다는 마음을 지니게 됐다고 했다. 긍정적이고 배려하는 기운이 큰 에너지를 준 것이다.

'성공의 기운'을 움직여라

기운은 쉴 새 없이 움직인다. 나쁜 기운은 나쁜 에너지를 옮기고, 아름다운 기운은 아름다운 에너지를 옮긴다. 누군가에게 무언가를 줄 때 보상과 답례를 바라지 않았을 때 더욱 큰 것을 얻는 게 세상의 이치다.

〈30대 리더십〉을 쓴 시바타 레이지에 따르면, 조직에는 리더 외에도 위험을 경고하는 참모, 실행력이 뛰어난 추종자, 조직에 빌붙는 기생충, 악영향만 주는 암세포, 이단이지만 잠재력이 있는 에일리언

등의 집단이 있다. 이들의 특성을 제대로 이해하지 못하면 참모를 리더로 삼거나 에일리언을 무조건 배제해 블루오션을 창출하지 못하는 식의 치명적 악수를 두게 된다. 저자는 여느 책처럼 성공 리더의 공통분모에만 주목하지 않고, 슈퍼 고자질쟁이, 박쥐형 인간, 뒷담화 대가를 다루는 법 등 반면교사의 예방책을 많이 실었다.

〈지도 밖으로 행군하라〉를 쓴 '바람의 딸' 한비야는 떡잎을 봐줄 수 있는 리더가 돼라고 말한다.

"리더는 초라한 화분 안에서 활짝 핀 꽃을 볼 수 있는 사람이다. 지금 피어 있는 꽃을 알아보는 것은 누군들 못하랴! 어느 싹이 앞으로 크고 소담스러운 꽃을 피울지, 또 어느 한 철 자기 혼자 피었다가 지는지, 피고 나서 많은 씨를 맺어 널리 퍼뜨릴 수 있는지 지금 눈에 보이는 것이 아니라 그 사람의 잠재력을 보고 밀어주는 사람, 이미 가지고 있는 것의 합산으로 사람을 보지 않고 그가 가질 수 있는 모든 가능성의 합산이라고 믿어주는 사람이 지도자일 것이다. 그 가능성을 발견하면 어린 싹일 때는 비바람을 막아주고 물도 주는 사람, 그러다 어느 정도 자란 후에는 시련을 이기며 혼자 크는 모습을 뒤에서 응원하는 사람. 이런 사람에게 '찍히는' 것은 정말 일생일대의 행운이 아닐 수 없다."

리더는 한비야의 말대로 '떡잎'을 알아채 그들을 품어주는 '가슴 넓은' 사람이다. 링컨의 삶과 리더십을 조명한 도리스 컨스 굿윈의 〈권력의 조건〉의 메시지와 일맥상통한다. "마음을 얻는 것이 권력의 시작"이란 얘기다. 촌구석의 오두막집 출신 무명 변호사가 기라성 같은 '워싱턴맨'들을 꺾고 '백악관의 꿈'을 이룬 것은 '아우르는 힘' 덕분이었다. 링컨은 좀처럼 적을 만들지 않았다. 미국 헌법과 함께 셰익스피어 저작을 탐독했던 그는 문학적이면서도 신중한 언어 구사로 보수와 진보 모두에게 만족감을 줬다.

저자는 링컨의 '넓은 어깨'가 특히 대통령 취임 후의 용인술에서 빛을 발한다고 간파했다. 절대권력을 쟁취한 대통령이 자신과 피 터지게 싸운 라이벌을 곁에 두기란 쉽지 않다. 그런데 링컨은 해냈다. 공화당 공천 때의 최대 경쟁자를 일인지하 만인지상一人之下 萬人之上의 국무장관에 임명하고, 틈만 나면 '대통령 병'이 도져 자신에게 두 번씩이나 반기를 드는 또 다른 이를 재무장관과 대법원장 자리에 잇따라 앉혔다.

또 링컨은 자기보다 국가를 먼저 생각하는 사나이였다. 꼭 필요한 인재라는 판단이 서면 아무리 감정을 건드리는 인사라도 대통령직을 걸고 자리를 보전해 줬다. 만일 그렇지 않았다면 대통령의 인사권에 맞장을 뜬 전쟁장관이나 몇 차례에 걸쳐 '임전유퇴臨戰有退'를 실천한 북부군 총사령관은 '진짜 재능'을 펴보지 못하고 목이 달아났을 것이다. 링컨에겐 타인을 이해·배려하는 특별한 재능이 있었기에 역사상 가장 기이한 내각을 구성하고도 '연방 보전'의 대의를 관철시켰다.

역사상 링컨과 대비되는 인물이 〈초한지〉의 유방이다. 우리가 아는 유방은 항우를 꺾은 승리자다. 유방은 항우에 비하면 볼품없는 사람이었으나 겸손하고 치밀하였으며 소하, 한신, 장량 등과 같은 탁월한 참모들을 잘 썼다. 그래서 결국 진나라를 멸망시키고 한나라를 세웠다.

하지만 소강석 목사(용인 새에덴교회)의 글[16]을 보면, 유방을 진정한 승리자라고 하기가 좀 머쓱하다. 유방은 권력을 잡고 천하를 통일하고 난 후, 항우처럼 사람에 대한 의심증이 생기기 시작했다. 심지어는 핵심 측근인 한신, 장량, 소하까지 의심하였다. 그래서 유능한 참모들을 멀리하고 무능한 사람들을 쓰려고 했다. 그런 의심이 결국 제후들과의 불신을 조성하고 앙숙 관계를 만들었다. 그래서 실제로 한신도 모반을 일으키려 했고, 장량은 유방으로부터 마음이 떠나게 되었다. 천하통일을 도왔던 참모들에게 녹봉을 하사하며 보응하는 듯했으나 나중에 다 역적으로 몰아서 토사구팽시켜 버린 것이다. 그래서 결국 유방의 충신들이 다 떠나고 그는 홀로 쓸쓸한 죽음을 맞이하고, 권력과 나라도 역사 속에 사라져 버렸다.

리더에겐 믿음이 중요하다. 유방은, 항우는 이겼지만 불신은 극복하지 못했다. 이래선 진정한 리더가 될 수 없다.

성과를 내는 리더의 공통점

또한 리더는 성과를 내야 한다. 국내의 대표적인 성과경영 컨설턴

---

16 〈국민일보〉 미션라이프 섹션 2012년 4월 16일자 [소강석 목사의 시편]

트인 〈성과 중심의 리더십〉의 저자 류랑도는 "성과를 내지 못하는 리더는 진정한 리더가 아니다"라고 잘라 말한다.

저자는 성공한 스포츠 감독과 코치들의 공통점을 추려 리더의 덕목으로 '1미션Mission 3역할Role'을 제시한다. 구성원의 자리배치가 정확한지의 고민은 리더가 최우선이자 최후까지 견지해야 할 절대 미션이다. '3롤'은 목표 설정자, 도우미, 평가자로서의 역할을 말한다. 저자에 따르면 "조직의 좌표를 제시하고, 시의적절한 코칭과 지원을 병행하며, 공정한 눈높이 피드백을 제공하는 것 이외의 역할은 모두 부차적일 뿐이다."

그래서 대한민국 정상급 리더 20명을 조명한 〈더 리더〉의 저자 최남수는 성과를 내는 리더의 공통점 3가지에 주목한다. 긍정의 힘과 오뚝이 정신, 역발상이다. 저자는 리더들의 '와이 낫Why not 정신'에 생생한 현장 경험을 담아 프런티어 리더십과 창조적 리더십, 소통의 리더십과 비전의 리더십을 흥미롭게 풀어낸다.

류랑도의 〈일을 했으면 성과를 내라〉가 말하는 '케스케이딩 Cascading 전략'도 눈여겨 봐야 한다. 1911년 팰콘 스콧 경과 로널드 아문센이 남극 정복 경쟁을 벌였을 때, 사람들은 스콧의 일방적인 승리를 예상했다. 정부의 전폭적인 지원 속에 최상의 장비를 갖춘 스콧에게 아문센은 게임도 안 될 것이 분명했기 때문이었다. 하지만 역사가 기억하는 승자는 아문센이었다. 왜였을까?

저자는 '허술한 낙관론'에 휩싸인 스콧이 지나친 자신감에 취한 나머지 아문센처럼 사전답사를 철저히 못 했다는 데 주목한다. 아문센은 남극 여행자들의 경험담을 분석해 탐험장비와 루트를 연구했지만, 스콧은 "열심히만 하면 되겠지"라고 생각했을 뿐이었다. 리더에겐 아문센과 같은 '케스케이딩 전략'이 필요하다. 일을 하다보면 성과를 방해하는 것이 눈앞에 놓인 큰 산이 아니라 작은 돌멩이 하나라는 사실을 깨닫게 된다. 일의 목표 역시 최종 목표를 여러 작은 중간목표들로 잘게 나누는 '케스케이딩'을 잘 해야 한다. 그래야 중간 중간의 돌멩이를 잘 피해 종국엔 큰 산도 넘을 수 있다.

하지만 리더의 최고 덕목은 감사다. 1964년 영화배우 신성일과 결혼한 엄앵란의 신부 드레스를 만든 사람은 패션 디자이너 고故 앙드레 김이었다. 그 당시 이것이 소문나면서 앙드레 김은 그 이름을 널리 알릴 수 있게 되었고, 최고의 패션 디자이너로 우뚝 서게 되었다. 그래서 앙드레 김은 엄 씨에게 평생 감사하며 살았다. 엄 씨의 생일이면 반드시 백장미 100송이를 보내면서 고마운 마음을 전하곤 했다. 앙드레 김은 2010년 세상을 뜨기 직전에도 어김없이 백장미를 보냈다고 한다.

리더는 '감사하는 법'을 배워야 한다. 월러스 워틀스가 쓴 〈가르침〉은 감사의 법칙을 얘기한다. 감사의 법칙은 크기가 같고 방향이 반대인 작용과 반작용의 원리와 같다. 감사하는 마음을 넓히면 그 마음이 감사의 대상에 도달하게 되고 그 반작용으로 감사하는 주체를 향한 즉각적인 움직임이 발생한다. 감사하는 마음이 강력하고 지속적이면 반작용도 강력하고 지속적이다. 감사하는 마음을 계속해서 강력하게 유지한다면 여러분이 원하는 모든 것이 항상 여러분을 향할 것이다.

하지만 감사하는 마음을 갖는 것이 단지 축복을 받기 위한 것만은 아니다. 감사하는 마음이 없으면 사물과 상황을 현상 그대로 바라보게 되어 불만이 쌓인다. 눈에 보이는 현상에 불만을 품기 시작하면 그 사람은 딛고 설 땅을 잃어버리게 된다. 평범하고 일상적이고 가난하고 초라하고 보잘것없는 대상에 관심을 기울이다 보면 우리의 마음은 이런 대상의 형태를 닮게 된다.

믿음도 감사에서 태어난다. 감사하는 마음은 끊임없이 선을 기대하게 만들고, 그 기대감은 믿음으로 승화된다. 자기 마음에 비친 감사의 반작용은 믿음을 낳고 외부로 향하는 온갖 감사의 파동은 그 믿음을 드높인다. 감사의 감정이 없는 사람은 살아 있는 믿음을 오래 간직할 수 없고, 살아 있는 믿음이 없으면 창조적인 방법으로 부자가 될 수 없다.

"난 별로 감사할 게 없는데?"라고 반문하는 독자가 있다면, 인터넷에서 회자된 이 글을 읽어보자.

> 10대 자녀가 반항을 하면
> 그건 아이가 거리에서 방황하지 않고 집에 잘 있다는 것이고,
> 지불해야 할 세금이 있다면 그건 내게 직장이 있다는 것이고,
> 파티를 하고 치워야 할 게 너무 많다면
> 그건 친구들과 즐거운 시간을 보냈다는 것이고,
> 옷이 몸에 좀 낀다면 그건 잘 먹고 잘 살고 있다는 것이고,
> 주차장 맨 끝 먼 곳에 겨우 자리가 하나 있다면

그건 내가 걸을 수 있는 데다 차도 있다는 것이고,

난방비가 너무 많이 나왔다면

그건 내가 따뜻하게 살고 있다는 것이고,

교회에서 뒷자리 아줌마의 엉터리 성가가 영 거슬린다면

그건 내가 들을 수 있다는 것이고,

온몸이 뻐근하고 피로하다면

그건 내가 열심히 일했다는 것이고,

이른 새벽 시끄러운 자명종 소리에 깼다면

그건 내가 살아있다는 것이고,

이메일이 너무 많이 쏟아진다면

그건 나를 생각하는 사람들이 그만큼 많다는 것이지요.

마음속에 나도 모르게 일궈진 불평, 불만들,

바꾸어 생각해 보면 또 감사한 일이라는 것을….

단언컨대, 모든 성공과 기쁨은 감사에서 출발한다.

🌀 아버지의 답

나폴레온 힐이 지은 〈결국 당신은 이길 것이다〉에는 마스터마인드 Master Mind(특정한 목표를 달성하기 위해 내 안의 여러 마음 상태들이 완벽한 조화를 이루고 협력을 하는 상태)에 대한 이야기가 나온다. 힐이 자기 분야에서 성공한 500명 이상의 사람들을 연구한 결과, 각계각층에서 주목할 만한 업적을 이룬 사람들은 모두 마스터마인드를 활용했다. 하지만 힐이 스스로에 대해 질책하듯 많은 사람들은 "나보다 우수한 식견을 가진 사람들의 협력을 구하기보다 한 마리 외로운 늑대처럼 혼자 힘들게 나아가기만 한다"고 고백했다. 인류가 70억 명이라고 보면 모두가 얼굴이 다르고 음색이 다르며 개성이 다르다. 그런데도 나라를 세우고 유엔을 만들어 함께 더불어 가는 사회를 이루어 간다. 성공은 잘 이루어진 조화(調和)이다. 각각 다른 모양과 생각에서 개성은 살리되 하나로 만들어가는 것이다.

박찬호 · 구자천 씨가 지은 〈새벽기도 하는 CEO〉에는 로고스필름 이장수 대표, 법무법인 민우의 문흥수 대표, 선린병원 이건오 의료원장 등 12명의 성공한 리더들이 나온다. 그들은 한결같이 성경공부와 새벽기도를 말하고 있다. 함께 하시는 하나님, 전지전능하신 하나님이 누구이신지를 알기 위해서는 성경을 읽어야 하며, 그 분에게 가까이 가려면 새벽기도를 통하여 하나님의 음성 듣기를 해야 한다는 것이다.

성공한 리더들은 그러면서 비전이 보이면 많은 것을 투자하되 물질과 시간, 의욕과 집중력, 가능성에 지혜를 보다 많이 투자한다. 투자할 때는 과감하게 하되 아끼지 않는다. 적시적소에 인재를 잘 등용한다. 2인자를 만들기도 한다. 사람의 장 · 단점을 파악하며 반복 학습으로 단점을 최소화 해 간다.

'한 사람의 도둑을 열 명의 경찰이 못 막는다'는 말을 뒤집어 보면 '한 사람의 인재는 수만 명의 직원을 살리는 힘이 있다'와 연결된다. 인재 양성에 충분한 가치를 두어야 한다. 2013년 프로야구는 흥미진진했다. 마지막 게임에 가서야 상위권 팀의 순위가 결정됐다. 그런데 상위 1~4위팀 중 3개 팀은 2군 양성에 힘을 기울였다는 신문기사를 읽은 적이 있다. 인재를 육성하고 잘 만들어 좋은 재목으로 사용하면 그 인재들로 인해 조직도 훨씬 부흥된다.

좋은 야구감독은 도루하는 선수가 실패해도 질책하지 않는다. 방법이 나쁠 때 고쳐주기는 할지언정 그의 과감한 행동에는 나무람이 없다. 그래야 또 도전하게 되고, 그것이 발판이 되어 좋은 '훔치기 선수'가 되는 것이다.

성경 에스겔서에 보면 '뼈 이야기'가 나온다. 하나님은 에스겔을 뼈의 골짜기로 안내한다. 그리고는 "이 뼈들에게 명하여 생기를 넣어 살아나게 하라"고 하신다. 에스겔이 하나님을 대신하여 그 말을 하였더니 뼈들이 살아나고 큰 군대가 되었다.

"여호와 하나님이 땅의 흙으로 사람을 지으시고 생기를 그 코에 불어 넣으시니 사람이 생령生靈이 되니라" (창세기 2장 7절)

전능자 하나님의 말씀은 흙이 살아있는 생명이 되고, 죽은 뼈들이 살아 움직이는 큰 군대가 되게 하신다. 에스겔은 전능자 하나님의 말씀에 순종하여 뼈들을 살리는 능력을 행사한다.

리더는 자신을 잘 알고 전능자의 손을 빌릴 줄 아는 자이며, 믿음을 줄 수 있는 2인자를 키우고 삶의 보람을 믿음 위에 굳게 세워 미래의 성공을 쟁취하려고 부단히 도전하는 자이다.

17
약속은 꼭 지켜야 할까?

🌑 아들의 질문

자고 일어났더니 전 세계적으로 유명해진 한국인이 있다. '강남 스타일'로 지구촌 최고 스타가 된 싸이. 기대했던 빌보드 차트 1위에는 오르지 못했지만, 가수 싸이의 노래와 흥겨운 말춤은 지구촌 방방곡곡을 들썩이게 만들었다.

이 '글로벌 스타' 싸이가 미국 활동을 마치고 새벽에 귀국했던 어느 날이었다. 인천공항에 장사진을 친 기자들을 일일이 상대하고 또 공식 회견까지 마친 싸이는 짐을 챙겨 어디론가 달려갔다. 그곳이 어디였을까? 바로 모 대학교 축제 현장이었다. 빡빡한 미국 일정과 10여 시간의 장거리 비행으로 심신이 지쳤을 게 분명한 데도, 싸이는 출국 전에 한 약속 때문에 대학교 행사 무대에 올랐다. 대학생들을 위해 공연을 하기로 약속했으니 지켜야 한다는 것이었다. 그러자 많은 사람들이 싸이를 좋아만 하는 데 그치지 않고 존경하게 됐다.

싸이에 대한 사람들의 인식에서 알 수 있듯, 우리가 사는 세상에서 약속은 참으로 중요하다. 우리나라는 '자살 공화국'이라는 오명을 뒤집어 쓸 정도로 자살자가 많은 나라다. 30분마다 1명씩, 하루에 평균 43.6명이 스스로 삶을 마감한다고 한다. 그런데 이 자살의 원인 중에 가장 비중이 큰 것이 고독이다. 관계에 문제가 생기면 사람은 극단적인 생각을 하게 될 공산이 커진다. 나 아닌 누군가와, 또 내가 속한 공동체와 약속을 맺고 교류를 해야 하는데 그런 흐름이 이런저런 이유로 깨어지게 되면 고독의 늪에 빠지게 된다. 그리고는 몸과 마음이 급격히 허물어진다.

그래서 약속은 특권이고 축복이다. 알에서 나온 바다거북이가 생존할 확률이 얼마나 될까? 모래밭에서 부화한 알, 거기서 나온 새끼 거북이가 자기 힘으로 무사히 바다까지 갈 확률은 수백 분의 일이라고 한다. 약속을 하고 그 약속을 지킨다는 것은 새끼 거북이가 끝없이 펼쳐진 '고독의 모래밭'을 뚫고 출렁이는 파도의 환호를 마주하는 기쁨에 비견되는 행위다.

약속은 특권이고 축복

40년 가까이 식물인간으로 산 오바라를 아는가? 미국 마이애미에 살던 오바라는 원래 소아과 의사가 되는 것이 꿈이었던 소녀였다. 하지만 1970년 1월 어느 날 아침, 오바라는 갑자기 찾아온 통증 때문에 정신을 잃고 쓰러져 병원에 실려 가게 된다. 오바라에게는 당뇨병이 있어 정기적으로 약을 복용했는데, 감기 때문에 당뇨병 약이 부작용을 일으킨 것이었다. 심장이 오랜 시간 멈춰 뇌에 쇼크를 줬다. 응급조치로 심장은 다시 뛰었지만 손상된 뇌 때문에 결국 혼수상태에 빠지고 말았다.

"엄마, 내 곁을 떠나지 않겠다고 약속해줘요."

혼수상태에 빠지기 직전 오바라는 어머니의 손을 꼭 붙잡고 말했다. 그 말이 어머니의 가슴을 쾅쾅 때렸다.

"물론이지. 절대로 널 떠나지 않는다고 약속하마. 약속은 약속이란다."

그 '약속'은 40년 간 이어졌다. 오바라의 어머니는 식물인간이 된 채 집으로 돌아온 딸을 지극정성으로 돌봤다. 호스를 통해 음식을 하나하나 먹이고, 또 때맞춰 목욕을 시켰으며, 욕창을 막기 위해 2시간마다 딸의 몸을 뒤집어 주었다. 오바라의 어머니는 2008년 80세의 나이로 세상을 뜰 때까지 한 번도 90분 이상 잔 적이 없었다. 그렇게 38년 간 딸의 침대 곁을 지켰다. 비록 오바라는 의사의 꿈을 이루지는 못했지만 세계 최장 식물인간으로 약속의 축복을 누렸다.

두 번째로 약속은 충성이다. 로마에 가면 베수비오 화산 폭발을 소재로 한 그림이 있다. 그런데 그림의 제목이 '충성'이다. 그림을 자세히 보면 모든 사람들이 혼비백산 도망을 가는데 문지기 병사는 그들과는 반대로 창을 든 채 가만히 서 있다.

그림은 우왕좌왕하는 사람들을 배경으로 그 '일편단심 문지기'를 강조한다. 화산이 터지기 전, 그 문지기는 상관에게 어떤 명령을 받

172

았을까? 그는 "문을 지켜야 한다"는 상관과의 약속을 충실히 준행했다. 그의 몸 위로 용암을 흘려보냈지만, 자신의 이름과 명성은 아주 먼 후대에까지 남길 수 있었다.

한 가지 기억해 둘 게 있다. 약속은 누구와 하느냐가 중요하다. 독자들은 주로 누구와 약속을 하는가? 어떤 어린아이의 생일이 몇 주 안 남았다고 한 번 생각해 보자. 생일 선물을 사달라는 얘기를 하는데, 누구와 약속을 해야 가장 좋은 선물을 받을 수 있을까? 동생? 친구? 부모님? 약속은 누구와 했느냐가 참으로 중요하다.

맥도날드의 표준적인 햄버거 크기는 빵의 두께가 각각 17밀리미터이고, 그 가운데 있는 고기 패드는 10밀리미터 정도라고 한다. 다 합치면 44밀리미터가 된다. 이 사이즈는 어떻게 나왔을까? 맥도날드 회사는 꼼꼼한 관찰을 통해 사람들이 행복을 느끼는 순간 중의 하나가 입을 한껏 벌리고 입 안 가득히 포만감을 느낄 때라는 것을 발견했다. 그리고 분석을 통해 일반인들이 평균적으로 입을 크게 벌릴 때가 대략 50밀리미터라는 것을 알아냈다. 평균이 50밀리미터이니 입을 좀 작게 벌리는 사람까지 고려해서 대략 44밀리미터 크기의 햄버거를 만들어 낸 것이다.

또 미국에 있는 맥도날드 매장에서 고객이 햄버거나 감자 칩을 주문하면, 직원이 "감사합니다"라는 멘트를 하고 나서 3초 이내에 곧바로 "콜라도 드시겠습니까"라고 권유를 한다. 왜 3초 안에 할까? 칭찬한 마디가 주는 기분 좋은 느낌은 3초의 최면효과를 가지고 있는데, 대략 5초가 지나면 콜라를 주문하는 확률이 절반으로 떨어지는 것을

173

관찰을 통해 알아냈기 때문이다. 이렇게 세상의 기업들은 시장조사와 통계분석 등을 통해 소비자와 끊임없이 대화를 한다. 그리고 기업의 시장조사를 개인 간의 행위로 치환하면 약속이 된다.

살다보면, 약속에 대한 테스트가 찾아온다. 그것도 가장 중요하지만 힘든 시기에 문을 똑똑 두드린다. 시험이 찾아오는 시기는 인생에 빗대 말하면 사춘기이고, 우주선에 비유하면 대기권을 벗어나는 구간이다. 사람은 사춘기 때 가장 힘이 많이 든다. 또 우주선은 대부분의 연료를 대기권을 벗어날 때 쓴다. 약속에 대한 시험은 이처럼 참을 수 없을 정도로 힘들 때를 골라 찾아온다.

이런 시기를 만나면 육체적인 고단과 고통 때문에 다른 사람의 조언을 듣는 귀가 닫히게 된다. 신앙이 있는 사람들조차도 이럴 때는 절대자의 음성을 들을 준비가 전혀 되어 있지 않다.

투수보다 타자가 미신을 더 믿는 이유

하지만 자신의 힘만 믿는 것은 한계가 뚜렷하다. 야구 선수에는 투수도 있고, 타자도 있다. 그런데 이들 중에 타자가 가장 징크스가 많다. 타자들은 매번 타석에 들어설 때마다 헬멧을 다시 쓰거나 양발을 탁탁 털며 몸을 흔들거나 방망이로 선을 긋는 식의 똑같은 행동을 한다. 안 하면 왠지 안타를 못 칠 것 같다는 징크스 때문이다.

공을 던지는 투수나 수비를 하는 야수에 비해 타석에 들어선 타자에게 이런 미신이 많은 이유가 뭘까? 그건 자기통제권이 상대적으로 적기 때문이다. 잘 훈련된 야수는 공이 100개 정도 자기에게 날아 오면 1~2개만 실수를 하고 나머지는 다 잡아낼 수 있다. 하지만 타 자는 10번 중에 3번 안타를 치기도 힘들다. 10번 중에 4번 친 선수가 수십 년의 한국 프로야구 역사에서 딱 한 명 있었다는 사실은 징크스 앞에서 위축될 수밖에 없는 타자들의 운명을 극명하게 보여준다. 그 러니 신발로 흙을 고르고 코를 만지고 배트로 신발을 치면 안타를 칠 것 같다는 근거 없는 믿음을 갖게 된다.

혹시 독자들도 타자들처럼 엉뚱한 인과관계를 만들어 통제권을 높 이려고 하지 않는가? 카카오스토리 하는 중·고등학생들을 보니, 특 정한 내용의 글을 남에게 많이 전파해야 시험을 잘 볼 수 있다는 게 시글을 많이 올린다. 본인들은 의식하지 못하겠지만, 이런 게 다 인 간의 연약함을 보여주는 증거다.

천재 과학자 뉴턴은 사과를 보고 만유인력의 법칙을 생각해 냈다. 사과가 나무에서 떨어지는 것을 보고, 저 하늘 위에 있는 달도 반드 시 떨어져야 할 것이라고 생각한 것이다. 뉴턴은 사과를 땅으로 잡아 당기는 힘이 있다면, 이 힘이 하늘 위로 계속 뻗쳐나갈 것이고 그렇 게 되면 달까지 끌어당길 것이라고 생각을 확장했다.

뉴턴이 알아낸 것처럼, 이 세상엔 누가 어디서 하든 동일한 조건 하에서 행하면 동일한 결과를 얻을 수 있는 보편적 원리가 작동한다. 하나님은 이 세상을, 또 인간과 여러 동식물을 만들며 보편타당한 질 서를 세워 놨다.

약속의 매커니즘도 그 중 하나다. 우리는 누군가 다른 존재와 약속을 나누길 바라고, 그 약속과 시험의 과정을 통해 복을 더해 주길 원한다.

약속은 영어로 'promise'다. 그런데 이 promise란 단어에 '-ing'를 붙여 promising이란 형용사로 만들면 '전도유망한, 미래가 창창한'이란 뜻이 된다.

이게 뭘 의미할까? 약속을 중시하고 약속을 잘 지키는 사람은 미래가 밝다는 뜻일 것이다. 약속을 중시하는 자녀에게 복을 더 주려고 하는 부모의 심정과 일맥상통한다. 인생을 살아가면서 힘들 때 내 마음을 알아주는 누군가와 새끼손가락을 걸고 약속을 해 보자. 또 시험이 왔을 때 넘어지지 말고 그 약속을 잘 지키려고 노력해 보자. 그러면 '프라미스'와 '프라미싱'의 마법을 실감할 수 있을 것이다.

🌑 아버지의 답

아기가 태어나는 것은 부모와의 약속의 시작이다. 부모는 그 아이를 잘 기를 것을, 아기는 부모에게 효도하며 튼튼하게 잘 자랄 것을 약속하는 첫 시간이다. 보이지는 않지만 불문율로 지켜지는 약속이다. '약속約束'의 뜻은 국어사전에 '장래의 일을 상대방과 미리 정하여 어기지 않고 함께 하기로 다짐하는 것'이라고 기록되어 있다. 무언의 약속, 그리고 관습으로 된 약속도 약속이다. 약속은 상대방과의 계약이다. 계약을 어기지 않는 것은 삶의 기본이다. 그래서 계약을 위반하면 위약금을 물리게 하는 제도가 생긴 것이다. 약속의 진정한 의미는 그 약속을 만드는 것보다 성실히 그 약속을 지키는 데 있다.

아담이 하나님과의 약속을 어겼기에 사람들은 그 대가로 엄청난 고통을 지불하고 있다. 그 많은 것을 두고 왜 하필이면 그 선악과를 먹었을까? 하나님은 노아에게 말씀하신다.

"모든 혈육 있는 자의 포악함이 땅에 가득하므로 그 끝 날이 내 앞에 이르렀으니 내가 그들을 땅과 함께 멸하리라 너는 방주를 만들어라"(창세기 6장 13~14절)

노아는 방주를 만들었다. 방주를 만들기 시작하여 120년이 지나서 홍수가 났다. 그 장시간을 인내하며 약속을 지킨 노아에게는 온 가족이 함께 방주에 들어갈 수 있는 복이 주어졌다.

나는 무언의 약속을 이행한 유명한 글을 소개하려고 한다. 2008년 11월 미국 오바마 대통령의 당선이 확정되었을 때, 대선 패배자인 매케인이 한 승복 연설이다.

"나는 차기 우리나라 대통령으로 당선된 오바마 대통령에게 축하하는 영예를 가졌습니다. 그의 능력과 끈기에 경의를 표합니다. 저를 지지했던 모든 미국 국민들에게 부탁합니다. 우리의 다음 대통령에게 우리의 호의와 진정한 노력을 제공해, 우리의 차이점을 좁힐 수 있는데 필요한 타협안을 찾아 단결할 수 있는 방법을 모색하고, 우리의 번영을 되찾고, 위험한 세상으로부터 우리의 안전을 지키고, 우리가 물려받았던 것보다 우리의 자식들과 손자 손녀들에게 더 강하고 더 나은 나라를 남겨줄 수 있도록 해야 합니다. 우리의 차이점이 무엇이든지 간에 우리는 다 같은 미국인입니다. 저는 제 이전의 경쟁자였던, 그리고 앞으로 저의 대통령이 될 그에게 하나님의 가호가 함께 하길 빕니다. 미국인들은 결코 포기하지 않습니다. 우리는 역사를 만들어 갑니다. 하나님이 여러분과 미국을 축복하시기를 빕니다. 모든 미국인들이 현재의 어려움 앞에서 좌절하지 말고 언제나 미국의 약속과 위대함을 믿으시길 부탁드립니다. 여러분 너무 너무 감사합니다."

약속하지 않은 그 약속을 훌륭히 지킨 인물의 이야기가 가슴을 찡하게 만든다. 매케인은 '당선된 오바마 대통령에게 축하하는 영예를 가졌다', '우리의 다음 대통령에게', 그리고 '앞으로 저의 대통령이 될 그'라는 표현으로 패배의 고통을 싹 씻어버리고 약속하지 않은 약속을 멋지게 지켰다.

우리가 간과하기 쉬운 약속 중에는 기초 교통질서와 자녀들과의 약속도 있다.

"모든 지킬 만한 것 중에 더욱 네 마음을 지키라 생명의 근원이 이에서 남이니라"(잠언 4장 23절)

약속은 반드시 지켜져야 한다. 성문화된 것이든지 아니든지, 마음의 약속까지도 지켜야 한다. 만에 하나 약속을 지키지 못했다면, 그에 상응하는 사실이 있어야 할 것이다. 마음으로 한 약속 역시 너무 귀중한 것이다. 새끼손가락 걸고 약속 했다면 '꼭꼭' 지켜야 한다.

18
돈은 얼마나 있어야 행복할까?

🌀 아들의 질문

"경악을 금할 수 없는 치밀하고 내밀한 심리 묘사…. 나는 이 작품이 인간에 의해 쓰여졌다는 게 믿어지지 않아 일주일이 넘게 멍한 상태로 지냈다."

'카루소' 브랜드로 유명한 '국민 디자이너' 장광효 씨의 말이다. 그가 말하는 '이 작품'은 누구의 어떤 책일까? 정답은 도스토예프스키의 〈죄와 벌〉이다. 발음하기도 힘든 이 러시아의 대문호가 누군가? 인류가 영원히 기억할 불후의 명작들을 배출한 세계적인 작가. 동서양의 내로라하는 석학들이 앞다퉈 '잔인한 천재', '영혼의 선견자' 등으로 극찬한 동유럽의 셰익스피어다.

주인공들도 하나같이 예사롭지 않다. 이들은 한 번 등장하면 보통 5페이지 정도는 혼자 지껄여야 직성이 풀린다. 그 모든 멘트에다 저자의 재담까지 담았으니 책은 또 오죽 두꺼울까. 소설 하나당 통상

1,000페이지는 훌쩍 넘기는 '두께의 압박'은 독자들에게 '섣불리 읽을 수 없는 책'이란 선입견을 잔뜩 남긴다.

그런데 그가 평생 돈 생각만 하고 살았다면? 그 주옥같은 작품들이 실상은 미리 당겨다 쓴 돈을 메우기 위해 부랴부랴 쓴 '급조 소설'이었다면? 소설 내용보다 더 신기한 이 말을 꺼낸 이는 고려대 노어노문학과 석영중 교수다. 석 교수는 "믿기 어려우면 그의 아무 책이나 집어 들고 아무 쪽이나 펼쳐보라"고 자신 있게 말한다.

사람은 기본적으로 돈에 약하다

〈도스토예프스키, 돈을 위해 펜을 들다〉의 저자 석영중에 따르면 도스토예프스키의 소설은 통속 그 자체다. 돈과 치정, 살인사건을 정점으로 하는 폭력…. 그의 소설은 '모조리' 주간지 기사나 대중적인 추리소설의 문법을 충실히 따른다. 댄 브라운의 〈다빈치 코드〉 같은 책이 '숨은 코드 찾기'라면 도스토예프스키의 책들은 '숨은 돈 찾기'다. "거의 모든 등장인물은 돈 때문에 죽고 죽이고 자살하고 돈 때문에 알음알이를 트고 돈 때문에 미치고 돈 때문에 결혼한다. 심지어 사람을 죽일 때 쓰는 칼도 그냥 칼이 아니라 얼마짜리 칼이다."

저자가 뽑아낸 사례는 무궁무진하다. 출세작인 〈가난한 사람들〉에선 가난에 대한 저자의 애증이 뚝뚝 묻어나고 '도박꾼'의 내용은 주인공 이름만 바꾸면 완전히 저자의 경험담이다.

국내 번역본이 1,500여 쪽에 달하는 〈카라마조프가의 형제들〉은 또 어떤가? 이 소설은 시종일관 돈타령이다. 저자의 표현을 빌리면 "3,000루블에 관한 3,000루블에 의한 3,000루블을 토대로 하는 소설"이다. 압권은 〈악령〉이다. 그는 당대의 또 다른 유명 작가 투르게네프의 돈도 빌려 썼는데, 이 채권자를 패러디한 소설가를 악령에 등장시켜 악의 화신으로 매도해 버린다. 돈 못 갚는 이의 자격지심인지 "방귀 낀 사람이 성낸다"는 표현이 딱 맞아떨어진다.

'도스토예프스키가 그렇게 돼먹지 않은 인물이었어?' '그럼 이제부터라도 그의 작품을 읽지 말아야 돼?' 자연스레 떠오르는 물음에 저자는 "절대 아니다"라고 답한다. 도스토예프스키의 위대함은 통속적인 소재로부터 세기를 뛰어넘는 철학과 예술을 빚어냈다는 데 있다. 그가 평생 돈에 쪼들리며 산 것은 맞다. 그래서 늘 돈을 필요로 했지만, 도스토예프스키는 단 한 번도 돈을 욕망하지 않았다. 그 점에서 그는 돈의 노예가 아니었다. 대신 돈을 잘 이해했기에 돈과 종교, 돈과 사상을 뒤얽어 세상에서 가장 심오한 소설을 탄생시킬 수 있었다.

이런 위대한 작가가 그러한데, 우리 같은 범인凡人이 돈에 강할 리 없다. 시카고대학의 스티븐 레빗Steven D. Levitt 교수가 쓴 〈괴짜 경제학〉에 보면 "돈이 현대인의 행동양식을 지배한다"는 구절이 나온다. 21세기가 주목하는 천재 경제학자는 "윤리학의 영향을 강하게 받을 것 같은 사람도 실제론 경제적 인센티브에 좌우된다"고 단언한다. 대표적인 예가 학교 교사다. 그는, 학생들의 국가고사 성적이 자신의 몸값에 영향을 주는 시카고 중등교원의 부정행위를 짚어내면서, '숨겨진 인센티브'를 제대로 파악해야 일상 속의 수수께끼를 풀 수 있다고 주장한다. 레빗의 잣대로 보면 '값싸고 좋은 집'을 소개해준 고마운 존재인 부동산 중개업자도 실제로는 정보 불균형을 악용한다는 점에서 악명 높은 KKK단(백인우월주의를 내세우는 미국의 극우 비밀결사단체)과 다를 바 없다.

특히 인간은 손실에 약하다. 베리 슈워츠Barry Schwartz의 '선택의 역설The Paradox of Choice'에 의하면 사람은 선택을 통해 얻는 이익보다 선택을 통해서 잃어버리는 것을 더 두려워한다. 예를 들어, 백화점 신발 진열장에 예쁜 구두들이 너무 많이 진열되어 있으면 도리어 더 고르지 못한다. 사람은 선택을 통해 얻는 만족보다 선택을 통해 잃어버리는 손실이 더 고통스럽기 때문이다.

2002년 노벨 경제학상을 받은 행동경제학자 대니얼 카너만Daniel Kahneman이 사람들에게 A와 B 중 하나를 택하라는 질문을 해봤다. 선택지 A는 '5,000만 원을 확실히 딸 수 있는 경우'이고, 선택지 B는 '7,000만 원을 확실히 딸 수 있지만 20%의 확률로 한 푼도 못 받을 경우'였다. 그랬더니 대다수의 사람들이 20%의 위험을 감수하기보다는 확실하게 돈을 가져갈 수 있는 A를 선택했다.

하지만 선택지 내용을 이렇게 바꿔봤다.

A. 5,000만 원을 반드시 내놓아야 합니다.
B. 7,000만 원을 잃을 수도 있지만 20%의 확률로 한 푼도 내놓지 않아도 됩니다.

그런데 이 경우에는 많은 사람들이 B를 선택했다. 사람들이 이익이 예상될 때는 안전하고 확실한 것을 선호한다. 하지만 손해를 볼 경우에는 손해를 피하기 위해서 낮은 확률에도 도전하게 된다. 이처럼 이익보다 손실을 두려워하는 것을 '손실 혐오'라고 한다. 그래서 주식투자자들이 주식으로 이익을 내면 빨리 수익을 확인하고 싶어서 빨리 팔게 되고, 손해를 보게 되면 본전 생각에 주식을 계속 팔지 않고 가지고 있게 된다.

돈이 아닌 마음이 가치 결정

하지만 진정한 '인생의 부富'는 눈앞에 보이는 '부'에서 자유로워지는데 있다. 로버트 P. 마일즈가 쓴 〈워렌 버핏의 부〉라는 책에서 비치는 세계 최고의 부자의 재물관은 많은 것을 생각하게 한다. 버핏의 삶은 자신의 부를 밑도는 생활을 통해, 나머지 부를 사회에 돌려주는 데 주력한다. 이른바 '부의 순환'이다. "재물이란 열심히 쌓고 보존해서 미래 세대에 물려주는 것이다."

돈이 아니라 마음이 가치를 결정한다. 신문에 보니 이런 글이 있었다. 5,000원을 주고 산 햄스터 한 마리가 병에 걸려 동물병원에 갔는데, 약값이 2만5천원이라고 해보자. 어떤 주인은 "이 돈이면 햄스터 다섯 마리 살 텐데"라고 생각할 것이고, 어떤 주인은 "내 소중한 애완동물이니 2만5천원을 주고서라도 병을 고쳐야지"라고 생각할 것이다. 약값이 아까운 주인이 기르는 햄스터는 그냥 5,000원짜리 햄스터지만 주인의 사랑을 받는 햄스터는 이제 3만 원짜리 햄스터가 됐다. 당신의 햄스터는 얼마짜리인가?

기독교는 "내 재산이 내 재산이 아니다"라고 말한다. 하나님의 것을 잠시 맡고 있을 뿐이라는 청지기 의식이다. 그런데 흥미롭게도 이 청지기 의식을 대하소설 〈대망〉의 도쿠가와 이에야스에게서도 보았다.

"내가 가진 모든 것은 내 것이 아니다. 신과 국민들은 잘 간수하고 키워내라고 그 모든 것을 내게 맡겼고, 이제 너에게 넘긴다. 단 한 시라도 그것들이 네 것이라고 여기지 말거라."

죽음을 앞둔 이에야스가 대를 잇는 아들에게 남긴 '청지기 의식'은 '돈은 얼마나 있어야 행복할까'에 대한 답을 넌지시 알려준다.

"우리가 언젠가 만나게 되는 곳은 한 곳, 그때 아버지와 자식 어느 쪽이 더 진지하게 살았는지, 그것을 겨루자." 이에야스의 말대로, 우리에게 필요한 건 돈의 많음이 아니라 진지함의 충만이다.

🌀 아버지의 답

많으면 많을수록 좋은 것은 많다. 그 중에서도 맑은 공기와 깨끗한 물은 빼 놓을 수 없는 귀중하고 또 귀중한 것이다. 다다익선多多益善이다. 그러면 돈은 어떤가? 돈은 많으면 많을수록 편리하게 살아가기는 하지만 자신을 편안하게 만드는 데는 부족함이 있을 것이다. 돈이란 먹고 싶을 때 먹을 수 있고, 아플 때 병원에 갈 수 있고, 사랑하는 이에게 특별한 날에 선물을 할 수 있고, 연중행사로 쇼핑을 겸한 여행을 즐길 수 있다면 충분하다고 생각한다.

현대인이 돈을 모으는 이유 중의 하나는 제왕으로 군림하고 싶다는 욕망이다. 명예를 얻고 권세를 얻으면 그 자리를 돈으로 유지하고 돈으로 사람을 부리는 행위를 자행하는 것이다. 그래서 수전노가 되며, 돈 때문에 수욕의 극치를 당하면서까지 돈을 모으는 것이다.

솔로몬은 돈으로 많은 부귀를 누렸다. 많은 처첩과 후궁으로 그의 부와 권리를 자랑했지만 그 결과로 하나님을 멀리하는 생활을 하게 되었다. 노년의 그는 이렇게 말한다.

"모든 강물은 다 바다로 흐르되 바다를 채우지 못하며 강물은 어느 곳으로 흐르든지 그리로 연하여 흐르느니라 (중략) 헛되고 헛되며 헛되고 헛되니 모든 것이 헛되도다"(전도서 1장 2~7절)

솔로몬은 그의 부귀도 권세도 하나님을 떠난 세월은 모두가 헛된 것임을 깨달았다. 부귀와 돈은 모두가 가치 있는 것이다. 그렇다고 많으면 많을수록 좋다는 것은 아니다. 핵심은 그것을 사용하는 방법이다. 그 방법이 좋다면 많으면 많을수록 좋은 것이 될 수 있다.

고려의 충신 최영 장군은 공무원들의 각종 비리가 터질 때마다 생각나는 인물이다. 그는 '황금을 보기를 돌 같이 하라'는 아버지 최원직의 유언을 마음에 깊이 새겨 견금여석見金如石의 네 글자를 띠에 적어 평생 품속에 지니고 다녔다고 한다. 우리가 초등학교 음악시간에 배운 최영 장군의 노래가사처럼 말이다.

"돈을 사랑함이 일만 악의 뿌리가 되나니"(디모데전서 6장 10절)

"믿음으로 모세는 장성하여 바로의 공주의 아들이라 칭함 받기를 거절하고 도리어 하나님의 백성과 함께 고난 받기를 잠시 죄악의 낙을 누리는 것보다 더 좋아하고" (히브리서 11장 24~25절)

　　모세가 자신의 부귀영화를 자기의 백성을 위하여 버린 것은 돈을 사랑하여 잘못된 길을 걷는 것이 일만 악의 뿌리가 됨을 알았기 때문이다. 또한 하나님의 백성을 위하여 가시밭길이지만 옳은 길을 걷는 것이 오히려 즐거움임을 깨달았다. 이것은 바로 진실한 믿음에서 나오는 소중한 자산이다. 돈이 없으면 불편한 점이 많다. 그렇지만 그 돈으로 인한 즐거움보다는 하나님을 사랑하고 하나님의 백성을 사랑하는 마음이 더 즐거움을 준다는 것을 아는 지혜가 필요하다.

19
돈도 없고 빽도 없다면
어떻게 살아야 하나?

🌑 아들의 질문

악기만 그럴싸할 뿐 연주단의 실력이 형편없는 오케스트라 앞에 지휘자 강마에가 섰다. "튜닝." 지휘자의 지시에 따라 각기 자기가 맡은 악기를 시험연주해보는 악단 멤버들. 하지만 지휘봉으로 단상을 때리는 소리는 금세 들려온다.

"지금 그걸 연주라고 하는 겁니까?" 지휘자 얼굴을 보니 화가 머리 끝까지 올라온 상태다. "트럼펫, 너 오케스트라 처음이지? 바이올린, 왜 이리 소리가 커? 전자 바이올린만 다뤘지? 오보에, 연주 언제부터 그만둔 겁니까? 호흡 훈련 안하셨어요?"

소리만 몇 초 딱 듣고도 지휘자의 불같은 피드백은 어김이 없다. 급기야 첼로 연주자에겐 도저히 감내할 수 없는 폭언을 서슴지 않는다. "당신의 연주가 어떤지 아십니까?" 말하는 이도 듣는 이도 제3자도 잠시 침묵. 그리고 터져 나온 한마디는 시청자들까지 잠시 뜨끔하게 만든다. "똥. 덩. 어. 리."

평범한 오케스트라 단원들의 비범한 기적을 다룬 TV 드라마 〈베토벤 바이러스〉의 한 장면이다.

바이올린 전공 두루미는 음대까지 졸업했지만 환경 때문에 연주자를 포기하고 석란시의 9급 공무원이 된다. 하루하루 일에 치여 꿈도 없이 살던 그녀는 문화특구 지정을 겨냥한 아이디어를 내라는 시장의 지시에 오케스트라 공연을 제안, 기획 담당자로 나서게 된다. 하지만 시 지원금 3억원을 몽땅 사기 당한 그녀는 공연 펑크를 낼 수밖에 없는 절체절명의 상황에 직면한다.

'3억원을 개인 돈으로 물고 프로젝트 공연을 포기해야 하나, 아니면 다른 수를 써서라도 공연을 시도해야 하나?' 한동안 번민에 빠졌던 그녀는 '애라 모르겠다'는 심정으로 아마추어 연주자들을 황급히 모아 공연 강행에 나선다. 하지만 오디션에 합격한 이들의 면면을 보자. 실력은 있지만 경력이 전무한 트럼펫 연주자, 서울시향 원년멤버였지만 은퇴한 지 한참 된 오보에 연주자. B급 캬바레의 간판 색소폰 주자. 잠재적인 플룻 실력은 풍부하지만 철없는 날라리. 늘 마음속으로만 첼로를 켰던 '못다 핀 첼리스트cellist'. 나름대로 음악과 연을 쌓았지만 하나같이 쉽게 명함은 내밀 수 없는 처지다.

드라마 중간쯤에 석란시향이 베토벤의 9번 교향곡 '합창'을 연주하는 장면이 나온다. 사실 강마에는 '합창'과 관련된 징크스가 있었다. 부단한 노력을 통해 천재 지휘자의 경지에까지 오른 그이지만, 유독

188

'합창' 공연은 제대로 해본 적이 없었다. 연주자가 상해를 입거나 일정에 중대 차질이 생겨 공연이 엉망이 되기 일쑤였다.

어찌어찌해서 마련된 석란시 공연 때도 징크스는 어김없이 재현됐다. 공연을 앞두고 엄청난 비가 퍼부어 석란시민의 상당수가 수재민이 돼버린 것. 시장은 강마에에게 공연 연기를 권고했지만, 징크스를 정면으로 돌파해 보겠다는 의지의 강마에는 강행을 결정했다.

엎친 데 덮친 격으로, 합창 연주에 꼭 필요한 합창단이 불참을 결정한다. 강마에와의 불협화음 때문이었다. 또 연주회장을 어쩔 수 없이 점유한 수재민들의 시선도 곱지 못했다. "이 마당에 클래식 공연이 가당키나 하냐?"는 비아냥거림이 연주회장 주변에 급속도로 확산돼 갔다. 급기야 강마에는 수재민 대표와 주먹다짐을 벌이기까지 했다. 단원들은 꼿꼿한 지휘자를 보필하며 자실 없는 공연을 위혜 동분서주하지만, 차질은 불가피해 보였다.

드디어 연주회 날. 청중도 별로 없는 썰렁한 연주회장에서 강마에는 단원들을 향해 외친다. "청중이 없습니다. 합창단도 오지 않는다고 합니다. 이대로 연주를 하면, 저는 합창 연주를 엉망으로 진행한 지휘자로 낙인 찍혀, 이 바닥에서 낙오될지 모릅니다. 그래도 해봅시다. 우린 원래부터 아무 것도 아닌 이들 아니었습니까?"

결과가 어땠을까? 강마에의 진솔한 조언에 끝내 마음을 연 수재민들이 자리를 메우고, 안 오기로 한 합창단이 때맞춰 극적인 등장 신을 보여주고…. 석란시향의 합창 연주는 영화 〈카핑 베토벤〉의 합창 연주를 능가하는 감동을 선사한다.

오래 전에 본 드라마 얘기를 장황하게 하는 것은 돈이나 '빽'보다 중요한 무엇이 있다는 걸 알려주고 싶어서다. 두루미는 처음 돈 때문에 '얼치기 교향악단'을 결성했지만, 그들을 성공으로 이끈 것은 돈에 대한 희구가 아닌 믿음이고 애정이었다.

'태산지류천석'의 의미

중요한 건 돈과 '빽'이 아니다. 태산지류천석太山之溜穿石. 작은 물방울이라도 끊임없이 떨어지면 결국 바위를 뚫을 수 있듯이 작은 노력이라도 끈기 있게 계속하면 큰일을 이룰 수 있다. 이런 글을 읽은 적이 있다.

구애를 열심히 했으나 11번이나 거절당한 비둘기가 있었다. 비둘기는 매우 낙심해 우울한 표정으로 앉아 있었다. 그때 참새 한 마리가 날아와 물었다.

"왜 그리 슬픈 표정이니? 너 혹시 눈 한 송이의 무게가 얼마나 되는지 아니?"

비둘기는 무뚝뚝하게 대답했다.

"그런 걸 내가 어떻게 알아? 눈 한 송이가 무슨 무게가 있겠어?"

그러자 참새가 설명했다.

"어느 날 커다란 나무 위에서 노래를 부르고 있는데 눈이 오기 시작했어. 그런데 말이야, 정확하게 874만1,952송이가 내려앉을 때까지는 아무 일이 없었는데, 그 다음 눈송이가 내려앉자마자 그만 그 커다란 나뭇가지가 우지직하고 부러졌어."

비둘기는 참새의 말뜻을 알아차렸다. 눈송이 하나의 무게가 나뭇가지를 부러뜨린다는 진리를 깨달았다. 비둘기는 참새의 조언에 용기를 내어 상대 비둘기에게 열두 번째 청혼을 했다. 그런데 드디어 비둘기의 마음이 움직였다. 결국 구애에 대한 승낙을 받아내 성공을 했다.

인생은 한 끗 차이다. 하나하나는 별 것 아닐지 모르지만, 그 하나하나의 마지막 '한 끗'이 결과를 좌지우지 한다. 좌절하고 절망에 빠진 순간일지라도 바로 그 순간이 그 '한 끗'일지도 모른다.

지금 이 순간이 중요하다. 〈애니 기븐 선데이〉라는 영화에 보면 미식축구팀의 디마토 감독 역을 맡은 알파치노가 게임의 마지막 5분을 남기면서 작전타임에서 명대사를 읊조리는 장면이 있다. "인생과 축구는 같다. 몇 인치를 더 나가느냐에 성공이 달려 있다. 인생이건 풋볼이건 오차범위는 반걸음만 늦거나 빨라도 성공할 수 없다. 모든 일에는 몇 인치가 문제다." 그는 승리보다 팀이 하나가 된 정확한 인치를 강조한다.

또 이건희 삼성그룹 회장은 "한번 호랑이로 태어나면 일日 단위로 여유롭게 살고 토끼로 태어나면 초秒 단위로 생존을 다퉈야 하는 정글과 달리 기업의 세계에선 스스로의 노력으로 호랑이도, 토끼도 될 수 있다"며 노력과 끈기에 힘을 주었다.

191

신앙이 없어도 믿음은 가질 수 있다

진심어린 마음으로 노력하고 또 성공한다는 믿음을 가져라. '머니볼 이론'이라는 말이 있다. 이 말은 영화 〈머니볼〉을 통해 유행한 말인데, 경기 자료를 철저히 분석해 선수를 적재적소에 배치해서 승률을 높인다는 게임이론의 하나다. 이 영화에서 단장은 고정관념을 버렸다. 스펙이 화려한 우수한 선수보다 잠재력이 있는 참신한 선수들을 선발해 그들을 끝까지 믿어주는 데서 선수들은 메이저 역사상 최고의 기적을 이끌어냈다.

반면 〈메이저리그〉란 영화는 반대다. 여기선 구단주가 팀 성적을 망치려고 하지만 선수들이 똘똘 뭉쳐 우승을 이뤄낸다. 다만 이 영화에선 감독과 주축 선수 몇 명이 팀을 하나로 만든다.

중요한 건 믿음이다. 성실과 끈기로 미국 프로골프 PGA 투어 한국인 1호가 된 최경주. 그가 쓴 〈코리안 탱크 최경주〉란 책에 이런 내용이 있다.

1999년 일본에서 열린 기린 오픈은 PGA에 갈 자격을 따야 하는, 최경주에게는 너무나 중요한 경기였다. 3미터짜리 마지막 퍼팅을 반드시 성공시켜야 할 절체절명의 순간을 맞았다. 그는 간절히 기도했다. 그런데 신기하게도, 기도 후에 눈을 떠보니 공과 홀컵 사이에 선이 그어져 있었다. 칠판에 분필로 그어 놓은 선 같이 선명한 선이었다. 그는 그 덕분에 퍼팅을 쉽게 성공시켰다.

그런 경험은 또 있었다. 최경주 선수는 미국에서 두 번째로 PGA

Q스쿨에 들어갔던 당시 마지막 4미터짜리 퍼팅을 남겨뒀을 때에도 기도를 했다. 그 퍼팅에 실패하면 짐을 싸서 한국으로 돌아가야 했다. 손에 쥔 퍼터가 부들부들 떨렸다. "이대로 갈 수 없습니다." 최경주는 하나님의 뜻을 물으며 기도를 했다. 그리고 눈을 떴는데, 이번엔 호미로 골을 파 놓은 것처럼 길이 보이는 것이었다.

그가 가장 마음에 두고 있는 성경구절은 여호수아 1장 9절 말씀이라고 한다. "강하고 담대하라 두려워하지 말며 놀라지 말라 네가 어디로 가든지 네 하나님 여호와가 너와 함께 하느니라 하시니라." 최경주 선수는 어려움이 닥칠 때마다 주문과 같이 스스로에게 말했다. "두려워하지 말자. 어디로 가든지 하나님이 나와 함께 계신다. 최경주, 강하고 담대하라."

'신앙'이 없더라도, '믿음'은 가질 수 있다. 세상의 모든 기적은 누군가 한 사람의 믿음에서 출발한다. 누군가가 자기를 믿어줄 때 사람은 그를 위해 생명도 거는 것이다. 가정에서도 자식을 믿어주는 부모가 돼야 그 자식도 부모를 실망시키지 않는다.

🌐 아버지의 답

돈이 없으면 이렇게 중얼거린다. "돈이 인생의 전부는 아니야. 돈으로 살 수 없는 것이 얼마나 많은데…." 라고 자위한다. 돈과 빽은 모두가 좋은 것이다. 나를 편안하게 하며, 삶에 자신을 갖게 한다. 그러나 돈 없이 부지런히 살아가는 사람도 잘 살 수 있는 세상이 바람직하다.

인터넷에 떠있는 좋은 말을 소개한다. "다른 사람의 죄를 들추면 자신의 양심에 영원히 지울 수 없는 얼룩을 남기게 되고, 내가 남에게 주는 것은 언젠가 내게 다시 돌아오고, 내가 남한테 던지는 것은 내게 다시 돌아오지 않는다. 마라톤 선수가 옷을 벗어던지듯 무슨 일을 시작할 때는 잡념을 벗어던져야 하고, 남을 좋은 쪽으로 이끄는 사람은 사다리와 같은 데 자신의 두 발은 땅에 있지만 머리는 벌써 높은 곳에 있다."

안전행정부는 2013년 8월 기준으로 우리나라의 100세 이상 인구가 13,413명이라고 발표했다. 〈조선일보〉에 보니, 100세 채순임 할머니에 대한 기사가 있었다. "할머니는 요즈음 즐거운 삶을 살고 있다. 꽃박람회를 다녀오며, 지난 겨울에는 강원도 여행을 하면서 새로운 세상에 대한 호기심이 여전하다고 한다. '먼 길을 다니면 피곤하지 않느냐'는 기자의 질문에는 '운전하는 사람도 있는데 구경하는 사람이 뭐 그리 힘드냐'고 한다."

또한 경기도에 사는 107세의 장석순 할아버지는 80세에 뇌졸중이 왔지만, 현재까지 정정하게 살고 있다. 치유에 대한 희망을 잃지 않고 회복될 것을 믿고 긍정적인 생각을 하며 99세까지 헬스클럽에서 매일 실내자전거를 4시간씩 타고, 집에서는 고무줄 당기기를 했다. 이 운동 덕분에 팔다리가 돌아오고 똑 바로 걸을 수 있게 되어 지금은 매일 신문을 읽는다. 할아버지는 "두뇌의 건강이 중요하다"고 말한다.

돈도 빽도 없는 사람이지만 오래 사는 노인들의 공통점은 긍정적이고 낙천적인 사고에 있다. 삶을 향한 의지가 강하고, 일을 습관화하면서 사회활동을 하고 있다. 음식은 절제된 식습관으로 소식小食을 하며 채소류를 주 메뉴로 하되 골고루 챙겨 먹는 것을 좋아한다. 반면 술, 담배는 아예 하지 않거나 거의 하지 않는다.

우리의 목숨은 부모님의 몸을 빌려 하나님께서 이 땅에 보내신 것이다.

"내가 여호와의 명령을 전하노라 여호와께서 내게 이르시되 너는 내 아들이라 오늘 내가 너를 낳았도다"(시편 2장 7절)

"내가 날 때부터 주께 맡긴바 되었고 모태에서 나올 때부터 주는 나의 하나님이 되셨나이다"(시편 22장 10절)

"땅과 거기에 충만한 것과 세계와 그 가운데에 사는 자들은 다 여호와의 것이로다"(시편 24장 1절)

돈이 없고 빽도 없을지라도 하나님이 계신다. 남들은 어떤 말을 하더라도 당신만은 믿어야 한다. 하나님께서는 당신의 소유를 그냥 지나치지 않으신다. 그러므로 최우선 순위가 전능하신 하나님을 믿고 의지하는 것이어야 한다.

장수시대가 왔다. 두려움도 있지만 나의 생명, 나의 모든 것이 여호와 하나님의 것임을 아는 지혜는 우리의 삶을 더욱 더 생기 돌게 한다. 돈도 없고 빽도 없지만 나의 삶을 하나님께 의지하는 믿음이 있으면 된다. '어떻게 살까'를 걱정하는 것이 아니라 삶에 대한 긍정적인 마인드로 '이렇게 사는 것이다'라고 당당히 말하면 하나님께서 나의 든든한 빽이 되어주실 것이다.

20
얼굴을 가려도 당신을 알아보게 할
자신 있는가?

🌑 아들의 질문

무심코 패스트푸드점 옆을 지나치는데 첫사랑과 이어폰 나눠 끼고 듣던 음악이 들린다. 어느새 몸은 매장 안으로 이동했고, 입 안 가득 예정에도 없던 '햄버거 맛'을 보고 있다. 군대에서 초코파이가 맛있는 이유는 고향에 계신 어머니 생각이 나기 때문이다. 고참이 던져준 초코파이 봉지 위로 "한 개씩만 먹으라"시던 어머니의 모습이 살포시 오버랩 된다.

바야흐로 감성 마케팅의 시대다. "상품력만 우수하면 고객이 알아서 지갑을 연다"는 고전적 마케팅 이론은 이제 설 땅을 잃었다. 하루가 멀다 하고 브랜드는 쏟아지지만, 정작 내 것을 알릴 수 있는 광고 채널은 한정돼 있다. 상품의 질이 제아무리 좋아도, 커다란 광고판에다 사장 사진 크게 붙이는 식의 고답적 PR(홍보)로는 변화무쌍한 고객의 관심을 끌 수 없다.

이런 세상에 대해 〈오감 브랜딩〉의 저자 마틴 린드스트롬은 "소비자들은 이제 '필요한 상품'을 넘어 '즐기기 위한 브랜드'를 구매하고 있기 때문에 촉각, 미각, 후각, 시각, 청각을 사로잡는 기업만이 살아남는다"고 잘라 말한다. 브랜딩 분야의 세계적 권위자인 저자는 '오감 브랜딩'의 핵심을 뽑아내기 위해 전 세계 13개국의 소비자들을 대상으로 장장 3년에 걸쳐 '브랜드 센스 리서치'를 진행했다.

"로고를 떼어내더라도 고객이 당신의 제품인지 알 수 있는가"라는 저자의 도발적인 질문이 특히 인상적이다. 상품력 기준으로 글로벌 명품대열에 오른 삼성, LG, 현대자동차조차도 막상 로고를 제거하면 안심할 수 없다는 게 국내 기업들의 현실 아닌가!

삶도 마찬가지다. 사람은, 아니 모든 생명과 물질은 이름표를 떼고 보면 잘 알 수 없다. 이유는 만물이 동일한 에너지로 구성돼 있기 때문이다. 알렉산더 로이드 · 벤 존슨이 쓴 〈힐링코드〉라는 책에서 재미있는 사례를 발견했다. 만일 전자현미경으로 사람의 몸을 구성하는 원자에 초점을 맞춘 후 점점 더 근접해서 관찰하면 이런 말을 하게 될 것이다. "원자가 어디로 갔지? 어떻게 된 거지?" 원자에 접근할수록 원자가 사라지기 때문이다. 원자는 절대 고체가 아니다. 원자는 에너지로 만들어진다. 만물은 진동수와 파장, 색채 스펙트럼(띠)을 가진 에너지다.

말을 막으면 생각도 막힌다

우리는 가까이 다가갈수록 알 수 없는 동일한 '몸'을 갖고 있기 때문에, '옷'을 통해 차별화해야 한다. 나는 그 차별화의 포인트가 말에 있다고 생각한다.

"전지전능한 하나님은 시간과 공간의 제약을 받지 않으십니다. 우리가 사는 우주는 137억 년 전에 창조되었습니다. 그 오랜 기간은 복잡성이 발전하는데 꼭 필요한 시간입니다. 하나님의 창조 계획에는 우리가 사는 세계에 경이로울 만큼 다양한 생명체를 만들기 위한 진화 매커니즘이 포함되어 있었습니다. 가장 특별한 점은 그 계획 안에 우리 인간을 포함시키셨다는 것입니다. 오랜 동안의 진화가 이루어진 후 충분히 발달된 신경 집합체인 뇌가 형성되었고, 그리고 하나님은 자유 의지와 영혼을 가진 인간성을 우리에게 주셨습니다."

미국의 물리유전학자이자 인간게놈 프로젝트를 지휘했던 프랜시스 콜린스Francis S. Collins 박사는 인간게놈을 해독해낸 후 이를 〈신의 언어〉라고 명명했다. 하나님이 진화의 질서를 창조했다는 내용의 바이오로고스BioLogos 혹은 유신론적 진화론theistic evolution을 믿는 콜린스 박사는 비록 눈에는 보이지 않는 신이지만, 언어(인간게놈)를 통해 인간과 함께 한다고 말한다.

사람도 마찬가지다. 언어를 제한하면 생각의 자유도 제한된다.

198

조지 오웰George Orwell의 〈1984〉는 정치세력이 미묘하게 정의를 바꾸고, 단어를 검열하고, 새로운 용어들을 만들어낼 때 언어에 의해 사람들이 어떻게 속고 설득되는지를 보여주는 소설이다.

〈1984〉에서 단어 하나하나는 엄밀하게 정의된다. 예를 들어 '자유'라는 단어는 '잡초가 하나도 없는 들판a field free from weeds'이나 '벼룩이 없는 강아지a dog free from fleas'와 같은 경우에만 사용하도록 제한된다. 생각의 자유, 정치활동의 자유가 꽉 막혀버리는 것이다. 국가가 국민의 말을 통제하면 개인의 독립성과 자기 믿음이 훼손당한다는 것을 여실히 보여주는 소설이다.

물론 우리네 현실은 〈1984〉 속 세상과 다르다. 하지만 말에 대한 생각을 어떻게 갖느냐에 따라 우리는 스스로 세운 '언어경찰'의 횡포에 시달릴 수도 있다.

행복하다고 말하는 동안은
나도 정말 행복한 사람이 되어
마음에 맑은 샘이 흐르고

고맙다고 말하는 동안은
고마운 마음 새로이 솟아올라
내 마음도 더욱 순해지고

아름답다고 말하는 동안은

나도 잠시 아름다운 사람이 되어
마음 한 가락 환해지고

좋은 말이 나를 키우는 걸
나는 말하면서 다시 알지.

이해인 수녀가 쓴 '나를 키우는 말'이란 시다. 말은 그 사람의 존재를 드러내고 차별화하는 핵심 포인트다. 남들에게만 표시가 나는 것이 아니라, 자기 자신도 바꾸고 또 키운다.

집에서 키우는 개 이야기를 잠깐 해보자. 개는 우리의 말을 들을 수 없지만, 표정을 말처럼 읽고 응답한다. 말콤 글래드웰이 쓴 〈그 개는 무엇을 보았나〉에서 이런 글을 읽었다.

"개를 산책시키다 보면 다른 개와 마주치는 경우가 많다. 이때 두 마리의 개는 서로 으르렁거리는 경우가 많다. 우리는 이것의 이유를 개의 공격성에 있다고 쉽게 생각하지만, 실제로 개는 주인의 '말'을 듣고 그대로 했을 뿐이다."

이동 중에 낯선 개를 만나면, 개는 먼저 주인의 얼굴을 살핀다고 책은 말한다. 하지만 주인의 입장에서 보면 자신의 개가 다른 개와 잘 어울릴 수 있는지가 걱정이다. 그래서 호흡을 멈추고 눈을 크게 뜨며 경계하는 듯한 입 모양을 한다. 이런 주인의 행동을 개는 '공격을 준비하라'의 메시지로 해석한다. 주인이 의도치 않게 개를 긴장시키는 신호를 보내는 것이다. 이때 주인들은 대개 목줄을 당기는데 그러면 개들은 서로를 공격한다. 개는 주인이 긴장을 조성하는 가운데 낯선 개와 마주친다. 이런 경우 주인의 굳은 얼굴을 보고 다른 개를 향해 으르렁거리게 된다.

　말은 중요하다. 개도 주인의 표정(말)을 읽고 주인의 의도를 판단한다. 그래서 말은 가려해야 한다. 말은 인생의 열매를 영글게 한다.
　〈탈무드〉에 이런 이야기가 나온다. 어느 왕이 한 광대에게 세상에서 가장 좋은 것을 구해오게 하고, 또 다른 광대에게는 세상에서 가장 나쁜 것을 찾아오라고 했다. 얼마 후 두 광대가 각각 구해온 것을 상자에 담아 왕에게 바쳤다. 첫째 광대의 상자에선 사람의 혀가 나왔다. 두 번째 광대의 상자를 풀었더니 거기에서도 사람의 혀가 나왔다. 혀는 이 세상에서 아주 유익한 것이 될 수도 있고, 아주 해로운 것이 될 수도 있음을 가르쳐주는 이야기다.
　머리를 '샤프Sharp'하게 만들어 주는 정철의 〈머리를 9하라〉란 책에 보면 재미있는 구절이 있다.

　"말이 많은 사람의 장점은 아는 것이 많다는 것을 세상에 알릴 수 있다는 것이다. 말이 많은 사람의 단점은 아는 것은 많은 데 정확히 아는 것은 별로 없다는 것을 세상에 들키고 만다는 것이다. 사람들이 왜 그토록 책을 읽으라고 하는지 아는가? 책 속에 엄청난 지혜가 들어 있어서가 아니다. 책을 읽는 동안에는 말을 내보낼 수 없기 때문이다."

코러스 가수처럼 살 수 있다면…

말과 관련된 또 하나의 핵심 포인트는 유머다. 2013년 전 세계를 강타한 싸이의 '강남 스타일 신드롬'은 유머의 힘을 여실히 보여준다. '강남 스타일'에서 곡의 철학이나 가사의 심오함을 따진다면 '지구인 스타일'이 아니다. 류현진 선수가 메이저리그 LA 다저스 선수단과의 첫 대면식에서 말도 통하지 않는 다른 선수들을 끌어내 같이 출 수 있었던 게 말춤이었다. 반복이 주는 묘한 중독성이 오감을 자극하는 멜로디와 몸짓은 따라하는 사람들을 마냥 즐겁게 해준다. 오죽했으면 외국의 한 TV의 방송인은 "난 이 가수가 무슨 말을 하는 건지 도무지 모른다"고 고백하면서도 방송 카메라 앞에서 말춤을 신나게 추었을까?

'유머 코드'는 현대사회에서 불필요한 긴장을 줄이고, 자기 자신을 '어필'하는데 특효약이 돼준다. 미국이나 유럽 등 민주주의 선진국일수록 사회 지도층은 유머 감각을 높이 산다.

당신은 얼굴을 가려도 알아보게 할 자신이 있는가? 얼굴을 가려도 말을 가려하면 된다.

또 한 가지. 나 자신은 친구를 통해 알 수 있다. 내 얼굴을 가려도 그의 얼굴을 통해 나를 알 수 있다는 소리다.

코러스 가수라는 직업이 있다. 곡의 완성도를 위해서는 꼭 필요한 존재이지만, 눈에 잘 띄지는 않는 가수들이다. 18년 동안 무려 1만 5,000곡의 코러스를 했고, 그 공로로 K팝 어워드 시상식에서 코러스 가수 부문 상을 받기도 한 김효수 씨는 이런 말을 했다.

"코러스 가수의 제1의 덕목은 가수의 음색에 가장 잘 묻어나는 목소리를 만들어 주는 것이다."[17]

참으로 멋진 말이다. 코러스 가수들의 목소리가 메인 가수의 음색에 녹아든다는 말은 그들이 천의 목소리를 가졌다는 얘기다. 친구의 장점을 도드라지게 빛내 줄 수 있는 사람은 마치 코러스 가수처럼 천의 장점을 가진 사람이라 하겠다.

🔵 아버지의 답

어린 아이들이 숨바꼭질을 할 때 손으로 눈을 가린다. 하지만 손가락이 벌어져 있어 술래가 아닌 친구들의 모습을 볼 수 있다. 눈을 가린 척하는 것이지 실제로 눈을 가리지는 않는다. 눈을 가려도 볼 수 있는 것이 마음이다. 신앙으로 회복한 시각장애인의 고백이 생각난다. "나는 눈으로 사물을 볼 때는 욕심이 앞서 있었다. 더 좋은 것을 보고 싶었고, 더 많은 것을 보고 싶어 했다. 그런데 시력을 잃고 좌절에 빠져 도저히 헤어 나올 수 없는 시련의 통로를 신앙으로 헤쳐 나오는 순간 나는 나의 마음을 보게 되었고, 육신의 눈으로 보던 그 아름다운 것들보다 더 휘황찬란한 하늘나라를 볼 수 있게 되었다."

---

17 〈국민일보〉 미션라이프 섹션 2013년 2월 28일자 [겨자씨]

나의 얼굴을 가리지 않으면 사람들은 나를 보는 그대로의 모습으로밖에 보지 않는다. 그러나 나의 얼굴을 가리면 나를 보고 한 번쯤은 '누구일까?' 생각한다. 그리고 상상의 나래를 펴며 많은 생각과 추측에 빠져든다. 그래서 나라는 사람에 대하여 궁금증을 갖게 된다.

만약 얼굴을 가려도 가림막 앞에 내 이름을 적어 두면 된다. 그러면 누구든지 나를 알아볼 수 있다. 나의 나됨은 하나님이 주신 은혜요, 내가 있게 된 것은 부모님의 은혜이다. 내가 나를 남에게 알리는 것은 나 자신이 잘나서가 아니라 나의 존재가 귀중하기 때문이다. 결코 쉽게 생각하고 의미 없는 모습이 아니라 당찬 모습으로 이 세상의 주인공과 배경 인물이 되어야 한다. 그러기에 나를 알릴 수 있는 방법을 모색하고 슬기를 모으는 것이 좋다.

〈머니투데이〉 기사 중에 '마음의 병, 마음 편히 치료하세요'라는 제목이 있어 내용을 읽어 보았다.[18] 보건복지부가 4월부터 약을 처방하지 않는 정신과 상담은 정신질환이 아닌 일반상담으로 신청할 수 있게 제도를 바꾸었다는 내용이었다. 단순 정신과 치료를 받는 사람의 익명성이 보장되게 하여 상담 환자가 계속 늘어나고 있다는 기사였다. 마음의 병은 제때 고치지 못할 경우 조직 내 따돌림이나 가정폭력 같은 심각한 사회 문제를 불러올 수 있기 때문에, 얼굴을 가리고 들어올 수 있게 한 것은 잘한 일이다.

나는 사람을 웃기는 재주가 있는 코미디언이나 개그맨을 좋아한다.

---

[18] 〈머니투데이〉 2013년 10월 5일자 2면

요즈음 시대에는 개성이 뚜렷한 재주꾼이 너무 많은 것 같다. 한국의 대중가수 싸이를 비롯하여 특이한 춤으로 자신을 알리는 가수나 연예인이 많다. 그래서 그런 재주꾼들은 얼굴을 가린다 해도 자기만의 춤이나 재주로 자신을 충분히 알릴 수 있을 것이다.

그런데 나는 어떤가? 외모를 보면, 나 자신을 다른 사람에게 알리는 것이 쉬운 편이다. 작은 키에 약간은 안짱다리이고 헤어스타일은 스포츠형 머리다. 그리 어렵지 않게 알아볼 수 있는 몸이다. 하지만 가지고 있는 재주나 솜씨가 없다. 내 얼굴을 가린다면 지극히 적은 수를 제외하고는 그 어느 누구도 나를 알 수 없을 것이다.

"그 사람이 그에게 이르되 네 이름이 무엇이냐 그가 이르되 야곱이니이다 그가 이르되 네 이름을 다시는 야곱이라 부를 것이 아니요 이스라엘이라 부를 것이니 이는 네가 하나님과 및 사람들과 겨루어 이겼음이니라"(창세기 32장 27~28절)

야곱은 형兄 에서를 만나면 혹시라도 자기를 죽이지 않을까 하는 너무나 큰 두려움 속에서 천사와 씨름을 했다. 그러니 하나님의 천사가 "네가 누구냐"고 물었을 때 '야곱(간사한 자란 뜻)'이라고 바로 대답한다. 내가 누구인지를 분명히 알려야만 '이스라엘(하나님과 겨루어 이김이란 뜻)'이란 이름을 얻을 수 있다. 나는 전능자이신 하나님이 보내신 사자使者이다. 당당하게 나 스스로를 알리는 방법이 무엇인지를 곰곰이 생각하며 찾아보아야 하겠다.

21
하늘이 낸 천재만 천재인가?

🌀 아들의 질문

아이디어 조직화 이론인 마인드 맵핑Mind Mapping을 개발한 토니 부잔Tony Buzan과 레이먼드 킬Raymond Kill은 역사상 위대한 10대 천재를 조사해 발표한 바 있다.

10위는 상대성 이론을 발견한 아인슈타인, 9위는 파르테논 신전을 건설한 건축가이자 제우스 상과 아테네 여신상을 제작한 아테네의 조각가 피디아스, 8위는 정복자 알렉산더 대왕, 7위는 미국 헌법을 기초한 토머스 제퍼슨, 6위는 만유인력을 발견한 아이작 뉴턴, 5위는 '천지창조'를 그린 르네상스의 거장 미켈란젤로, 4위는 〈파우스트〉의 저자인 요한 볼프강 폰 괴테Johann Wolfgang von Goethe였다. 그리고 3위는 피라미드를 만든 사람들. 2위는 대문호 윌리엄 셰익스피어. 그렇다면 영예의 1위는 누구였을까? 다른 아닌 바로 르네상스 시대를 이끌었던 예술가 레오나르도 다 빈치였다.

다 빈치는 미술은 기본이고 건축, 미학, 음악, 요리, 수리학, 생물학, 해양학, 해부학, 지리학, 지도제작술, 기계 공학, 동물학, 지질학, 무기 제작, 수학, 항공학 등에 두각을 나타냈으며 자전거, 항공기(헬리콥터), 잠수함, 전차 등의 모델을 고안했던 만능인으로 알려져 있다. 하지만 김상근이 쓴 〈사람의 마음을 얻는 법〉에 따르면, 다 빈치는 고향인 피렌체의 메디치 가문에게 홀대를 받았다고 한다.

세계 제1의 천재도 약점이 있었다

그는 분명히 창의적인 천재였지만 작품을 끝까지 완수해내는 추진력이 없다는 치명적인 결점을 가지고 있었다. 물론 다 빈치는 세밀한 관찰력과 극단적인 상상력을 겸비했다는 점에서 후대의 많은 사람들에게 영감을 불러일으킨다. 하지만 리더들에게 그와 같은 존재는 경계의 대상이다. 사람이 넘어질 땐 태산이 아니라 작은 돌에 걸려 넘어지는 법이다. 계획은 잘 세우지만 그 계획을 끝까지 밀고갈 수 있는 추진력이 부족한 사람은 실행자doer로서 많이 부족하다.

공부는 머리로 하지 않고 엉덩이로 한다는 말이 있다. 고등학교 시절의 학교 풍경을 떠올려보면, 야간자습 시간에 엉덩이 들썩이고, "강사가 마음에 안 든다"며 툭 하면 학원 바꾸는 친구들은 좋은 결과를 못 얻었다. 〈학문의 즐거움〉에서 히로나카 헤이스케 교수는 "어떤 문제에 부딪히면 나는 남보다 두세 배 더 많은 시간을 투자할 각오를 해야 한다. 그것이 평범한 두뇌를 지닌 내가 유일하게 할 수 있는 방법이다"라고 말했다. 또 정민 한양대 국문과 교수는 〈일침〉에서 "낮은 잡초 벨 때나 유용하지 아름드리 거목을 베려면 큰 도끼의 날을 벼려 어깨에 얹고 힘차게 수백 수천 번을 찍어야 한다"고 말한다. 한 번 찍을 때마다 조금씩 패이는 데, 이 한 번이 쌓이고 쌓여 그 거목이 우지끈 소리를 내며 땅에 눕고 만다.

"천재적 재능은 1만 시간의 노력에 미치지 못 한다." 〈뉴욕타임스〉가 '세계에서 가장 영향력 있는 100인'으로 선정한 말콤 글래드웰Malcolm Gladwell이 한 말이다. 글래드웰은 〈아웃라이어〉에서 "성공은 하늘에서 내려주는 선물이 아니라, 누구에게나 찾아오는 기회를 포착하고 움켜잡을 힘과 이루려는 신념을 갖춘 사람이 열심히 노력해서 얻어낸 결과"라고 말한다.

'아웃라이어'들의 성공 비결은 '1만 시간 법칙'과 '마태복음 효과'로 요약된다. 1만 시간은 어떤 분야에서 숙달되기 위해 투자해야 하는 절대 시간이다. 이는 하루 세 시간씩 매일, 10년을 보내야 확보된다. 세계적인 음악 천재, 최고의 프로 스포츠 선수들, 그 밖에 어떤 분야든 최고의 천재라 불리는 사람들이 바로 이런 아웃라이어들이다. 이 1만 시간은 엄청난 인내와 노력의 다른 말이다. "천재는 1%의 영감과 99%의 노력으로 이루어진다"는 발명왕 에디슨의 말과 일맥상통하는 개념이다.

그렇다면 마태복음 효과는 무엇일까? 그것은 "무릇 있는 자는 받아 풍족하게 되고 없는 자는 그 있는 것까지 빼앗기리라"는 성경 구절을 인용한 것이다. 다시 말해 미래의 성공으로 이어지는 특별한 기회를 얻어낸 사람이 성공을 거두게 된다는 이야기다.

〈통찰〉이란 책에서 최재천 이화여대 교수는 '조권 효과'를 얘기한다. 아이돌 가수 조권 씨는 초등학교 6학년 때 한 방송국의 오디션 프로그램에서 선발돼 기획사 연습생 생활을 시작했다. 하지만 그의 연예계 데뷔가 결정된 것은 연습생이 된지 2,567일이 되었을 때의 일이었다. 최 교수는 K-팝 등 한류韓流가 전 세계를 휩쓰는 현상이 단순한 인터넷 효과가 아니라, K-팝 스타들의 피나는 연습과 훈련의 결과라고 역설했다. 또한 '조권 효과'는 연예계를 넘어 사회 각계에서 두루 유행할 것이라고 전망했다.

'박주영'보다 '박지성'이 감동적인 이유

스포츠에 무심해도 축구선수 박지성과 박주영을 모르는 사람은 없다. 야구계의 이승엽, 김동주도 마찬가지다. 이들 중 박주영과 김동주는 학창시절부터 '천재'로 각광을 받았다. 타고난 운동신경과 남다른 체력, 그리고 비상한 머리는 "찼다 하면 골", "쳤다 하면 안타"의 빼어난 성적을 창출했다. 하지만 우리 뇌리에 더 강하게 박힌 이는 박지성과 이승엽이다. 이들을 '천재'라고 말하는 이는 드물다. 대신 훈련과 연습의 대명사다. 드리블이 다소 둔탁해 보이고 슬럼프가 오면 제 스윙을 자꾸 까먹는 이들이지만, 쉼 없는 노력 앞에선 하늘이 낸 천재도 머리를 숙인다.

피터 피스크의 〈비즈니스 지니어스〉는 기업 전장戰場을 휘젓는 노력형 천재들의 '케이스 스터디(사례 연구)'다. 천재는 태어나는 게 아니라 만들어진다고 한다. 저자에 따르면 비즈니스 세계에서도 이 진리는 그대로 통한다. 아메리칸 익스프레스, 코카콜라, 마이크로소프트 등 유수 기업의 전략 컨설턴트로 유명한 저자가 공들여 분석해 놓은 기업만 36곳. 이들 글로벌 스타들의 공통분모가 책 속에 가득한데, 결론부터 말하면 '아이디어+실행력'이다.

합성수지 샌들로 기업가치 10억 달러의 기적을 쏜 크록스의 시작은 단순했다. 창업자 3명이 요트를 타다 물에 잘 안 미끄러지는 신발의 필요성을 느꼈다. 그렇게 잠시 머리를 맞대 나온 게 스위스 치즈처럼 구멍 숭숭 뚫린 크록스. 창의적인 아이디어를 곧장 상품화한 이들 3인방은 이내 세계적인 갑부로 등극한다.

스포츠 용품의 대명사 나이키가 탄생한 곳은 어느 가정집 난로였다. 운동을 마친 필 나이트(창업주)가 잘못 벗은 신발이 난로 위에 떨어졌다. 순간 고무 타는 냄새가 사방에 진동했는데, 깔창을 보니 와플 같은 모양이 새겨져 있었다. 남들 같으면 "xx없다"고 잔뜩 화를 낸 후 뒤돌아섰겠지만, 그는 '화상 입은' 신발의 가치에 주목했다. 그리고 천재적인 브랜드로 키워냈다.

저자는 창의력의 대명사인 우뇌 계발을 넘어 '비즈니스 천재되기 4차원 학습법'을 소개한다.

발상의 전환으로 유명한 구글과 3M엔 특이한 조직문화가 있다. 모든 직원은 일과 시간의 상당 부분을 떼어내 엉뚱한 상상하는데 바친다. 사장이 갑자기 들이닥쳐도 이들의 궁리질은 그침이 없다. "역발상 사고와 획기적인 아이디어가 회사를 살찌운다." 이들 기업은 남다른 경영철학을 갖고 있기에 직원들은 마음 놓고 '딴 생각'을 한다.

책에 나온 대로 '비즈니스 지니어스'를 팔 걷어붙이고 고민해 보자. 학창시절의 아픈 기억인 IQ지수는 잊어버리자. 사물을 남다르게 보고, 연관돼 있지 않은 것들을 연관시키고, 두려움 없이 새 아이디어를 시도하다 보면 어느새 당신과 당신이 속한 조직은 '천재'로 거듭나 있을 것이다. 타고난 천재보다 만들어진 천재가 우리 사회엔 더 많다는 사실을 명심하자.

🌐 아버지의 답

천재天才는 글자 그대로 하늘이 내린 사람이다. 한 번 들으면 그것을 기억하며 한 번 보던 모습을 기억하며 한 번 만나면 이름을 기억하는, 하늘이 준 '기억꾼'이다. 뉴턴, 갈릴레오, 아인슈타인, 에디슨, 퀴리, 스티븐 호킹, 모차르트, 베토벤, 한국의 김웅용… 이들은 하늘이 준 천재임에 틀림없다.

카네기는 천재의 정의를 어떻게 내리고 있는가? 첫째, 천재는 우리들과 마찬가지로 천부적인 재능을 가지고 있다. 다만 그것이 처음부터 현저하게 나타날 뿐이다. 둘째, 천재는 그 성품에 알맞은 실체를 자기 자신이 발견한 사람이다. 우리들 보통 사람은 늦게 이것을 발견할 뿐이다. 셋째, 천재는 그 성격의 경향과 성능을 단련하여 최고조로 발전시킨다. 넷째, 천재는 그 능력을 활용하는데 끊임없는 노력을 꾀한다. 다섯째, 천재는 어떠한 경우에도 그 열정을 잃지 않는다. 여섯째, 천재는 직감적인 통찰력, 즉 번뜩이는 영감을 얻을 수 있을 정도로 에너지와 두뇌를 집중적으로 활용한다. 일곱째, 천재는 그 목표 달성에 필요한 대가를 읽고 이 대가를 치르면 반드시 목적은 이루어질 수 있다는 신념을 잃지 않는다.

대부분이 후천적 노력으로 이루어지는 것임을 알 수 있다. 최근의 모 설문회사의 조사 결과를 보면, 천재는 창의력에 도움이 되는 많은 책들을 읽는다. 어릴 때는 동화책, 위인전을 읽고 중·고등학생 때는 문학, 사회, 과학책을 많이 읽는다고 한다. 어릴 때부터 다양한 놀이로 새로운 세계를 탐구하고 호기심을 많이 품는다는 것이다.

다시 말하면 반복하여 연습하고 훈련을 하며, 노력하지 않고 얻을 수 있는 것은 아무 것도 없음을 알고 꾸준히 연습한다. 재능을 찾아내고 노력과 훈련을 거듭하며 책과 놀이를 통하여 새로운 세계를 탐구하는 자. 호기심을 갖고 에너지를 집중하고 성취할 수 있다는 신념을 갖는 자가 바로 천재이다.

레오나르도 다 빈치는 "일을 즐겁게 하는 자에게는 세상이 천국이요, 일을 의무로 생각하는 자에게는 세상이 지옥이다"라고 하였다.

'천재는 노력하는 자를 이기지 못하고, 노력하는 자는 즐기는 자를 이기지 못한다'는 말도 있다.

성경 신명기(11장 18~19절)는 "이러므로 너희는 나의 이 말을 너희의 마음과 뜻에 두고 또 그것을 너희의 손목에 매어 기호로 삼고 너희 미간에 붙여 표를 삼으며 또 그것을 너희 자녀에게 가르치며 집에 앉아 있을

212

때에든지 길을 갈 때에든지 누워 있을 때에든지 일어날 때에든지 이 말씀을 강론하고"라고 말한다.

하늘을 바라보며 하나님의 뜻을 이루려고 한다면 하나님의 무한하신 지혜가 우리의 온 몸을 감쌀 것이며, 그 지혜가 우리를 지배해 갈 것이다. 반복적으로 그리고 지속적으로 하나님의 지혜를 구하자.

하늘이 내린 천재는 분명히 천재이다. 그러나 후천적 천재가 더 많다는 사실에 우리는 귀를 기울여야 한다. 천재는 좋고 나쁜 것을 빨리 분별하여 선한 양심에서 나오는 지혜가 번뜩인다. '반복이 천재를 낳는다'라는 말은 하늘이 내린 천재가 아닌 반복의 챔피언이 '진짜 챔피언'임을 말하는 것이다. 그래서 유태인들은 자녀 교육에 최선을 다하되 반복 연습을 통하여 그 목적을 달성하고 있다. 반복 교육이 천재를 만들어 주는 것이다.

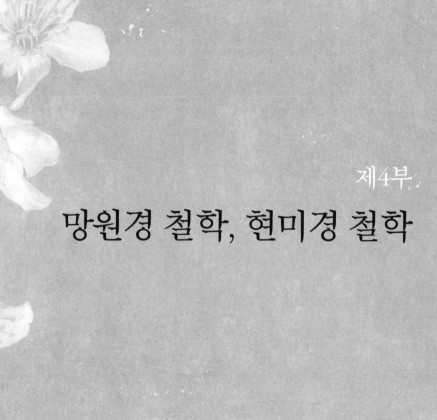

제4부

망원경 철학, 현미경 철학

22

앨 고어가 노벨 평화상을 받은 이유는?

🌑 아들의 질문

2007년 노벨 평화상은 많은 사람의 고정관념을 여지없이 깨났다. 평화상의 주제라면 전쟁 억제나 사형제 폐지 등이 단골이었다. 그런데 환경운동가 앨 고어Al Gore와 정부간 기후변화위원회IPCC가 수상자로 결정되었으니, "언제부터 세계 평화가 기후랑 연관을 맺었지?"라며 의아해 하는 게 당연했다.

"기후 변동은 과연 인류의 평화를 위협하고 있는가?" 한 번이라도 이런 의구심을 품은 적이 있다면 〈기후, 문명의 지도를 바꾸다〉를 읽어 보라. 브라이언 페이건Brian M. Fagan이 쓴 이 책은 초장부터 통념의 수정을 권고한다.

'지구 온난화'라고 하면 '산업화의 폐해'부터 떠올리는 게 일반적이다. 매년 미국 애리조나주 크기만한 삼림이 사라지고 초특급 허리케인이 내일이라도 당장 올 것만 같다. 백옥 같은 '눈옷'을 벗어던지는 킬리만자로와 물에 빠져 죽는 백곰과 펭귄들을 보며 사람들은 무차별 도시화의 그늘을 걱정한다. 하지만 인류학과 지구과학에 두루 정통한 저자는 '빙산의 일각'을 보았을 뿐이라고 잘라 말한다. 지구는 1만5,000년 전부터 이미 뜨거워지고 있었다. 늪지에서 나온 미세 꽃가루와 하천의 자갈 샘플, 나무의 나이테에 현미경을 들이대 보면, 기후는 이미 78만 년 전부터 지구 환경의 절대인자였다.

지구는 살아있는 유기체

영국의 과학자 제임스 러브록이 주창한 '가이아 이론'은 지구를 살아있는 유기체로 본다. 가이아는 지구의 여신 이름이다. 지구는 자기 조절 능력 혹은 자정 능력을 가지고 있다. 모든 생명체에게 필수적인 지구의 산소 농도는 수억 년 동안 21%를 유지하고 있으며, 평균 기온 역시 15℃를 유지하고 있다. 동물들이 산소를 취하고 탄산가스를 내뿜는 동안에 식물들은 탄산가스를 빨아들이고 산소를 내뿜어 균형을 맞추고, 지구가 더워지면 바닷물이 구름이 되어 비로 내리면서 다시 식혀준다. 바닷물의 온도가 높아지면 해조류들이 빠르게 번성하면서 햇빛을 차단하여 다시 온도를 낮춘다.

그런데 지구는 말콤 글래드웰이 말한 '티핑 포인트'에 가까이 다가가 있다. 미국의 기후학자 제임스 한센 박사의 말이다. 티핑 포인트란 일정 기간 동안 작은 변화들이 쌓여 있다가 조그만 변화 하나가 더 추가되면 큰 변화로 이어지는 현상을 말한다. 지금 지구는 그릇에 가득찬 물을 넘쳐나게 만드는 마지막 물 한 방울이 곧 떨어질 기세다.

세계적인 저널리스트 토머스 프리드먼은 지구 온난화 문제의 핵심이 에너지 기후에 있다고 말한다. 에너지 기후란 지구상의 인구가 증가하면서 사람들이 화석연료라고 불리는 석유, 석탄 등의 에너지 소비를 점진적으로 늘림에 따라 지구의 평균 온도가 지속적으로 상승하는 현상을 말한다. 지구 온난화의 주범은 바로 대기 중의 이산화탄소 농도다.

대기 중의 이산화탄소 농도는 지구 역사상 지구의 빙하기와 해빙기 동안에는 180ppm에서 300ppm의 농도를 유지했다고 한다. 여기에는 120ppm의 간극이 발생하는데 이 간극으로 인한 지구의 온도 변화는 6℃다. 그러다가 약 1만 년 전부터 산업혁명 전까지 280ppm에서 안정되어 왔다. 그러던 것이 제2차 세계대전 이후부터 전 세계의 에너지 소비량이 급증하면서 대기 중의 농도도 급격히 올라가기 시작했다. 급기야 2007년에는 대기 중의 이산화탄소 농도가 384ppm을 기록했는데, 당시 NASA에서 측정한 지구의 평균 온도는 14.57℃에 달했다. 이런 추세로 가면 21세기 중반에는 그 농도가 550ppm에 달할 것으로 예상되며, 이 경우 지구의 평균 온도는 약 3℃가 상승할 것이라고 한다.[19]

유엔 산하의 정부 간 기후변화위원회IPCC가 전하는 지구 온난화의 단계별 증상은 정말 상상하기도 힘든 끔찍한 시나리오다.

---

19 〈성장의 한계〉 – 이영직 지음/스마트비즈니스 펴냄

먼저 지구 온난화 초기에는 알프스 산맥의 만년설이 녹으면서 대규모의 산사태가 발생한다. 그리고 이산화탄소가 바닷물에 녹아들어 해수가 산성을 띠게 되어 해양의 먹이사슬이 훼손된다. 지구의 평균 온도가 2℃ 상승하면 여름철 폭염으로 유럽에서만 수만 명이 심장마비로 사망하게 되고, 그린란드의 빙하는 완전히 녹게 된다. 또한 3분의 1에 해당하는 생물이 멸종 위기를 맞게 된다. 지구의 평균 온도가 3℃ 상승하면 아마존의 열대우림이 산불로 전소하게 되며, 기후 이재민 수십억 명이 열대 지방을 떠나 온대와 한대 지방으로 집단 대탈주를 시작해야 한다. 지구의 평균 온도가 4℃ 상승하면 시베리아의 영구 동토층이 녹아 얼음 밑의 메탄과 아산화탄소가 대기로 노출되어 지구 온난화를 가속하게 되며, 스위스 알프스의 기온은 48℃까지 오르고 사하라 사막은 유럽 남부 지역까지 확대된다. 지구의 평균 온도가 6℃ 상승하면 지구는 2억5천만 년 전의 환경으로 회귀해 지구상의 생물 90%가 멸종하게 된다.

　세계 각국의 지도자와 과학자들은 이런 상황을 조금이라도 완화시키기 위해 범세계적인 노력으로 대기 중의 이산화탄소 농도를 450ppm 수준으로 낮추자는 목표를 정했다. 이럴 경우 지구의 평균 온도는 약 2℃ 상승에 그칠 것이라고 한다. 그런데 이 2℃도 작은 문제는 아니다. 그린란드의 빙하가 완전히 녹는 수준의 2℃ 상승을 인체와 비교하면, 사람의 평균 체온인 36.5℃가 38.5℃로 상승하는 것과 유사하다. 우리의 체온이 38.5℃가 되면 우리는 일상생활을 유지할 수 있겠는가? 문제의 심각성이 거기에 있다.

이러한 기후변화는 지구 곳곳에 영향을 미친다. 북극의 기온상승 속도는 지구의 다른 지역보다 2배가 빠르다. 따라서 북극의 얼음은 빠른 속도로 녹아 없어지고 있는데, 이처럼 북극의 해빙이 빠르게 진행되는 이유는 빙하 알베도 순환 효과(태양열 지표반사율)와 관련이 있다. 즉 반사율이 높은 북극의 빙설은 태양열의 70~80%를 우주로 반사하는데 북극의 얼음이 녹으면 태양열을 반사하는 대신 북극해의 바닷물이 태양 에너지를 흡수해 북극 지방의 기온이 상승한다.

북극 지역의 기온 상승은 또 다른 문제를 야기한다. 바로 북극 영구 동토층의 해빙이다. 이 얼어붙은 땅속에는 엄청난 양의 탄소와 메탄가스가 매장되어 있는데, 해빙을 통해 이들이 공기 중으로 방출되면 치명적인 온실가스로 변하게 된다. 러시아 과학자들에 따르면, 북극해의 메탄가스가 방출되면 대기 중의 메탄가스 밀도가 12배나 늘어난다.

이대로 가면 킬리만자로의 눈은 이제 소설 제목으로만 기억될 형편이고, 미국 국립빙하공원은 머지않아 '한때 빙하가 있었던 공원'으로 이름을 바꿔야 할지 모른다. 초스피드로 진행되는 남극과 북극의 빙하 붕괴는 또 얼마나 심각한가? 고어는 〈불편한 진실An inconvenient truth〉을 통해 "녹아내리는 빙하는 해수면의 상승을 초래해 베이징, 상하이, 뉴욕 등 세계 대도시의 40%가 수장될 것"이라고 경고한다.

역사를 움직이는 힘도 기후

앞서 언급한 〈기후, 문명의 지도를 바꾸다〉는 역사를 움직이는 진짜 힘이 정치나 화폐가 아닌 기후라고 주장한다. 아홉 차례의 긴 빙기와 간빙기 이후 인류가 농경을 시작한 것은 대략 1만2000년 전의 일. '따뜻한 지구'는 인류 확산의 도우미도 됐지만 다른 한편으로 생존을 위협하는 존재이기도 했다.

일례로, 역사상 최장 제국을 건설한 로마의 쇠락 요인으로 전문가들은 북부 게르만족의 발흥을 꼽는다. 그런데 이는 지중해성 기후와 대륙성 기후를 가름하는 추이대推移帶의 이동과 밀접한 관련을 맺고 있다. 로마는 추이대가 북상한 시기에 번영을 누렸지만, 추이대와 함께 게르만족이 남하하자 천년제국이 영광을 포기해야만 했다. 저자는 '기후 다루기'의 어려움을 태평양을 예로 들며 친절하게 설명한다. 정상적일 때 태평양은 동쪽은 춥고 서쪽은 따뜻한 성질을 보인다. 동쪽은 따뜻한 무역풍이 심해 한류에 막혀 아메리카의 서해안을 길고 긴 건기에 빠뜨린다. 반대로 태평양 동쪽에선 온난한 바다가 거대한 비구름을 만들어 동남아시아에 호우와 몬순을 선사한다.

하지만 때때로 이 영구기관은 지킬에서 하이드로 급변한다. 지구과학의 역사를 들춰보면 무역풍이 아예 멈춰버린 경우도 있었는데, 이렇게 되면 서쪽 난류가 역류해 동쪽 해수면의 온도를 크게 높인다. 동남아엔 가뭄, 동쪽 해안에 비구름이 형성되는 기후 대재앙이 발생하는 것이다. 그러면 홍수방지 관개시설에 공들인 아시아인이든 가뭄 대비용으로 식량창고 쌓기에 열중한 아메리카 원주민이든 치명적인 뒤통수 한 방을 피할 수 없다.

그래서 저자는 "문명이란 기후의 이상충격에 적응하는 과정"이라고 정의 내린다. 얌전히 잘 있던 동네 뒷산이 갑자기 용암을 분출한다면 인간은 어떤 선택을 할 수 있을까? 엄청난 열과 재는 대기 흐름을 왜곡하고, 이어 가뭄이 수백 년간 이어진다면 짐을 싸는 수밖에 없다. 무리 전체가 다른 곳으로 이동하든지 무리의 일부를 나눠 다른 지역으로 보내야 한다.

하지만 '중이 절을 떠나는' 식의 해법도 도시화의 흐름 속에서 무력해진다는 게 저자의 분석이다. 농토 주변에 항구적인 정착촌이 일단 건설되면 인간의 기동성은 현저히 줄어든다. 홍수가 나도, 가뭄이 기승을 부려도 임자 없는 새 땅을 찾기가 쉽지 않다. 그렇게 고대 메소포타미아와 이집트 왕조는 물론 찬란한 문명을 뽐냈던 마야는 역사 속으로 가뭇없이 사라졌다. 현대사회라고 다를 리 없다. 과학기술을 동원해 단기 흉년과 이례적 호우 등에 대한 대비책을 키워온 인류이지만 드물게 일어나는 대규모 재앙 앞에선 여전히 벌거숭이일 뿐이다.

환경보다 더 큰 문제는 안일한 인식

환경파괴의 현상보다 더 심각한 것은 사람들의 안일한 인식이다. 고어가 한탄한 대로 "서서히 가열되는 냄비 속에서 죽어가는 개구리처럼 인류는 어느새 지구 온난화 경고에 무던해져 버렸다."

'글로벌 각성'이 절실하다. 전 세계 정치인들의 각성은 두 말할 나위가 없다. 하지만 우리 일반인들도 지구 환경에 대한 안일한 인식에서 하루 속히 탈피해야 한다. 특히 한때 "소는 누가 키워"라는 유행어가 돌기도 했지만, 지구 환경을 위해서는 '소'를 키우는 게 능사가 아님을 알아야 한다.

현재 지구상에는 10억 마리 이상의 소가 있다. 지구 대륙의 1/4은 소와 다른 가축들의 방목지로 사용되고 있다. 오스트레일리아에서는 소의 숫자가 오스트레일리아 전체 인구보다 무려 40% 이상 많다. 남아메리카에서는 인구와 소의 개체수가 10:9의 비율을 나타내며, 아르헨티나, 브라질, 파라과이, 우루과이에서는 소의 개체수가 인구와 거의 비슷하거나 그보다 상회한다. 전 세계 소의 개체 수는 지난 10년 동안 5% 증가했다.

현재 미국에서는 약 1억 마리의 소가 사육되는데, 이는 미국인 2.5명당 1마리의 비율이다. 인구 면에서 미국은 지구 전체 인구의 5%에도 못 미치지만, 소의 개체 수는 무려 8%에 달한다.

제레미 리프킨이 쓴 〈육식의 종말〉에 따르면, 소의 증가는 지구의 생태계에 혼란을 가져오고, 6대륙의 거주지들을 황폐하게 만들고 있다. 특히 열대우림을 파괴하는 주요한 요인이 되고 있다. 중앙, 남아메리카의 수백만 에이커에 달하는 고대 열대우림 지역이 소 방목용 목초지로 개간되고 있다. 또한 소 방목은 사하라 이남 및 미국과 오스트레일리아 남부 목장지대에서 활발히 진행되고 있는 사막화의 주된 요인이다. 반건조 지역과 건조 지역에서의 과잉 목축으로 인해 4 대륙에는 메마른 불모지가 생겨나고 있다.

또한 사육장에서 흘러나온 축산 폐기물이 지하수 오염의 주요 원인이 되고 있으며, 소는 지구 온난화의 주범이 되기도 하다. 소가 내뿜는 메탄은 지구 온난화를 초래하는 잠재적인 가스로서 지구 대기에서 열기가 빠져나가는 것을 차단한다.

현재 미국에서 생산되는 곡물의 70%가 가축 사료용, 다시 말해 주로 소 사육용이며, 사료 생산을 위해 연소되는 에너지로 인해 상당한 양의 이산화탄소가 방출되고 있다. 평균 4인 가족이 1년 동안 소비하는 쇠고기 수요를 감당하기 위해 대기 중에 방출되는 이산화탄소만 2.5톤에 달한다. 이것은 보통 차량이 정상적으로 6개월 동안 운행되면서 방출하는 이산화탄소와 맞먹은 양이다.

게다가 소는 가축들 중에서 음식물의 에너지 전환이 가장 비효율적인 부류에 속한다. 소는 에너지 폭식자이며, 일부에서는 가축의 '캐딜락(미국 GM의 기름 많이 먹는 대형차 메이커)'으로 취급한다. 사육장의 소로부터 1파운드(1파운드=0.45킬로그램)의 고기를 얻기 위해서는 약 9파운드의 사료가 소모되는데, 이것은 6파운드의 곡물 사료와 부산물 사료, 그리고 3파운드의 거친 사료로 구성된다. 이는 쇠고기 자체만을 생산하는데 고작 사료의 11%만이 사용되고, 나머지는 신체 기능을 유지하기 위한 에너지 전환과정에서 소모되거나 머리카락, 뼈 등과 같이 소화기능이 없는 신체 부위에 흡수되거나, 혹은 체외로 배설된다는 것을 의미한다. 소를 그만 먹자는 말이 나오지 않을 수 없다.

이밖에도 지금 당장 지구 환경을 보존하기 위해 어떤 '액션'을 취해야 하나? 자동차 연비를 늘리고, 화력 의존도가 높은 발전發電 시스템을 원자력, 풍력, 태양력 등으로 대체해 가야 한다. 또 기존의 석탄화력 발전의 효율을 높여야 한다. 각 가정에서 에너지를 효율적으로 사용할 수 있게 스마트 그리드 기술 개발에도 힘을 쏟아야 한다.

"우리가 탄 배는 거대한 폭풍우 속으로 빨려들고 있고, 구명정이 열 명당 한 척뿐인데 그걸 얻어낼 능력이 없다면, 할 일은 명확하다. 조타수에게 키를 돌리라고 요구하든지, 엔진 성능을 높이는데 앞장서야 한다."

페이건의 촉구가 가슴에 '도끼자국'을 남긴다.

🌐 아버지의 답

미국 대통령 후보로 나섰던 앨 고어는 지구 온난화에 대한 다큐멘터리 환경영화를 만들어 지구의 기후변화의 심각성을 언급하는 등 미국의 환경운동가로 활동하고 있다. 〈불편한 진실〉로 긍정적 가치가 높이 평가되는 TV나 영화 제작자에게 주는 상인 휴마니타스상을 받았고, 2007년에는 노벨 평화상 특별상도 수상하였다.

지구는 "나 하나쯤이야"라는 생각으로는 절대 지킬 수 없다. 국가의 이익을 포기하기까지 지구를 사랑하고 인류를 사랑하는 마음이 있어야 한다. 고어는 지구가 죽어가고 있다는 사실을 심각하게 받아들였다. 환경오염으로 인한 자연재해 즉 태풍, 가뭄, 홍수, 폭염, 허리케인 등은 우리를 크게 위협하고 있는데 사람들은 별로 피부로 느끼지 못하고 있다. 그래서 '세계적인 관심'을 불러일으키고자 떨쳐 일어났다.

남이 하지 않고 하기 싫어하는 일을 배우고, 익힌 지식을 세계 인류를 위하여 쓰고자 하는 헌신된 마음과 행동은 우리를 감동시킨다. "이제껏 나를 보호해준 세상을 이젠 내가 지켜나가겠다"는 아름다운 마음이 그를 사로잡았을 것이다. 그 일이 훌륭한 다큐멘터리 환경영화를 만드는 계기가 되었을 것이다.

"하나님이 이르시되 땅은 풀과 씨 맺는 채소와 각기 종류대로 씨가진 열매 맺는 나무를 내라 하시니 그대로 되어"(창세기 1장 11절)

하나님은 자연을 만드셨다. 땅에 명령하여 풀과 채소와 나무를 만드셨다. 그리고는 보기에 좋았다고 하셨다. 에덴동산을 만드실 때도 4개의 강을 중심으로 동산을 만드시고 사람에게 주신 것이다.

전도서(3장 11절 상반절)에 보면, 하나님은 또 모든 것을 지으시되 때를 따라 아름다운 모습으로 사람의 눈을 즐겁게 하였고, 사람이나 동물들의 식물로, 그리고 삶의 좋은 재료로 사용하게 하셨다. 아름다운 자연, 그리고 삶의 터전인 지구를 지키고 가꾸는 것은 하나님의 뜻이요, 사람들이 반드시 해야 하는 중요한 과제이다. 고어가 제안한 실천사항을 몇 가지 소개한다.

1. 여름에는 찬물로 샤워하기
2. 대기 전력 줄이기, 25% 전력이 대기 전력으로 손실된다.

226

3. 대중교통을 이용하고 자전거 타기

4. 운전습관 길들이기

5. 재활용하기

6. 남들에게 알리기

7. 겨울에는 2℃ 춥게, 여름에는 2℃ 덥게 하기

8. 유기농 식품 먹기, 얼리지 않은 것 먹기

9. 걷기

23
속도와 생각은 왜 반비례할까?

🌀 아들의 질문

강남 신사동에 있는 ATM기에서 통장잔액 25만원을 확인하고 돌아서는데 옆자리 아가씨의 통화하는 소리가 들린다. "응, 나야. 지금 200만원 인출하고 나니 2억5,200만원밖에 없네." 순식간에 밀려드는 쇼크. 어질어질한 머리를 이끌고 신사동을 한 바퀴 돌아보니 '국민차'가 렉서스고 천지에 깔린 게 BMW다.

당신이 이 사람이라면 전봇대를 한 방 갈길 것인가, 이를 악물고 돈을 벌 것인가? 개설 5년여 만에 1,500만 명의 네티즌을 끌어들인 네이버 인기블로그 '하늘소(blog.naver.com/artlife)'의 주인장 김영준. 그가 낸 책 〈하늘소〉를 읽으면 두 가지 선택지 모두 답이 아니라는 사실을 알 수 있다.

자칭 어른치고 삶의 이름이 '해피'뿐이라고 여기는 이는 없다. 때론 어디에선가 날아오는 아카시아 냄새에 눈물을 짜내고 고통의 감옥에 갇힌 수인囚人이 되어 절망을 곱씹기도 한다. 하지만 〈하늘소〉의 저자는 "나 자신조차 나를 포기하는 순간에도 어디에선가 희망의 빛은 번쩍거린다"고 깨우쳐 준다. 강과 달, 소나무와 수련, 단풍과 국화 등 저자의 카메라에 담긴 풍경 속엔 길 가의 풀 한 포기, 구름 한 점이 들려주는 따뜻한 이야기가 함께 숨 쉬고 있다.

자연은 "실패와 시련이 지혜와 인내의 또 다른 이름"임을 끊임없이 노래한다. 중요한 것은 그걸 들을 수 있는 귀를 가졌느냐다. 문제가 생겼다고 열심히 책만 파서야 해답을 얻을 리 없다. 우연찮게 책갈피 한 쪽에 끼어있는 마른 잎사귀 한 쪽. 때론 추억의 기록을 머금은 그 작은 자취가 수백 장의 보고서보다 더 큰 위력을 발휘할 수 있다.

앞차 꽁무니만 보고 살 텐가?

인생은 옥탑방 창 밖으로 보이는 아파트 불빛 같은 것이다. 그 불빛은 보기에 따라 "200만원 인출하고 나니 2억5,200만원밖에 없다"는 이들의 조롱하는 눈빛일 수 있다.

하지만 그렇다고 해서 남들처럼 무턱대고 내달릴 것인가? 속도와 생각은 정확히 반비례한다. 도로를 달릴 때 속도에만 목매면 앞차 꽁무니밖에 보이는 게 없다. 하지만 속도를 조금 줄인다면 하늘의 뭉게구름도 눈에 들어오고, 옆에 있는 친구와 대화도 나눌 수 있으며, 푸른 팔을 뻗고 서 있는 가로수의 존재도 느낄 수 있다.

스티븐 스필버그 감독이 영화 〈조스〉를 만들 때의 일이다. 이 영화를 처음 계획했을 때 스필버그 감독의 머릿속 구상은 이랬다. '도입 장면에 상어를 등장시키고, 어스름 무렵에 알몸으로 수영하는 여자를 보여준 다음에 수없이 많은 희생자들을 만들어낸다.'

그런데 그는 그렇게 할 수 없었다. 특수효과 팀이 상어를 실감나게 움직여주지 못했기 때문이다. 절체절명의 난관에 봉착한 것이다. 기계 상어는 지나치게 비현실적으로 보이는 데다 자주 풀썩 쓰러지고, 타이밍이 행동과 잘 맞아떨어지지 않았던 것이다. 그대로 진행했다가는 어설픈 상어 탓에 재난영화가 완전히 '재난'이 되고 말았을 터였다. 만일 그대로 스필버그가 좌절했다면, 여름 블록버스터 영화 시장의 문을 연 것으로 평가되는 〈조스〉는 수면 위로 떠오를 수 없었을 것이다.

"상어를 보여주지 말자." 스필버그는 역발상을 했다.

우리가 영화를 통해 봤듯, 상어의 첫 번째 등장은 겨우 지느러미만 몇 초 보여주는 장면으로 감질나게 끝났다. 영화는 상어의 전체적인 모습을 관객들에게 제대로 보여주지 않은 채 계속 진행된다. 그러다가 1시간 이상을 훌쩍 넘긴 후, 로이 샤이더가 연기한 브로디 경찰서장의 유명한 대사가 흘러나온다. "더 큰 배가 필요할 것 같소."

그러고도 '조스'는 계속 관객의 상상 속에서만 괴물이었다. 영화는 진행됐지만 상어는 확실하게 자신의 '실체'를 보여주지 않았다. 그저 밧줄에 매달아 놓은 부표 통이 떠내려가는 모습으로 표현될 뿐이었다. '빠-밤 빠-밤' 하는 영화의 테마곡만 관객의 오감에 음산하게 깔

230

렸다. 그런데도 〈조스〉는 스릴 만점의 무시무시한 영화로 관객들에게 인식된다. 이렇게 신기한 일이 있을 수 있을까?

〈클릭 모먼트〉의 저자 프란스 요한슨은 스필버그의 상어가 제대로 움직이지 않은 것은 뜻밖의 행운이었다고 평가한다. 하지만 단순한 행운이었을까? '속도의 압박을 이겨낸 생각의 승리' 아니었을까? 말을 너무 빨리 달리면 좋은 경치를 볼 수 없고, 고기를 너무 자주 뒤집으면 맛있게 먹을 수 없다. 자신의 내면을 들여다 볼 수 있는 서두르지 않는 시간이 필요하다.

분별력과 성찰은 내면의 고요함이 있어야만 가능하다. 신병철은 〈통찰의 기술〉에서 다음과 같은 잣대를 활용해 생각을 해볼 시간을 확보하라고 말한다.

1. 어떤 문제와 결핍이 있는지 정확하게 찾아 해결하라.
2. 건강한 의도를 갖고 충분한 주의를 기울여라.
3. 문제를 재해석하라.
4. 새로운 개념을 만나게 하라.
5. 세상을 두 가지 개념으로 나눠라.
6. 약점을 강점으로, 강점을 약점으로.
7. 다른 분야에서 성공한 사례를 보고 배워라.

"살기도 바쁜 데 생각할 시간이 어느 있느냐"고 반문하는 독자는 사람이 하루에 약 2만4,000번 정도를 생각한다는 사실을 기억해주기 바란다. 3초마다 한 번 꼴이다. 우리는 채워지지 않는 욕망에 대한 쓸데없는 공상으로 하루를 허비하고 있다. 이 시간들을 건설적인 생각에 투자해야 한다.

지식이 쌓이면 지혜가 싹튼다

바쁠수록 돌아가자. 남들이 뛴다고 무턱대고 뒤통수 보고 달리기보다는 뜻이 맞는 이들과 '브레인스토밍Brainstorming'을 하자. 자유분방한 분위기에서 서로 비판하지 말고, 생각의 양을 늘려야 한다. 그리고 그 생각을 결합과 개선을 통해 질로 바꿔야 한다.

그렇게 생각의 지식이 쌓이면 지혜가 싹튼다. 차동엽 신부가 쓴 〈무지개 원리〉에서 소설가 서머셋 모옴의 무명 탈출기를 읽은 적이 있다.

서머셋 모옴이 무명 시절, 어렵게 한 권의 책을 출판하게 되었다. 그러나 출판사는 이 무명작가의 소설에 돈을 많이 써가며 광고를 해줄 의사가 없었다.

"어떻게 하면 많은 사람에게 내 작품을 알릴 수 있을까?"

몇날 며칠을 생각하던 끝에 모옴은 기발한 아이디어 하나를 떠올렸다. 그는 곧장 신문사로 달려가 광고 담당 기자에게 다음과 같은 광고 문구를 건네주었다.

"마음씨 착하고 아름다운 여성을 찾습니다. 저는 스포츠와 음악을 좋아하고, 성격이 온화한 청년입니다. 제가 바라는 여성은 모든 점에서 최근 서머셋 모옴이 쓴 소설의 주인공과 닮은 사람입니다. 착한 마음, 지혜와 아름다움을 지닌 바로 그런 여성이지요. 자신이 그 책의 주인공과 닮았다고 생각한다면 제게 즉시 연락해 주십시오. 꼭 그러한 여성과 결혼하고 싶습니다."

이 광고가 신문에 나오자마자 모옴의 소설은 날개 돋친 듯 팔려나갔다. 광고가 실린 지 채 일주일도 안 되어 그의 책은 어느 서점에 가도 구할 수 없을 정도가 되었다. 위대한 작가의 무명 탈출은 바로 그의 재치 있는 지혜에서 비롯되었다.

지식과 지혜의 차이는 고난이나 시련이 왔을 때 현격하게 드러난다. 지혜가 있는 사람은 어떤 역경에서도 절망하지 않지만, 지식만 있는 사람은 쉽게 좌절해버리고 만다.

위기 때 더욱 빛을 발하는 지혜의 출발점은 '생각할 시간의 확보'다.

미국 미네소타 적십자사는 휴가철을 맞아 줄어드는 헌혈 인구를 늘리기 위해 대책을 마련하기로 했다. 오랜 시간 고민 끝에 한 광고 문구를 작성했다. "모기는 피를 빨고 커피와 도넛을 주지 않습니다. 하지만 우리 적십자사는 이 모든 것을 드린답니다." 이러한 광고 문구 덕분에 유례없이 휴가철에도 미네소타 적십자사의 헌혈 인구는 늘어났다고 한다.

나를 발전시키고 타인을 끌어줄 수 있는 생각을 많이 하자. 생각이 꿈을 만들면 그 꿈이 내는 희망의 길을 따라 노력의 에너지를 분출시킬 수 있다. 잘난 사람이든 못난 사람이든, 가진 사람이든 못 가진 사람이든, 지방과 칼슘, 마그네슘과 탄수화물 등으로 구성된 육체는 다 똑같다. 사람의 가치는 정신이 가늠한다. 타인의 신발에 발을 넣겠다는 생각으로 열심히 공감을 연습하자. 그 정성의 부메랑이 돌아올 때, 즉 삶의 허전함을 나눠줄 친구를 가질 때 '마음이 가난한 자'의 행복을 맛볼 수 있다. 그런 친구를 위해 순대랑 김밥을 챙겨주는 마음을 어찌 2억원짜리 통장에 비하겠는가!

🌑 아버지의 답

사람 몸의 움직임은 뇌에서 명령한 후 즉각 이루어진다. 시간으로 계산하기가 어렵다. 생각하고 준비할 시간적 여유가 없다. 그런데 중요한 일이 일어나면 우리의 뇌는 가슴의 도움을 받는다. 어떻게 할 것인가를 가슴에게 물어보는 것이다. 그러면 가슴은 시간의 여유를 갖고 제 명령을 우리의 몸에 내린다. 실수를 하지 않게 하기 위해서다. 생각은 속도를 늦추는 것 같으나 정확성을 가져와 오히려 더 빠른 것이다.

생각하는 사람은 '가속페달'을 잘 밟는다. 경기에 임하는 선수는 출발 신호가 언제 떨어질지를 감으로 잡는다. 그래야 생각과 출발이 같이 갈 수 있다. 경기에 임하는 선수가 생각 없이 뛴다면 우승의 환희를 맛보기 어려울 것이다. 상대의 실수가 보이면 번개같이 공격하거나 추월을 위해 속도를 내야 한다. 생각이 깊은 사람일수록 매사가 튼튼하다.

아담이 조금만 생각하는 여유를 갖고 하나님의 명령을 맞았다면 하와가 주는 선악과 열매를 먹지 않았을 것이다. 그랬다면 인류의 역사가 이렇게 후퇴하지는 않았을 것이다. 영하 20℃에 몸을 떠는 어르신을 본 후, 난방 텐트를 생각하고 텐트개발 사업에 몸 바친 한 창업자가 있다. 그는 "자금資金도 매우 중요하지만 그보다 현장에 뛰어가는 것이 더 중요하다"

고 말한다. 생각이 뇌리를 스치면 바로 현장으로 달려가 경험을 쌓는 속도전이 일어나는 것이다. 이것이 창업주의 성공 확률을 증가시킨다. F1 경주자는 마냥 속도만 내는 것처럼 보이지만, 처음에는 많은 생각으로 연구하고 훈련 경험을 쌓았을 것이다. 또한 결과를 얻은 후에도 생각이 필요하다. 똑같은 방법으로는 다음에 또 승리한다는 보장을 얻을 수 없기 때문이다.

"로드맵을 짜라"는 말을 많이 들었을 것이다. 무엇이든지 먼저 생각하고, 그 생각을 정리하고 현장을 방문한 후 사업계획에 확신이 서면 바로 속도전으로 들어가야 한다. 나보다 먼저 그 누군가가 시작하면 실패의 쓴 잔을 마시게 되기 때문이다. 생각은 속도를 늦추는 것이 아니다. 실패 없는 성공을 위한 완전한 터 닦기이다.

〈조선일보〉에 기재된 스티븐 호킹 박사의 말을 소개한다.

"내가 병 진단을 받았을 때 의사들은 2년 정도밖에 더 살지 못할 것이라고 시한부 인생을 선고를 했어요. 하지만 그러고도 50년을 더 살았어요. 예상 못한 기한이 제게 주어진 거죠. 죽음은 항상 내게 매달려 있고, 언제나 날 위협하지만 난 여전히 숨 쉬고 있습니다. 세상에 나만큼 운 좋은 사람이 또 있습니까? 또 오늘이든 내일이든 언제든지 죽을 수 있기 때문에 난 매일매일 일 분 일 초를 나의 마지막인 것처럼 최선을 다합니다. 그렇게 되면 세상은 훨씬 더 풍족해지죠. 빌려온 시간이란 생각 때문에 이 모든 순간을 허투루 보내고 싶지 않아요."

생각의 변화, 바로 이것이 삶을 변화시키고 주위 사람들에게 희망을 주며 세상을 잘 돌아가게 하되 소리 없는 빠른 흐름이다. 죽음이 전속력

으로 달려오고 있지만 생각을 정리하고 살아가는 사람에게는 신기하게
도 그 속도가 느려진다. 그러면 속도와 생각은 반비례하는 것인가? 아니
다. 생각을 자주 많이 할수록 생각으로 이어지는 속도는 점점 빨라진다.

시편 기자는 "어리석은 자는 그 마음에 이르기를 하나님이 없다 하는
도다"라고 말했다. 하나님이 없다고 생각한다면 그의 가는 길은 영벌의
심판으로 빨리 달려갈 뿐이다. 생각은 매우 중요하다. 그 생각이 어떠한
지에 따라 가는 길이 달라지고 속도가 달라지기 때문이다.

24
책을 읽으면 정말 똑똑해질까?

🔵 아들의 질문

'팔방미인' 다산 정약용도 생전에 열등감을 느낀 적이 있다고 하면
믿겠는가? 그런데 정말 그랬다. 이지성의 〈리딩으로 리드하라〉에 보
면 이런 얘기가 나온다.

다산 정약용은 〈주역〉 때문에 열등감을 느꼈다. 탁월한 인문고전 독
서가였던 그이지만 유독 〈주역〉만은 단지 쳐다보기만 해도 마음속의
기가 꺾였기 때문이다. 그리하여 몇 번에 걸친 독서 시도는 모두 실패
로 끝나고 말았다. 그러다 마침내 그날이 왔다. 감히 손댈 엄두조차 못
내던 〈주역〉을 드디어 손에 잡게 된 것이다. 하지만 도저히 그 내용을
이해할 수 없었다. 다산은 뒤로 물러서는 대신 '독서하다가 죽어버려
라!'를 선택했다. 그는 단순히 반복적으로 읽고, 베껴 쓰고, 사색하는 차
원을 넘어섰다. 〈주역〉은 그의 생각이 되었고, 마음이 되었고, 눈이 되

었고, 입이 되었고, 밥이 되었고, 삶이 되었고, 세계가 되었고, 우주가 되었다. 그렇게 몇 년이 흘렀고, 다산은 마침내 마음이 환하게 밝아오는 경험과 함께 기적처럼 '깨달음'을 얻었다. 다산은 이렇게 고백한다.

"오로지 〈주역〉만을 책상 위에 두고서 밤낮으로 마음을 가라앉혀 탐구했더니 계해년(1803년) 늦봄부터는 눈으로 보는 것, 손으로 만지는 것, 입으로 읊는 것, 마음으로 생각하는 것, 붓으로 베껴 쓰는 것에서부터 밥상을 대하고 뒷간에 가고 손가락을 퉁기고 배를 문지르는 것에 이르기까지 어느 것 하나 〈주역〉이 아닌 것이 없었다. 그 결과 〈주역〉의 이치를 환하게 깨달았다."

다산을 주눅 들게 만든 〈주역〉

책이 뭐기에 책 한 권에 열등감을 느끼고, 또 그걸 독파하려고 '독서하다가 죽어버려라!'라는 섬뜩한 각오까지 밝힐까? 독서가 그렇게 중요한 것일까? 〈리딩으로 리드하라〉는 계속 말한다.

미국 뉴욕시 교육위원회에서 조너선 에드워즈의 가문을 5대에 걸쳐 조사한 적이 있다. 한 사람의 영적, 지적 수준이 후손에게 어떤 영향을 미치느냐를 조사했는데 그 비교 대상으로 마커스 슐츠를 선정했다. 그는 조너선 에드워즈와 같은 시대 사람이었고, 같은 지역에 살았으며, 같은 경제력을 가졌고, 같은 수의 가족이 있었다. 다만 영적으로 성경을 삶의 지표로 삼고, 지적으로 인문고전 독서에 힘쓴 전통을 후손에 물려준 에드워즈와 달리 슐츠는 성경에 무관심하고 인문고전 독서에 문외한인 전통을 물려주었다.

뉴욕시 교육위원회는 두 가문의 후손을 5대에 걸쳐 면밀하게 추적했다. 조너선 에드워즈의 후손은 896명이었다. 1명의 부통령, 4명의 상원의원, 12명의 대학총장, 65명의 대학교수, 60명의 의사, 100명의 목사, 75명의 군인, 85명의 저술가, 130명의 판검사 및 변호사, 80명의 공무원이 나왔다. 마커스 슐츠의 후손은 1,062명이었다. 전과자가 96명, 알코올중독자가 58명, 창녀가 65명, 빈민이 286명, 평생 막노동으로 연명한 사람이 460명 나왔다. 미국 정부는 마커스 슐츠의 후손들을 위해서 무려 1억5,000만 달러의 국고보조금을 지출했다.

믿기지 않는가? 빈자인서부 부자인서귀貧者因書富 富者因書貴(가난한 사람은 독서로 부자가 되고, 부자는 독서로 귀하게 된다). 당송 팔대가 중한 명인 왕안석의 이 말이 '그냥 하는 말' 같은가?

하지만 뇌과학은 독서와 사색의 힘에 대해 과학적으로 증명해 주고 있다. 인간의 뇌는 무엇인가를 읽고 쓰고 암송할 때 가장 활발하게 활동한다. 읽고 쓰고 암송하는 뇌의 사진을 그렇지 않는 뇌의 사진과 비교해 보면 그 차이가 확연하게 드러난다. 전자에서는 인간을 인간답게 만들어주는 신피질의 활동이 급격하게 증가하지만 후자에서는 그런 모습이 나타나지 않는다.

한편으로 인간이 깊은 사색에 잠길 때 뇌에서는 전혀 다른 뇌파가 나온다. 아인슈타인이 사고실험에 몰두하고 있을 때, 동양 최고 수준의 바둑 명인이 바둑을 두고 있을 때, 전설적인 명상가가 깊은 명상에 빠져들었을 때 나오는 바로 그 뇌파가 나온다.

"책은 문제를 해결해 주는 만점노트는 아니지만, 끊임없이 질문할 능력을 주며 나로 하여금 답하게 만든다." 바이어를 만날 때도 늘 책이 가득 든 배낭을 짊어지고 다니는 홍재화 사장이 〈홍사장의 책읽기〉에서 한 말이다. "책을 읽으면 상상력이 늘어나고, 세상이 덜 무서워지며, 돈을 벌게 되고, 치매를 예방할 수 있으며, 열등의식에서 벗어날 수 있다"는 게 그의 지론이다.

책이 정답을 주지는 않는다는 생각은 독일의 작가인 마르틴 발저의 입장과도 맥을 같이 한다. "우리는 우리가 읽는 것으로 만들어진다"고 말하는 발저는 "사람들은 자기가 이미 알고 경험한 정도만큼 책을 통해서 얻을 수 있다. 때문에 스스로 부족한 부분을 깨우치기 위한 노력을 할 때만이 책을 읽는 진정한 가치가 있다"고 말한다. 책이 즉답卽答을 주지는 않지만, 꾸준히 읽다보면 쌓이고 쌓인 지혜와 견문이 오랜 시간 내재한 후 빛을 발한다는 얘기다.

사람은 읽는 만큼 커진다

우리는 우리가 아는 만큼 알 수 있고, 보는 만큼 볼 수 있다. C. S. 루이스Clive Staples Lewis의 〈나니아 연대기〉에 보면, 어린 소녀 루시가 예수 그리스도를 상징하는 사자 아슬란을 만나서 이런 말을 한다. "아슬란, 이전보다 당신이 더 커졌군요." 그러자 아슬란의 대답이 의

미심장하다. "루시, 그건 내가 커진 것이 아니라, 네가 자랐기 때문이란다." 천재적인 작가는 이야기 속 말 한 마디로 '내가 커져야 더 큰 세상을 볼 수 있다'는 진리를 표현해 준다.

책을 읽는 방법은 마츠오카 세이고가 〈지식의 편집〉에서 권한 '차례 독서법'을 권하고 싶다.

"페이지를 한 장 한 장 넘겨보기 전에 천천히 차례를 읽어본다. 서점에서 책을 살 때도 그렇게 한다. 그리고 차례를 보면서 저자가 썼을 법한 내용을 상상한다. 물론 내 멋대로 하는 상상이니 틀려도 상관없다. 그런 다음 천천히 페이지를 한 장 한 장 넘겨본다. 내가 상상한 것과 다른 점을 본다. 그러다 마음이 내키면 처음부터 끝까지 대충 읽어 보거나 한 부분을 성성 들어 읽어보기도 한다. 그렇게 하면 처음에 상상했던 것이 들어맞기도 하고 완전히 예상을 빗나가기도 하는데, 그 상상과 실제의 거리 차가 독서를 가속화하고 입체화한다."

마이크를 한 번 쥐면 놓지 않는 현대사회는 경청의 가치가 무한히 부각되는 세상이다. 말을 잘하면 천 냥 빚을 갚지만 잘 들어주면 만 냥 빚도 갚는다. 이청득심以聽得心이란 말을 굳이 인용하지 않더라도, 경청은 다양한 아이디어를 수집할 수 있고 나아가 상대방으로부터 믿음을 얻어낼 수 있다.

존슨앤존슨의 회장을 역임한 짐 버크는 "나는 재직 중 일과의 40퍼센트를 회사의 핵심가치와 믿음에 대해 직원들과 의사소통하는 데

할애했다. 그만큼 커뮤니케이션은 중요하다. 그중에서 가장 중요한 것은 경청이다"라고 말하며 경청의 중요성을 강조했다. 삼성그룹의 이건희 회장 또한 선친 이병철 회장으로부터 받은 휘호인 경청을 좌우명으로 삼고 있다고 한다.

이 같이 중요한 경청도 핵심은 독서다.

"인간관계를 개선하는 방법 중에 제일 좋은 방법은 남의 이야기를 잘 들어주는 겁니다. 먼저 상대의 말을 경청하는 거죠. 그의 말에 '아, 그렇습니까?' 하고 공감해주고, 내가 하고 싶은 말은 맨 마지막에 가서 하면 됩니다. 그런데 무엇보다 상대방이 하는 이야기를 다 알아들으려면 공부를 해야 해요. 독서를 해야 하는 겁니다. 나를 보다 넓고 깊게 만들 수 있는 지름길이니까요."

인간개발연구원 장만기 원장이 〈CEO의 서재〉에서 한 말은 경청과 독서의 관계를 명쾌하게 짚어준다.

🟢 아버지의 답

〈소학〉에 '독서근검讀書勤儉 기가지본起家之本'이란 말이 있다. 훌륭한 사람이 되고 훌륭한 가정이 되려면, 부지런히 일하고 검소하게 생활하며 책을 읽고 열심히 공부를 해야 한다는 뜻이다. 또한 '學而時習之(학이시습지) 不亦說乎(불역열호)'라고 했다. "배우고 이를 실천에 옮기면 어찌 기쁘지 않을 수 있겠냐"는 뜻이다. 책은 우리를 기쁘게 한다. 책을 통해서 살아가는 지혜를 얻을 수 있다. 책을 읽으면 지은이의 생각을 알 수 있고, 미래를 바라보는 눈이 뜨이게 된다. 그래서 선인들은 "책 속에 길이 있고 책을 보면 마음이 움직인다"고 했다. 책이 없던 시절 우리의 선조들은 암기라는 비장한 무기로 지식을 쌓아왔다. 책을 통하여 얻어지는 지식은 각종 도구나 장비를 만들어 생활을 보다 더 편리하게 하며, 적을 물리치는 무기를 만들어 주기도 했다.

이러한 지식은 쌓여서 하늘에 길을 만들고 바다에 길을 만들어 비행기나 배들이 안전하게 갈 수 있게도 한다. 아마추어는 바다나 강물에서 직접 해보며 다이빙을 배우지만, 세계적인 다이빙 선수들은 책을 통하여 완전한 입수 기술을 익히고 '경험'한다. 음식의 맛을 알기 위해서는 책보다는 혀가 필요하지만 그 맛의 성분을 식별하기 위해서는 책이 필요하다. 소리를 듣는 데는 귀가 필요하지만 그 소리의 성분을 식별하는 데는 책이 꼭 필요하다. 주먹구구식으로 일하던 시절 누군가가 먼저 책을 만들고 그 책을 통하여 지식을 전달하여 지금의 우리 시대의 토대를 만들었다.

책은 먼저 배운 자의 지식을 우리가 아주 싼 값으로 얻을 수 있게 해준다. 꿈이 있는 자라면 책을 가까이 하여야 한다. 밥상을 가까이 하면 배가 부르고, 책을 가까이 하면 지식이 부르다. 책은 요술방망이다. 펼치고 읽으면 모든 것이 이루어지는 재주꾼이다. 책을 읽으면 인류의 위대한 스승들을 만나게 된다. 같은 시대의 훌륭한 스승들도 만나게 된다. 또한 옛 성인들을 직접 목도할 수는 없지만 책을 통하여 만나는 영광을 누릴 수 있다.

칼라일은 "우리들 인간이 지상에서 이루어 놓은 것이나 만들어 낸 것 중에서 무엇보다도 가장 중요하고 경이로우며 또한 가치 있는 것이 바로 책"이라고 하였다.

성경책 한 권 잘 읽으면 하늘의 계시와 전능하신 하나님의 오묘하신 진리를 알게 된다. 유태인들은 어릴 때부터 구약성서를 암기한다. 매일 그것을 읽고 묵상하며 하나님의 뜻이 무엇인지 깨닫고 그 명령에 순종하는 것을 배운다.

신명기에 "너희는 나의 이 말을 너희의 마음과 뜻에 두고 또 그것을 너희의 손목에 매어 기호를 삼고 너희 미간에 붙여 표를 삼으며 또 그것을 너희의 자녀에게 가르치며 집에 앉아 있을 때에든지 일어날 때에든지 이 말씀을 강론하라"는 구절이 있다. 바울은 디모데후서(3장 15~16절)를 통해 "너는 어려서부터 성경을 알았나니 성경은 능히 너로 하여금 그리스도 예수 안에 있는 믿음으로 말미암아 구원에 이르는 지혜가 있게 하느니라 모든 성경은 하나님의 감동으로 된 것으로 교훈과 책망과 바르게 함과 의로 교육하기에 유익하니 이는 하나님의 모든 선한 일을 행할 능력을 갖추게 하려 함이라"고 하였다.

성경 한 권의 위력을 실감한다.

25

상상력은 왜 힘이 셀까?

🌚 아들의 질문

영화는 기본적으로 삶의 속내를 들여다보고 그걸 꺼내주는 것이지만, 한 번씩은 한 꺼풀 더 벗겨 내는 듯한 상상력에 감탄할 때가 많다. 그 상상력이 영화를 더 '영화燊華'롭게 만드는 비결이 되곤 한다. 돌아보면 우리네 인생이 그렇다. 인생을 투영하는 영화처럼 상상력으로 무장한 인생은 훨씬 더 다이내믹해질 수 있다.

데니스 브라이언의 〈아인슈타인 평전〉에 보면 재미있는 표현이 나온다.

"나는 상상한 대로 자유롭게 그림을 그리는 화가와도 같습니다. 나는 아는 것보다는 상상하는 것이 더 중요하다고 봐요. 아는 데에는 한계가 있습니다. 그러나 상상으로는 온 세계를 보쌈할 수 있습니다."

아인슈타인은 그 유명한 상대성이론도 직관과 영감이라는 두 개의 상상력을 통해 나온 것이라고 말했다.

상상하는 힘, 그리고 창조하는 힘은 과연 무엇인가? 창조란 지금까지 보이지 않던 것을 볼 수 있는 능력이라고 할 수 있다. 그리고 보이지 않는 것을 보는 가장 좋은 방법은 사물을 입체적으로 생각하는 것이다. "영화를 감상할 때는 대개 주인공에게 치중해서 보게 된다. 주인공의 처지에 흠뻑 빠지게 되면 자기가 그 사람인 양 착각하기도 하고, 그의 애환에 따라 울고 웃기도 한다. 그런데 스스로를 조연이라 생각하면서 영화를 보면 아주 색다른 느낌을 받는다. 나아가 주연, 조연뿐 아니라 등장인물 각자의 처지에서 보면 영화에 나오는 모든 사람의 인생까지 느끼게 된다. 거기에 감독, 카메라맨의 입장까지 두루 생각하면서 보면 또 다른 감동을 맛볼 수 있다." '창의력' 하면 빠지지 않는 이건희 회장의 말이라고 한다.

축구공은 원래 둥글었을까?

특히 요즘은 세상 돌아가는 속도가 너무 빠르다보니 충분한 데이터가 모일 때까지 손 놓고 있다가는 사업 기회 놓치기 딱 알맞다. '한 줄 보고서'가 각광받는 시대다. 장문의 데이터보다는 요점 정리, 장황한 논리보다는 번뜩이는 기지가 각광을 받는다. 기업도 개인도 새로움에 대한 무한도전이 요구된다는 점에서 현대사회는 '이론理論'보다 '이론異論'에 더 후한 값을 쳐주고 있다.

축구공은 원래부터 둥글었을까? 당연한 것 아닌가 싶겠지만 몰텐이라는 회사가 프로펠러 모양 등을 조합해서 2006년 독일 월드컵 공

인구를 만들기 전까지는 그렇지 않았다고 한다. 원래 축구공은 오각형과 육각형을 서로 연결해서 만든 '구球 비슷한 모양'에 불과했다. 그리고 거기에 만족했다.

다른 것을 보고, 다른 것을 꿈꿔야 한다. 거기서 상상이 출발하고 새로운 가치가 용솟음을 치기 시작한다. '다른 생각'은 새로운 것에 대한 관심을 유발하고, 차별화에 대한 동기를 증가시킨다.

세계적인 명차 가운데 벤츠와 BMW가 있다. BMW는 후발주자였기 때문에 벤츠에 비해 시장 포지셔닝[20]이 쉽지 않았다. 그래서 이런 이미지를 소비자들에게 심어주었다고 한다. '벤츠를 타는 사람은 아버지가 부자인 사람이고, BMW를 타는 사람은 자수성가한 사람.' 벤츠를 몰면 운전기사가 되고, BMW를 몰면 성공한 회사 간부나 CEO가 된다는 생각을 가진 독일인이 점점 많아지게 됐다. 그렇게 BMW는 벤츠와 차별화에 성공했다.

우리가 잘 아는 스티브 잡스는 성격적으로 문제가 많은 사람이었다. 카리스마는 있지만 기회주의적이고, 머리는 비상하지만 자기중심적이며, 사고가 독창적이지만 성격이 까다롭고 거만한 사람이었다. 거기다 고집까지 황소가 형님으로 모시겠다고 할 정도였다.

그럼에도 잡스가 한 시대를 풍미한 IT 거장이 될 수 있었던 비결은 '창조성과 기술의 결합 능력'에 있었다고 시릴 피베가 쓴 책 〈iCEO

---

20 포지셔닝(Positioning): 소비자의 마음속에 어떤 자리를 차지하도록 위치를 각인시키는 마케팅 기법이다.

스티브 잡스〉는 전한다. 잡스는 우연히 타사 연구소를 방문하고 접한 인터페이스 기술을 놓치지 않고 그래픽형 인터페이스 컴퓨터로 승화시켰고, 디지털 특수효과의 가능성을 미리 알아채고 애니메이션 회사 픽사로 대박을 터뜨렸다. 또 동료직원의 아이디어를 과감히 채용해서 네트워크 컴퓨터 시장을 선점하는 유연한 사고도 보여줬다.

잡스의 사례는 창조적이고 싶어 하는 이들에게 한 가지 확실한 시그널을 준다. 창조를 위해선 '단언컨대' 과학기술Technology에 뒤처지지 말아야 한다. 〈창조를 위한 창의학 콘서트〉를 쓴 송세진 교수(피아니스트)는 과학기술의 중요성을 강조하기 위해 영화 〈스타워즈〉 시리즈의 순서를 예로 든다.

SF 영화의 새 지평을 연 〈스타워즈〉 시리즈는 독특하다. 모두 6개의 에피소드로 구성돼 있지만 영화 개봉은 4-5-6-1-2-3 순이었다. 루카스 감독이 〈보이지 않는 위험〉보다 〈새로운 희망〉을 먼저 관객들에게 선보인 이유는 기술력 문제였다. 감독의 상상력을 따라오지 못하는 기술의 속도 때문에 개봉 순서는 뒤죽박죽 섞일 수밖에 없었다.

저자는 이런 사실을 언급하며 창의학의 '3T'로 Talent(재능), Tolerance(관용)와 함께 Technology(과학기술)를 강조한다.

창의성엔 분명 재능이 중요하다. 그리고 저자에 따르면 "천재성은 특정 개인의 독점물이 아니라 모두에게 잠재돼 있는 것"이다. '천재 중의 천재'인 모차르트에 대해 널리 알려진 사실은 "6살 때부터 작곡을 했다"지만, 진짜 기억해야 할 것은 "3살 때부터 피눈물 나는 연습을 했다"이다.

두 번째로, 관용도 빼놓을 수 없는 창의력의 '레시피recipe'다. "다양함을 존중하며 열린 마음으로 세상과 공감할 때 진정한 창의성이 떠오른다"고 말하는 저자에게 있어 훌륭한 리더란 직감의 승부사다. 수많은 모순과 패러독스를 극복하고 경험과 지식에서 우러나오는 직감을 적재적소에서 펼쳐 보여야 한다. 저자는 이 찰나의 예술의 근원에 공감과 관용의 정신이 있다고 잘라 말한다.

하지만 〈스타워즈〉 사례에서 봤듯, 재능과 관용이 있어도 과학기술이 없으면 창의력은 빛을 발하기 어렵다. 저자는 "시대마다 요구하는 창의성이 다르다"고 간파했다. 루카스 감독이 〈스타워즈〉 시리즈를 완결하는데 28년이 걸렸듯이 시대에 앞선 창의력은 '거북이' 과학기술을 기다릴 줄 알아야 한다.

새로운 '생각'이 온다

다니엘 핑크는 〈새로운 미래가 온다〉에서 "미래는 좌뇌 중심의 논리적 능력, 컴퓨터와 같은 디지털 능력 등을 필요로 하는 정보화시대에서 우뇌 중심의 창조의 능력, 공감의 능력 등을 필요로 하는 하이콘셉트의 시대로 옮겨 가고 있다"고 말한다. 여기서 말하는 하이콘셉트란 예술적, 감성적 아름다움을 창조하는 능력이고, 트렌드와 기회를 감지하고 훌륭한 스토리를 만들어내는 능력이다.

그러면서 그는 '하이터치'를 지닌 미래인재의 여섯 가지 조건으로 디자인, 이야기, 조화, 공감, 놀이, 의미를 제시한다. 하이콘셉트의 핵심 능력은 디자인이다. 또 정보화시대의 팩트 역할을 하이콘셉트 시대엔 이야기가 한다. 또 흩어진 조각들을 모아 하나의 패턴을 잡아내고 이를 통합시킬 때 완전히 새로운 것을 창조해낼 수 있는 조화의 능력이 요구된다. 이 밖에도 미래인재는 다른 사람의 시선으로 보고, 다른 사람의 심장으로 느낄 줄 알아야 하고, 게임과 유머에 능해야 하며, 물질보다는 행복을 추구해야 한다.

호주나 아프리카에 사는 흰개미는 개미탑을 짓는다고 한다. 흰개미 한 마리를 보면, 거대한 구조물을 설계할 만한 지능을 갖췄다고 보기 힘들다. 그런데도 수백만 마리가 모여 높이가 6m나 되는 지상의 흰개미집을 짓는다. 게다가 에어컨 뺨칠 정도로 실내온도 조절이 잘 되는 정교한 냉난방 구조를 완비했고, 애벌레에게 먹일 버섯을 재배하는 방까지 갖추고 있다. '환상적인 흰개미집'은 아이디어의 양이 많을수록 양질의 아이디어가 나올 수 있다는 명제를 증명해주는 것은 아닐까?

〈마케팅 상상력〉의 저자 김민주도 상상력 배양을 위한 메모의 중요성을 강조한다. 카페에서, 책방에서, 해외여행 중에 휘갈겨 쓴, 짧지만 울림이 큰 메모를 책 한 권으로 엮는 재주를 통해 저자는 메모와 상상력의 위력을 몸으로 보여준다.

이렇게 모은 상상의 편린片鱗들을 스캠퍼(오스본 리스트를 개선한 아이디어 결합법)를 돌려 융합해보자.

Substitute(대체하기): A 대신 B를 쓰면 어떨까?

Combine(결합하기): A와 B를 결합하면 어떨까?

Adapt(적용하기): A를 C에도 쓰면 어떨까?

Modify(확대/축소하기): A를 a로 바꾸어보면 어떨까?

Put to other uses(다른 용도로 사용하기): A를 B용도가 아니라 C용도로 쓰면 어떨까?

Eliminate(제거하기): A의 구성요인 중에서 어떤 요소든 제거하면 어떨까?

Raise(뒤집기, 재정리): AB를 BA로 바꾸어보면 어떨까?

주말 오후 카페에 앉아 망중한을 즐기고 있는데 좌석 회전율 높이기에 혈안이 돼있는 주인이 눈치를 준다면? "돈 녹 올랐다"고 속으로 욕하며 자리를 박차는 게 대부분의 반응이겠지만, 새 사업을 구상 중이던 한 중년 신사의 행동은 달랐다. "장삿속 보이지 않는 휴식공간을 제공하면 호응이 좋겠다"고 '상상'한 그는 곧바로 신촌에 10평 남짓한 카페를 연다. '민들레영토'로 승승장구하고 있는 지승룡 사장의 얘기다.

스위스 인터넷매장인 블랙삭스닷컴도 '상상'의 소산이다. 이 사이트의 창업자 세미 리체티는 일본인 고객 접대차 전통 찻집에 갔다가 '말 못할' 곤욕을 치렀다. 신발을 벗고 보니 양말에 커다란 구멍이 난 것. 고객의 얘기는 도무지 들리지 않고 구멍 난 양말에만 신경이 곤두 선 그는 "양말도 잡지처럼 정기적으로 배달해주는 사업을 하면 어떨까"하는 '공상'에 빠져든다. 이후 양말과 예약구독의 합성어인 삭스크립션Sockscription은 현실이 됐고, 그는 이 비즈니스 모델로 대성공을 거둔다.

'새로운 생각'이 마구 떠오르지 않는가?

🟢 아버지의 답

어린 시절 공상과학 만화나 영화를 볼 때면 그저 '재미있고 신기하다' 정도로만 생각했다. 그런데 그 공상과학 만화나 영화가 요즈음엔 현실이 되고 있다. 어느 선생님이 "만화가의 상상은 모두가 미래에 일어날 일들을 생각하고 지은 것"이라고 한 말씀이 생각난다. 정말 상상력은 힘이 세다. 하늘을 날고 싶다는 생각이 비행기를 만들었고, 수족을 대신할 무엇인가를 소망하여 로봇이 탄생했다. 또 우주의 신비를 알고 싶다는 인간의 생각은 우주선이 우주를 날게 만들었다.

가을이 되면 노벨재단과 노벨위원회는 노벨상 수상자를 발표하는데 그들 중 대다수가 과학자다. 우리 정부도 기초과학을 중요시하여 작년 한 해 기초과학 분야 최고의 학자 10명을 선정하여 각각 100억원의 연구비를 지원하였다는 기사를 본 적 있다. 사람이 주인공이다. 이런 생각이 최근에 일기 시작했다. 그래서인지는 몰라도 기업이나 체육계에서는 사람을 육성하는데 정말 많은 것을 투자한다. 어릴 때부터 자원이 될 만한 사람을 찾고, 찾으면 그곳에 투자를 아끼지 않는 시대가 온 것이다.

한국 굴지의 대기업들은 말할 것도 없고 많은 중소기업이 인재확보에 혈안이다. "경쟁력은 사람과 기술에서 나온다.", "자원과 자본이 부족한 우리나라가 세계적 경쟁력을 가진 국가로 거듭나는 유일한 방법은 글로벌 인재를 키우는 것이다", "사람을 믿고 기르는 게 기업의 처음이자 마지막 목표이다." 그룹 회장들은 인재를 양성하기 위한 투자를 이미 시작했다. 생각이 바뀌고 있다. 사람의 상상력이 향후의 세계를 이끌어 갈 핵심동력으로 빠르게 자리 잡아간다.

그렇다면 한국의 교회는 어떤가? 교회 몸집 불리기와 안일한 현실인식 때문에 생각이 멈추었고, 사이비종교가 범람해도 대처능력이 부족하며, 청소년들을 교회로 불러들이려는 생각보다는 지금이 행복하다는 생각이 교회를 지배하고 있다. 그런 결과 유럽 선진국의 많은 교회들이 문을 닫았듯이, 한국의 교회도 청소년들을 점차 잃어가고 있다. 미래를 지향하는 생각이 앞서야 하는데 그렇지 못하다.

교회라는 위치는 사회·인문·과학의 한 분야가 아니라 예수 그리스도를 통한 구원을 추구하는 기독교라는 종교다. 내세를 바라보며 영혼구원을 먼저 생각해야 한다. 교회가 하나님의 말씀으로 무장된 꿈나무들을 키우고, 그들을 사랑과 배려로 키워간다면 반드시 일어날 것이다. 그것이 하나님의 뜻이기 때문이다.

생각은 힘이다. 하나님은 늘 생각하신다. 하나님을 의지하고 피할 바위로 생각하는 사람들에게 진정한 피난처가 되어 주신다. 사울왕이 다윗을 죽이려고 할 때 다윗은 큰 믿음으로 이런 상상을 했다. 다윗은 이런 위험에서 건져내실 분은 하나님 한 분밖에 없음을 생각하고 그의 구원자에게 호소한다. 하나님 외에 그 누구도 자신을 악의 무리에서 건질 수 없음을 알고, 다윗은 그의 모든 마음의 생각을 하나님께로 초점을 맞춘다.

하늘나라를 소망하고 지금 가고 있는 길이 나그네 길임을 생각할 때에 그에게는 의지하는 힘이 생기고 가야 할 길이 눈에 보였다. 우리도 다윗처럼 '생각'하자. 구원의 은혜를 감사하는 마음을 품자.

26
생각이 더 셀까, 직관이 더 셀까?

🌑 아들의 질문

1984년 미국의 폴 게티 미술관은 고대 그리스 시대의 것으로 추정되는 조각상 하나를 구입했다. 상인이 부르는 가격이 수백만 달러에 달했지만, 대단히 엄정한 과학적 테스트를 통해 쿠로스 양식임을 확인했기 때문에 선뜻 거액을 내주고 조각상을 미술관으로 옮겨왔다.

하지만 웬걸? 작품을 본 일군의 예술 전문가들은 "뭔가 잘못됐다"는 반응을 보인다. 자세한 설명은 할 수 없지만 '직관적인 거부감'이 든다는 얘기였다. 그래서 추가 조사를 해봤더니 불행히도 조각상은 모조품 제작소에서 1980년대에 만든 것으로 밝혀졌다.

직감 vs 번뜩이는 생각 vs 깊은 생각

국내에도 소개된 〈블링크〉의 저자 말콤 글래드웰은 이 '조각상 사기극'을 주요한 근거로 신중한 사고와 객관적 분석의 가치를 깎아내린다. 선택과 결정의 순간에 책부터 펴는 '샌님들의 방식'보다 즉각적이고 번개 같은 판단에 의존하는 '21세기 태도'가 더 우월하다고 그는 목청을 높인다. 눈 깜짝할 사이에 변하는 세상에서 생각하기 위해 멈춘다는 것은 불필요한 사치라는 것이다.

하지만 〈싱크! 위대한 결단으로 이끄는 힘〉은 여기에 작심하고 싸움을 건다. 저자 마이클 르고는 "블링크 하지 말고 싱크하라"고 대놓고 말한다. "사람의 운명을 좌우하고, 일의 성패를 결정짓는 중대 결정을 어떻게 2초 만에 할 수 있느냐"는 반문이다. "때론 직관이 위력을 발휘할 수도 있지만, 그건 순수한 직관의 힘이라기보다는 풍부한 학습과 잘 다듬어진 비판력의 발현일 뿐이다."

이 책은 또 '싱크 파워'를 가정에서 길러야 한다고 주장한다. 헤라클레이토스, 아인슈타인, 코페르니쿠스 등 머리와 펜으로 세상을 흔든 사상가들의 예를 보면, 가정은 지식의 지평을 넓혀주는 평생의 배움터였다. 세상의 모든 아버지들이 자녀들에게 줘야 할 지식의 연장은 세 가지다. 저자는 경험적 증거, 논리적 추론, 회의적 태도를 활용해 비판력을 갈고 닦으라고 조언한다.

뭐가 맞을까? 생각을 좀 더 세분화해서 직감과 번뜩 떠오르는 생각, 깊은 생각으로 구분하는 학자도 있다. 이케가야 유지의 〈뇌는 왜 내 편이 아닌가〉를 보면 직감은 번뜩 떠오르는 생각과 다르다. 직감과 번뜩 떠오르는 생각은 '갑자기 그렇게 생각한다'는 점에서 주어진 상황은 비슷하다. 하지만 생각이 난 후의 상황은 전혀 다르다.

번뜩 떠오른 생각은 그 답을 내놓는 이유를 말로 설명할 수 있다. '조금 전까지는 몰랐는데 지금은 이 답의 이유를 잘 알겠어. 왜냐하면 이러이러하고 저러저러해서…' 하는 식으로 본인에게 분명한 이유가 있다.

한편, 직감은 본인으로서도 이유를 알 수 없는 확신을 가리킨다. 그렇게 생각하기는 했지만 '왠지 그냥'이라는 말밖에 할 수 없는 애매한 감각이다. 근거는 명확하지 않지만 그 대답이 옳다고 막연하게 확신하는 것이다. 여기서 중요한 사실은 직감은 의외로 옳다는 점이다. 단순한 '짐작'이나 '아무렇게나'와는 결정적으로 다르다.

'When you assume, you make an ass out of you and me'라는 영국 속담이 있다. '추측이란 상대와 나를 바보로 만드는 것'이란 뜻인데, 의미가 간단치 않다.

저자는 자주 번뜩 떠오르는 생각을 지적인 추론, 직감을 동물적 감이라고 설명한다. 번뜩 떠오르는 생각은 진술적이고, 직감은 비진술적이다.

사람들은 하루에 약 24,000번 정도를 생각한다고 한다. 이는 하루 종일 횡격막이 움직이는 숫자와 거의 비슷한데, 그렇다고 보면 한 번 호흡할 때마다 새로운 생각을 하는 셈이다. 이렇듯 우리가 하루 종일 만들어내는 생각은 대부분 '쓸데없는 공상'이다. 어떤 사물이나 사건에 대한 이미지를 머릿속에 떠올리는 이런 생각들은 거의 '바라는 것들'인데, 대부분이 현실에서 채워지지 않은 욕망에 대한 그림이다.

그러니 '생각'에 대한 생각에서 의미가 있는 것은 생각의 양이 아닌 결과다. 직관이 됐든 직감이 됐든 생각이 됐든, 번뜩이는 무언가를 끄집어내는 것이 중요하다. '문제'를 풀어내는 게 '답'이다.

앞서 언급했지만, 스티브 잡스가 '로그아웃'한 날 나는 〈머니투데이〉 1면 편집기자로 "잡스의 죽음을 신문 독자들에게 어떻게 알려야 하나" 고민을 했다. 온라인으로 실시간 올라오는 기사를 통해 'iSad'라는 추모영상이 돌고 있다는 얘기를 들었다. 잡스의 작품인 '아이패드'에 '새드'라는 추모객의 감정을 넣어 인상적인 제목을 만든 것이다.

"나도 그렇게 해볼까?" 방향이 정해지니 생각은 일사천리로 가지를 쳤다. 출발은 '아이폰iPhone'에서 시작했다. '아이콘iCon'이란 또 다른 키워드도 떠올랐다. 아이폰, 아이콘과 운율이 맞는 뭐가 없을까? 좀더 고민한 끝에 '아이곤iGone'을 찾아낼 수 있었다.[21]

공선표의 〈생각 창조의 기술〉은 '문제를 푸는' 생각 방법을 8가지로 정리해 준다. 정답 찾기, 논리 찾기, 패턴 찾기, 실용성 찾기, 실수 안 하기, 놀지 않기, 전문가 찾기, 집단사고 찾기다.

구체적으로 보면 첫째, 하나의 답을 강요하면 안 된다. 답이 하나밖에 없다고 생각하면 하나의 답을 찾고 나면 더 이상의 답은 눈에 들어오지 않는다. 하지만 우리는 이미 모든 것이 정형화된 산업사회를 훌쩍 지나왔다. 하나 이상의 답을 찾으려는 마음으로 항상 생각을 열어두어야 한다.

---

21 1장 '당신은 당신에 대해 얼마나 알고 있는가'에 첨부한 〈머니투데이〉 2011년 10월 7일 자 1면 참조

두 번째 원칙은 '체계화된 논리의 거부'다. 이 말은 논리를 무조건 퇴짜 놓으라는 말이 아니다. 창조적 사고 과정에는 발상 단계와 실용 단계가 있는데, 발상 단계에서만은 논리를 내세우지 말라는 뜻이다. 발상 단계에서는 소프트한 사고가 필요하고, 실용 단계에서는 하드한 사고가 필요하다. 마치 도자기를 만들려면 진흙이 부드러울 때 모양을 만들고 가마에 넣고 구워야만 하는 것과 같다.

셋째, 패턴을 파괴해야 한다. 한때 선풍적인 인기를 끌었던 개그 코너 '마빡이'는 오른손과 왼손이 각자 따로 노는 패턴이다. 패턴은 미래를 보고 예측하는데 아주 유용하지만, 더 나은 방법을 찾는 시도를 막는 경향도 있다. 기존의 정해진 패턴과 규칙에 안주하지 말고, 새로운 패턴을 창조하는 기술로 자꾸만 나아가야 한다.

넷째, 발상을 막는 실용을 거부해야 한다. "밀도 안 되는 소리 그만해." "그래서 어쩌자는 거야?" "바로 써먹을 수 있는 안을 내란 말이야." 이런 질문들에 주눅 들면 안 된다. 아이디어를 실천하는 데는 실용이 지고의 선이 되지만, 창조적 사고 단계에서는 실용이라는 개념이 가장 큰 걸림돌이다. "만일 이럴 경우 어떻게 될까what-if"라는 질문이 몸에 배어 있어야 한다.

다섯째, 실수는 겸허히 인정한다. 실수는 잘못된 것이 아니다. 실수를 잘못된 것이라고 말하는 것이 잘못됐다. 실수는 창조적인 아이디어를 생각해낼 수 있는 능력을 만들어낸다. 아이디어를 실험하다가 실수하는 것이 실수가 두려워 아이디어를 실험하지 않는 것보다 창조적 사고에 더 도움이 된다.

여섯째, 일과 놀이를 구분하지 마라. "일할 때 일하고, 놀 때 제대로 놀아라"는 이제 옛말이 되었다. 일과 놀이를 구분하는 기준은 그것이 조직에 의미 있는 일이냐 아니냐에 달려 있다. 지금과 같은 창조사회에서는 일을 하면서 필요에 의해 얻어지는 아이디어보다 놀이에 의해 얻는 아이디어가 더 창조적인 것이 많기 때문에 그 중요성이 커지고 있다.

일곱째, 비전문가에게서 아이디어를 꺼내라. 문제해결 과정과 문제해결 방법을 찾는 과정의 차이를 아는가? 문제해결은 전문가들이 역시 '전문가'다. 하지만 문제해결 방법에 초점을 맞춰야 할 때는 비전문가가 오히려 더 따끈따끈한 아이디어를 내놓을 가능성이 크다. 전문가는 익숙한 패턴대로 해결하려 하는 경향이 있기 때문이다.

여덟째, 집단과 다른 방향으로 가라. '미인대회의 함정'이 있다. 사람들은 자신이 생각하는 '진眞' 대신에 모두가 '진'이라고 생각할 것 같은 인물을 '진'으로 뽑는다. 창조적 생각을 할 때도 집단사고에 빠질 위험을 늘 경계해야 한다. 한 집단의 구성원들이 비슷한 생각을 갖고 있으면 그 문제에 대해 깊이 생각해보지 않게 되고, 결국 새롭고 창조적인 아이디어는 나오지 않는다.

가추법과 디자인 씽킹

'생각을 꺼내는' 또 한 가지의 팁이 있다. 연역법과 귀납법을 넘어 가추법abduction을 습득하면 좋다.

아리스토텔레스의 삼단논법으로 대표되는 연역법은 증명된 명제를 통해 새로운 결론을 이끌어내는 사고법이다. 이건 하도 많이 들어 웬만한 사람들은 다 안다.

[규칙] 모든 사람은 죽는다.
[사례] 소크라테스는 사람이다.
[결과] 소크라테스는 죽는다.

또 귀납법도 모르는 사람이 별로 없다. 개별적인 현상들로부터 일반적 결론을 이끌어내는 이 방법은 학창시절부터 귀가 따갑게 들은 내용이다.

[사례] 말복이도 죽었다. 소복이도 죽었다.
[결과] 말복이, 소복이 모두 사람이다.
[규칙] 모든 사람은 죽는다.

그런데 이 두 사고방법은 이해하기는 쉽지만 현실세계에서 그다지 효과적이지는 않다. 실생활에서는 이렇게 딱 부러진 상황을 만나기 힘들기 때문이다.

실용주의Pragmatism의 창시자로 알려진 미국의 철학자 퍼스는 '가추사고Abduction(가설−추론 사고)'라는 사고법을 소개한다. 가추사고는 특정한 현상을 일단 대전제로 가정하는 사고법이다. 그러다 보니 여기

등장하는 대전제는 아직 증명되지 않은 가설에 불과하다.

[결과] 30대인 김철수는 과거의 닌텐도가 그립다고 한다.
[규칙] 모든 30대가 그렇다면 30대인 김철수가 그런 건 당연하다.
[사례] 그러므로 모든 30대가 그리울 것이다.

디자인적 사고법을 소개하는 유덕현의 〈온몸으로 사고하라〉에 보면, 가추사고를 여실히 보여주는 현실사례가 있다.

홍대 근처에는 카페병원으로 잘 알려진 제너럴닥터가 있다. 이 병원의 김승범 원장은 청진기를 갖다 대면 울어버리는 아이들의 문제를 해결하기 위해 가추법을 사용했다. 아이가 울게 되면 청진기에서는 울음소리 외에는 아무것도 들리지 않는다. 그는 방음을 위한 기술을 조사하거나 아이들을 인터뷰한 것이 아니었다. 그저 아이들이 좋아하는 곰 인형을 이용하면 아이들이 울지 않으리라는 단순한 가설을 세웠다.

가추사고법대로 정리해 보면, 결과는 '곰 인형은 대부분의 아이들이 좋아한다'이고, 규칙은 '곰 인형은 아이들의 청진기에 대한 불쾌감을 완화시킨다'이다. 그러므로 곰 인형에 부착한 청진기를 아이들이 거부하지 않는지를 실험해 보면 된다.

그는 이와 같은 가설을 세우고 손바닥에다 청진기를 단 곰돌이 1-1호를 개발했는데 결과는 대실패였다. 이번에는 발에다 청진기를 단 곰돌이 1-2호를 개발했는데 역시 효과를 거두지 못했다. 실패 후

진료 장면을 동영상으로 찍어 수없이 돌려보며 고민했고, 고심 끝에 탄생한 것이 곰 인형 속에 무선청진기를 심어서 아이가 인형을 안기만 해도 무선으로 소리를 들을 수 있는 곰돌이 2-1호를 개발하게 되었다. 결과는 대성공이었다. 아이들이 울기는커녕 곰돌이 청진기를 놓지 않으려고 해서 오히려 애를 먹었다.

세계적 경영구루이자 토론토대학 교수인 로저 마틴Roger Martin은 〈디자인 씽킹〉에서 "생각의 가장 완벽한 방식은 분석적 사고에 기반을 둔 완벽한 숙련과 직관적 사고에 근거한 창조성이 역동적으로 상호작용하면서 균형을 이루는 것이다"라고 디자인 사고를 정의했다.

생각은 어디에서 오는가? 조화가 중요하다. 사고법에서도 겸손이 기본이다. 1998년에 치러진 수능에서 만점을 받은, 하버드 의대 오승은 박사는 생각과 직관을 잘 버무린 사고법의 기본이 왜 겸손인지 〈조선일보〉와의 인터뷰에서 밝혀준다.[22]

"제게는 종교나 과학이 비슷해요. 연구를 할 때 보통 어느 정도 직관에서 시작하거든요. 실험하기 전에 자연현상은 이거다 하는 느낌이 와서 연구에 돌입하는 거예요. 그런데 직관으로 세운 가설을 부정하는 결과가 나오면 실험 결과에 순복할 수밖에 방법이 없어요. 인생도 마찬가지잖아요. 맞는 길인 줄 알고 가다가 거대한 섭리에 맞닥뜨리면 멈추어 생각해야 할 때가 있지요. 자연 그리고 신이라는 진리 앞에서 내 '느낌'이라는 건 미약한 존재라는 거죠. 과학과 종교의 눈

---

22 〈조선일보〉 2013년 6월 8일자 기사

으로 보면 인간은 겸손해지지 않을 수가 없어요."

정말 맞는 말 아닌가!

🌑 아버지의 답

필리핀 속담에 '하려고 하면 방법이 보이고, 하지 않으려고 하면 변명이 보인다'는 말이 있다. 내가 해야겠다는 생각이 있으면 분명한 해답을 얻을 수 있다는 말이다. 생각은 또 다른 생각을 내게 한다. '아니더라도 다른 방법이 없을까' 하는 생각은 미래지향적이다.

감정은 생각하는 대로 느끼게 된다. 내가 슬프다고 생각하면 감정은 슬픔을 나타내게 되고, 내가 기쁘다고 생각하면 그 감정은 기쁨으로 표출된다. 아침에 일어날 때 햇살을 받으며 "와, 잘 잤다. 정말 멋진 하루가 될 것이다"라는 긍정의 힘을 발산한다면 하루는 정말 기분 좋은 출발과 함께 좋은 결실을 낼 것이다. 생각이 깊은 사람이 좋은 결과에 이를 확률이 높아지고, 생각을 많이 하는 사람이 생각에 대한 이자를 많이 얻게 된다.

솔로몬이 왕위에 오른 후 "하나님, 지혜를 주셔서 하나님의 백성들을 재판할 때 선악을 분별하게 해 주세요"라고 기도했다. 그 후 아기를 갓 출산한 두 여자가 왕에게 왔다. 그런데 한 아기는 죽어 있었고, 한 아기는 살아 있었다. 두 여인은 서로가 살아있는 아기가 자기의 아기라고 우겼다.

애기를 들은 솔로몬은 신하에게 칼을 가져 오라고 한다. 왕은 살아있는 아기를 향해 칼을 치켜들고 말한다. "이 살아있는 아기를 반으로 나

264

누어 반 토막씩 가져가라." 그러자 가짜 엄마는 "그렇게 해주십시오 내 것도 되게 말고 네 것도 되게 말고 나누게 해주십시오"라고 답했다. 하지만 진짜 엄마는 아들 걱정에 "내 주여 산 아이를 그에게 주시고 아무쪼록 죽이지 마옵소서"라고 왕께 아뢰었다.

솔로몬 왕은 지혜롭게 재판하여 산 아기를 진짜 엄마에게 돌려주었다. 생각이 깊고 지혜가 뛰어나면 직관의 힘을 엄청나게 발휘한다.

직관은 그냥 생기는 것이 아니다. 지혜와 지식으로 쌓여진 뇌 속에 하나님의 지혜를 첨가할 때 또 다른 세계의 신비를 체험하듯 직관이 나타나는 것이다. 직관이 앞서는 것 같지만 그 직관에는 생각이 잠재되어 있는 것이다.

27
하나님은 왜 아담의 코에
생기를 불어 넣었을까?

🌀 아들의 질문

"인간의 뇌는 참으로 오묘하다. 태아의 뇌는 엄마 뱃속에서 수정된
지 6주가 지나면서부터 발생하는데, 이때 가장 먼저 완성되는 것이 뇌
간이다. 이것을 바탕으로 생후 3년 동안은 대뇌변연계가 형성되며, 그
에 이어 대뇌피질이 발달한다.

'감정 뇌'인 변연계는 대체로 '생각 뇌'인 대뇌피질에 의해 짓눌리고
억압당하기 쉽다. 쪼그라들어 있는 변연계를 위해 우리가 할 수 있는
일은 과거의 부정적인 감정을 정화하고 긍정적인 감정을 강화하는 일
이다. 이 작업을 얼마나 성공적으로 해내는지에 따라 대뇌피질의 창조
성과 뇌간의 생명활동은 눈부시게 그 빛을 뿜어낼 것이다.

뇌의 가장 바깥쪽을 둘러싸고 있는 대뇌피질은 유일하게 인간에게
만 존재한다. 별명은 '생각 뇌'이며, 여기서는 언어를 토대로 기억하고,
분석하고, 종합하고, 판단하고, 창조하는 인간만이 할 수 있는 두뇌활

동이 이루어진다. 또 오감이라는 매개체를 통해 외부의 사물이나 현상과 접촉하고, 거기서 입수한 정보를 시시각각 대뇌피질의 안쪽에 자리한 변연계로 전달한다.

뇌간에 새겨진 꿈은 쉽게 지워지지 않는다. 자기도 모르게 심장이 뛰고 피가 도는 것처럼, 한 번 입력된 꿈은 끊임없이 의식에 떠올라 재상영되면서 "나를 현실화시켜 달라"고 집요하게 재촉한다. 뇌간은 자발적으로 운영되는 '무의식의 뇌'다. 즉, 뇌간은 원래 의식으로 조절할 수 있는 기관이 아니다. 뇌간을 다루기 위해서는 의식을 상당한 수준으로 집중해야 한다. 먼저 두 개의 강을 건너가야만 한다. 대뇌피질에 있는 의심과 고정관념, 변연계에 있는 두려움과 불안이라는 장애물을 통과해야 한다."

이승헌의 〈뇌파진동〉에 나오는 뇌의 구조를 정리한 것이다. 이 책에서 저자는 뇌파 조절을 통해 뇌의 3층 구조를 통합시키면 몸과 마음이 진정한 휴식을 얻을 수 있다고 주장한다. 뇌간에는 태초의 빅뱅과 함께 시작된 생명의 리듬이 저장되어 있다. 이 생명의 리듬이 심장을 뛰게 하고 만물을 자라게 하며, 겨울이 가고 봄이 오게 하고, 달과 지구가 같은 거리를 두고 끊임없이 쳇바퀴를 돌게 만든다는 것이다.

'3층 뇌'를 통합시켜라

저자의 생각은 과학자들도 인정하는 '공명'과 맞닿아 있다. 2011년

서울 구의동에 있는 테크노마트 건물이 크게 흔들리는 일이 발생했다. 39층짜리 빌딩 안에 있는 화분들이 흔들릴 정도였다. 주변의 다른 건물들에선 미동도 없었으니 지진은 아니었다. 이런 저런 추측 속에서 정밀조사가 진행됐는데, 밝혀진 원인은 건물 내에 있는 극장과 헬스클럽이었다. 극장은 영상에 맞춰 의자가 들썩거리도록 설계된 4차원 첨단시설이었고, 헬스클럽에는 많은 사람들이 러닝머신에서 달리기를 하고 있었다. 이들의 주파수가 공명을 일으키면서 진동한 것이다.

공명이란 같은 주파수를 가진 두 물체가 있을 때, 어느 하나가 진동하면 다른 물체도 같이 진동하는 현상이다.

테크노마트만으로 공명의 힘이 제대로 안 느껴진다면, 1831년 영국에서 일어난 다리 붕괴사고를 보라. 맨체스터 부근에 있는 브로스톤 현수교는 영국의 한 보병부대 1개 중대가 노래를 부르면서 구호에 맞춰 행진을 하는 도중에 무너졌다. 행진하는 군인들의 규칙적인 발걸음이 다리의 고유 진동수와 같아 진동이 증폭되면서 붕괴로 이어졌다.

또 있다. 1940년 미국 워싱턴 주 타코마 해협에 놓은 현수교는 바람 때문에 무너졌다. 이 다리는 길이 840m의 철 구조물로 190km/h의 강풍에도 견딜 수 있도록 설계되었지만 풍속 70km/h의 바람이 구조물의 고유 진동수와 일치하는 바람에 무너졌다.

세상 모든 것이 특정 주기의 진동을 반복한다는 것을 밝혀낸 사람은 양자물리학자인 데이비슨과 거머였다. 이들은 전자가 파동성을 갖고 있다는 것을 과학적으로 증명했다. 진동은 작은 떨림의 반복이다. 그 반복적인 떨림의 주기週期는 사건을 일으키고 세상을 바꾸며, 또 인간의 머리와 가슴을 흔들어 예술 세계에 새로운 '파동'을 일으키기도 한다.

공명 현상의 대표적인 예는 그네다. 그네가 앞뒤로 오가는 흔들림이 바로 진동이다. 그네를 미는 자가 리듬에 맞게 잘 밀어주거나, 그네를 탄 사람이 리듬에 맞게 발을 잘 구르면 그네는 점점 더 높이 올라가게 된다. 소리만으로 와인 잔을 깨뜨릴 수 있는 것도 공명의 힘때문이다. 같은 진동수의 소리를 보내면 잔은 공명 현상을 일으키며 진폭이 점점 커지다가 깨지게 된다. 전자레인지의 원리도 마찬가지다. 파장이 약 1.2cm인 마이크로파를 방출해 음식 속의 물 분자에 진동을 준다. 이것이 큰 폭으로 진동하면 분자운동으로 발생하는 열에너지가 음식물의 온도를 높이게 된다.

재미있는 것은 인류 역사상 위대한 천재들도 마치 공명하듯 동시 다발적으로 등장했다는 사실이다. 이영직은 〈패턴으로 세상의 흐름을 읽다〉에서 기원전 5세기, 르네상스 시기, 17~18세기를 대표적인 '천재 공명기'로 꼽는다. 기원전 5세기만 보면 소크라테스, 플라톤, 아리스토텔레스, 노자, 공자, 맹자, 순자 등이 등장해 동서양 문명의 토대를 마련했다.

거리에서 노숙자를 사라지게 하는 방법은 뭘까? 많은 도시들이 '노숙자 없는 거리' 등의 캠페인을 펴며 대대적인 단속에 나선다. 단속이 뜨는 날은 확실히 노숙자가 줄어들지만, 경찰과 공무원이 사무실로 돌아가면 이내 도루묵이 된다. 하지만 독일의 한 지방자치단체가 채택한 방식은 달랐다. 이 지역정부는 역에서 지내는 노숙자들 문제를 해결하기 위해 함부르크 역에 설치된 작은 확성기를 통해 잔잔한 클래식 음악을 틀기 시작했다. 그러자 노숙자들이 하나둘씩 자발적으로 역을 떠나기 시작해 마침내 노숙자가 없는 역사를 만들 수 있었다.

어떤 장소에 자신의 의식 수준에 맞는 공명이 없으면 사람들은 알아서 그곳을 피하게 된다고 정천구는 〈소원은 어떻게 이루어지는가〉에서 말한다. 반대로 내 안에 없는 것과는 공명이 힘들다. 어떤 사람을 알고 싶을 때 그 사람이 좋아하는 책이나 영화, 음악 등을 물어보는 이유도 여기에 있다. 무엇에 공명하고 있는 사람인가를 보라는 이야기다.

공명과 기도, 당신은…

당신은 인생에서 무엇과 공명하고 있는가? 기도의 성자라 불리는 E. M. 바운즈는 살아생전 "기도는 하나님으로 하여금 일하게 한다"고 했다. 기독교인의 기도를 공명의 개념으로 이해하면 어떨까? 신앙을 갖지 않은 사람이라도 공명의 대상을 찾는 행위에 대해서는 이해가 쉬울 것이다.

뇌의학 전문가로 임사체험을 한 후 〈나는 천국을 보았다〉를 쓴 이븐 알렉산더 박사는 이렇게 말한다.

270

"나 역시 지난 의사생활 동안 꽤 많은 임사체험자들을 만났다. 그들은 예외 없이 어떤 신비롭고 놀라운 이야기를 했는데, 믿지 않았다. 당시의 나는 그런 모든 것은 뇌에 기반을 둔 현상으로 순전히 환상이라고 여겼다. 뇌는 의식을 만들어내는 기계로서 그 기계가 고장 나면 의식도 멈춘다고 생각했다. 전원 코드를 뽑으면 TV가 꺼지는 것과 같이. 그러나 나 스스로 '뇌가 꺼지는' 경험을 한 뒤에 육체와 뇌의 죽음이 의식의 종말은 아니라는 사실을 깨닫게 되었다. 죽음 이후의 세계가 분명히 있다는 놀라운 사실을 알게 됐다. 그러나 주위를 보면 많은 사람들, 특히 나와 같은 과학계에 종사하는 사람들은 그 사실을 인정하지 않고 있다. 그들에게 이 '사실'을 알려야 한다는 소명 때문에 책을 썼다."

그는 책에서 "내 여정의 이면에 있는 진실을 일단 깨닫는 순간 나는 이것을 말해야 한다는 것을 알았다"고 썼다. 우리 삶이 육체나 뇌의 죽음과 더불어 끝나는 것이 아님을, 뭔가가 더 있음을 알려주고 싶었다는 것이다. 그의 말 가운데 강력했던 것은 "그들은 잘못 알고 있다"는 것이었다. 그는 이 땅 사람들이 잘못 아는 것을 교정하고, 궁극의 진실을 알리기 위해서 책을 썼다. 알렉산더 박사와 같은 임사체험은 '인간의 의식은 두뇌의 산물이며 육체가 죽으면 소멸된다'는 유물론적 생물학이 사실이 아님을 증명하는 중요한 단서를 제공해 준다(국민일보 2013년 6월 12일자 인터뷰 기사에서 발췌).

271

Can의 인간 vs Must의 인간

"세상에는 'Can의 인간'과 'Must의 인간'이 있다." 〈느낌표, 그리고 마침표〉의 저자 권인옥은 이렇게 말한다. 삶의 목적이 절대자에 대한 희구인 사람과 내면 수양을 통해 인생의 퍼즐을 맞추는 사람은 출발점부터가 확연히 다르다.

책 내용을 놓고 보면, 저자의 화두는 'Must'다. 겉모습과 속생각을 관통하는 본질과 본성에서 여호와의 뜻보다는 카르마[23]의 정신이 물씬하다. 하지만 아이러니컬하게도 책은 여러 곳에 걸쳐 'Can'을 탐구한다. 이어령 교수의 딸로도 유명한 고故 이민아 씨 스토리가 대표적이다. "읽으면서 몇 번이나 책을 덮었는지 모른다"며 신앙 차이를 인정하지만, '다른 세계관'에 대한 존중과 관심은 꿋꿋하다.

이유는 믿음을 뛰어넘는 보편 소망에 있다. "신앙은 종교를 가르는 기준일 뿐 생활에선 진실성이 판단의 으뜸 잣대다." 아침잠을 깨우는 햇살이 어떤 신심을 주는지, 어깨 위로 피어오르는 무지개가 무슨 약속을 상기시키는지, 회사 동료의 눈물 고인 눈에서 내세를 볼 수 있는지는 어쩌면 중요한 문제가 아닐 수 있다. "Can이든 Must든 지금 최선을 다하고 있는가?" 이 질문에 고개를 끄덕일 수 있다면 우리는 공통정신과 감정을 지닌, '필'이 통하는 인류다.

마지막 페이지를 덮자마자 다시 처음부터 읽은 책 한두 권씩 가진

---

23 카르마(karma): 불교에서 말하는 업(業)을 뜻하는 산스크리트어 단어다.

사람이라면 목숨까지 바칠 정도의 사랑 한 번 안 해 봤을 리 없다. 어떤 이는 그런 사랑이 주는 배신과 분노에 날밤을 여럿 샜을 수도 있다. "내 삶은 지극히 평범했다"는 이도 〈보바리 부인〉의 엠마나 〈적과 흑〉의 드 레날드 부인을 만나 격정의 세계에 젖었던 추억은 가슴에 품고 있다.

우리네 인생은 모두 '마침표'를 향해 간다. 하지만 그게 결과일지언정 목표는 아니라는 것을 안다. 적절한 삶의 변곡점에서 쉼표와 느낌표, 말줄임표를 찍어야 한다.

배우 배두나가 주연으로 출연한 영화 〈공기인형〉은 무엇을 말하려고 하는가? 우리 삶을 공기인형에 비유한다면 배움과 학습, 그리고 타인과의 감정놀이가 마음을 만든다. 하지만 공기인형에 숨을 불어넣는 것은 바로 내 생각이다. "아담의 코에 생기를 불어 넣었다"는 창세기의 여호와 하나님도 그런 마음이지 않았을까?

🌑 아버지의 답

하나님은 숨을 쉬는 호흡작용을 통해 생명을 유지하게 하기 위해 사람의 코에 생기를 불어 넣으셨을 것이다. 하나님의 창조의 기묘하신 능력은 너무 과학적이고 현실적이다. 눈에게 보는 것을, 귀에게 듣는 것을, 입에게 먹고 말하는 것을 담당하라고 하신 하나님은 코에게는 생명을 움직이는 호흡의 통로가 되라고 명하셨다. 공기의 흐름으로 인한 호흡과 피의 흐름으로 인한 동맥과 정맥은 우리 생명의 두 가지 근원이 된다.

코는 숨을 내쉬고 들이쉬는 역할을 하면서 그 공기를 허파로 보내 정화한다. 하나님께서 주신 생기를 받아들이고 그 속에 있는 나쁜 공기를 내뿜는 역할에 최적이다.

"네가 내게 향한 분노와 네 교만한 말이 내 귀에 들렸도다 그러므로 내가 갈고리를 네 코에 꿰고 재갈을 네 입에 물려 너를 오던 길로 끌어 돌이키리라 하셨나이다"(열왕기하 19장 28절) 이 말씀은 앗수르 왕 산헤립이 유다를 공격해 왔을 때, 하나님이 히스기야 왕을 안심시키기 위해 하신 것이다. 적군의 침공 앞에서 히스기야 왕이 기도를 하자, 하나님은 선지자 이사야를 통해 당신의 말씀을 전하였다. '코에 꿰고 입에 재갈을 물려'라는 말은 호흡의 주된 통로인 코와 보조 역할을 하는 입을 사용하지 못하게 하여 죽은 자와 같이 되게 한다는 말이다. 즉 하나님의 백성을 공격하는 앗수르 왕 산헤립이 이렇게 된다는 예언이다.

창세기(7장 22절)에 보면, "육지에 있어 그 코에 생명의 기운의 숨이 있는 것은 다 죽었더라"는 구절이 나온다. 생명체는 코로 호흡을 하는지 안하는지를 통해 살았는지 죽었는지를 우선적으로 분별할 수 있다.

하나님은 사람을 만드시고 생기를 불어 넣을 곳을 찾았을 것이다. 머리로부터 발끝까지, 발끝에서 머리털까지를 보시면서 코를 짚으셨을 것이다. 왜냐하면 앞에서 잠깐 언급하였지만 눈과 귀, 그리고 입은 아무래도 코와는 다른 용도가 더 적합하다고 판단하셨을 것이다. 지금 생각해 보아도 정말 타당하다.

만약 사람의 하체를 이용하여 생기를 넣었다면 호흡 중에 여러 가지 먼지나 티끌이 몸속으로 들어갈 확률이 높을 것이다. 콧구멍의 방향도 상당한 작용을 하였을 것으로 본다. 하여간 하나님께서 최고의 걸작품인

274

사람에게 생기를 불어 넣은 데에는 하나님의 놀라운 계획과 은혜가 개입
돼 있다고 성경은 분명히 말한다. "여호와 하나님이 땅의 흙으로 사람을
지으시고 생기를 그 코에 불어넣으시니 사람이 생령이 되니라"(창세기 2
장 7절)

28
이 세상에서 절대로 바꿀 수 없는 것은?

🌑 아들의 질문

누구에게든 고향 풍경은 언제 봐도 늘 같은 모습이다. '솔방울 싸움'의 추억이 서린 소나무가 성장을 멈췄을 리 없고, 장마 때면 어김없이 물난리를 내던 실개천이 흐름을 잃었을 리 없는 데도 말이다. 떠나온 세월을 손꼽아 보면 이젠 어색해질 만도 한데 고향산천의 명절 풍경은 변함없이 정겹다.

바뀌지 않는 것이 어디 '어머니의 땅' 뿐이랴! 미국의 심리치료사인 데이비드 리코 박사는 〈절대로 바꿀 수 없는 다섯 가지〉를 통해 철학적인 관점에서 '불변의 요소'를 따져 든다. 그 옛날 데카르트는 같은 물음에 대한 해답으로 "나는 생각한다. 고로 존재한다"를 제시했던가. 저자는 바꿀 수도 피할 수도 없는 '인생 조건'을 합리주의의 시조인 데카르트보다 많은 5가지로 정리했다. 1) 모든 것은 끊임없이 변하고 때가 되면 끝난다. 2) 인생은 계획대로 되지 않는다. 3) 세상은 불공평하다. 4) 고통은 삶의 일부다. 5) 사람들은 항상 애정 있고 충실하지는 않다.

"그래서 어쨌다고So what?"의 반문이 나올 법한 이 정신분석학적 탐구에는 다 이유가 있다. 저자는 "사람들이 이 5대 조건을 피하려고만 하다가 비참한 삶에 빠져 든다"고 지적한다. 삶이 제공하는 참된 풍요로움은 반대쪽에 있는데 딴 곳으로 열심히 '삽질'하면 뭐하나?

바꿀 수 없는 것을 필요한 것으로 바꾸라

저자의 주문은 '영혼의 역발상'이다. "간절히 원하는 것을 버려야 하고 버리고 싶은 것을 받아들여야만 하는 상황이 불행한 것 같지만, 진짜 불행은 그런 상황을 불행하다고 여기는 미음에 있다." 저자는 바꿀 수 없는 것을 주어진 것, 나아가 필요한 것으로 여기는 인식의 전환을 이루라고 강조한다. '인생 조건'을 성장과 발전을 돕는 열쇠로 바꾸는 작업이 필요한 데 그 방법이 되는 명상에 저자는 많은 공간을 할애한다.

중요한 건 마음이다. "제 힘으로 바꿀 수 있는 것을 바꾸는 용기를 주시고, 제 힘으로 바꿀 수 없는 것을 받아들이는 마음의 평온을 주시고, 바꿀 수 있는 것과 없는 것을 구별할 수 있는 지혜를 주소서." 미국의 프로테스탄트 신학자인 라인홀트 니버Reinhold Niebuhr의 기도문은 마음의 중요성을 제대로 보여준다.

절대적으로 바꿀 수 없는 것은 주로 과학의 영역에 존재한다. 현존

하는 놀이기구 가운데 가장 스릴 넘치는 것으로 알려진 자이로드롭. 하지만 만약 지상 70m에서 시속 88km의 속도로 떨어지는 이 기구가 멈추지 않는다면 어떻게 될까? 생각만 해도 끔찍하다.

하지만 지금까지 자이로드롭이 멈추지 않는 사고는 한 건도 없었다. 이유는 원래 그렇기 때문이다. 자이로드롭은 영구자석을 이용한 자가 브레이크를 이용하기 때문에 어느 높이에서 떨어지든 간에 '100% 스톱'이 가능하다. 비밀은 영구자석에 의한 '와전류 방식'에 있다. 자석의 N극과 S극 사이에 전류가 통하는 금속(도체)을 넣으면 순간적으로 전류가 흐르면서 자석의 성질을 띠게 된다. 이때 자석에서 나오는 자기장과 도체에서 나오는 자기장이 반대로 작용하면 서로 밀어내는 힘이 생긴다. 의자를 정지시키는 힘은 영구자석과 순간적으로 자석이 된 도체 사이에 생긴 반발력인 것이다.

반면 같은 과학의 영역이라도 세월과 함께 바뀌는 것도 있다. 대표적인 게 천동설이다. 1610년 1월 7일 갈릴레이는 망원경으로 목성을 관찰하는 도중 가까이 붙어 있는 세 개의 작은 빛을 발견했다. 그리고 이 세 개의 천체가 항상 목성 근처에 있으면서 그 주위를 공전한다는 사실을 알아냈다. 그 해 1월 31일에는 네 번째 작은 천체를 발견했고, 그 해 3월 22일까지 관측한 것을 토대로 네 개의 천체가 목성 주위를 돈다는 결론을 얻었다. 달이 지구 둘레를 도는 것처럼 목성도 위성을 거느리고 있음을 밝혀낸 것이다. 이러한 사실은 우주의 중심은 지구이고 모든 천체는 지구를 중심으로 회전한다는 천동설에 찬물을 끼얹는 것이었다. 왜냐하면 지구를 중심으로 돌지 않는 작은 천체들이 실제로 있다는 증거를 발견했기 때문이다.

세상에는 이처럼 바뀔 수 있는 것이 많다. 모든 것이 변하지도 않고 끝나지도 않는 세상, 모든 것이 예측한 대로 되는 세상, 삶에 아무런 고통도 없는 세상, 모두가 우리를 사랑해 주기만 하는 세상은 지루하고 단조롭고 맥 빠지는 세상일 수도 있다.

명품시장에 짝퉁이 설치는 까닭

농사를 망쳤다는 표현 중에 "피농했다"는 말이 있다. 나락 대신에 피를 길렀다는 이야기다. 농부들의 이야기를 들어 보면 심은 곡식보다 심지 않은 잡초가 더 잘 자란다. 피는 벼의 영양분을 빼앗으며 큰 키로 햇살을 가로막아 벼에 피해를 준다. 그래서 농사일의 1/5은 잡초를 뽑는 일에 할애해야 한다. 그런데 벼를 심은 논에 피가 더 잘 자라는 이유는 무엇일까?

나락 논에는 벼가 필요로 하는 양분이 늘 부족하게 마련이다. 동종 경쟁의 장이기 때문이다. 그러나 피가 필요로 하는 양분은 남아돈다. 그래서 심은 곡식보다 심지 않은 잡초가 더 잘 자라는 것이다. 밀밭에 떨어진 보리는 밀보다 더 잘 자라고, 보리밭에 떨어진 밀알은 보리보다 더 잘 자라는 것이 세상의 이치다. 이종 경쟁자가 더 무서운 경쟁자로 느껴지는 이유이기도 하다. 이것이 '이종 경쟁의 법칙'이다.[24]

---

24 〈성장의 한계〉 - 이영직 지음/스마트비즈니스 펴냄

그래서 명품시장엔 '짝퉁'이 더 설치게 된다. 명품의 가치는 절대로 바뀌지 않지만, 기껏해야 2.0밖에 안 되는 인간의 눈엔 '바꿀 수 있는 것처럼 보이는' 짝퉁이 어른거린다.

유명한 희극배우 찰리 채플린이 하루는 시골의 한 마을을 가다가 재미있는 광경을 보았다. 그 마을에서 '채플린 흉내 내기 대회'가 열린 것이다. 호기심이 발동한 채플린은 직접 그 대회에 참가했는데 결과는 놀랍게도 3등이었다. 진짜 채플린보다 더 진짜 같은 가짜 채플린이 두 명이나 더 있었다는 이야기다.[25]

또한 내가 좋아하는 가수 신승훈도 최근 모창자들과 겨루는 jtbc 히든싱어 프로그램에 출연했다가 1등을 하지 못하는 '굴욕'을 겪었다. 진짜보다 더 진짜 같은 가짜는 있을 수 있다.

하지만 '가짜'가 있다는 것이 '진짜'의 존재가치를 더욱 높인다는 데 주목해야 한다. 수많은 짝퉁들의 홍수 속에서 진짜를 구분해내는 능력은 더욱 더 빛을 발한다.

인간의 정신을 상품에 비유한다면 명품은 '사랑'의 마음이다. 앞서 말했지만 '사람' '삶' '사랑'은 하나의 어원에서 나온 단어들이다. 그러므로 '사람'이란 살면서 사랑하는 존재이며, '삶'이란 사람이 사랑하는 것이며, '사랑'이란 사람이 사는 것이다.

〈나는 천국을 보았다〉를 쓴 이븐 알렉산더 박사는 천국을 "사랑"으로 묘사한다. 그는 책 출간 후 〈국민일보〉와의 인터뷰에서 "조건

---

25 〈국민일보〉 미션라이프 섹션 2013년 3월 4일자 [박지웅 목사의 시편]

없는 위대한 사랑이 천국을 휘감고 있었다"고 밝혔다. 임사체험을 통해 천국에 다녀왔다는 그는 천국에서 '안내자'로부터 3가지의 중요한 메시지를 받았다고 했다. '그대는 사랑받고 있고 소중히 여겨지고 있다.' '그대는 두려워할 것이 아무것도 없다.' '그대가 저지를 수 있는 잘못은 없다.' 알렉산더 박사에 따르면 이 세 가지 메시지를 하나의 문장으로 표현하면 '당신은 사랑받고 있습니다'가 된다. 인생의 망원경으로 '사랑으로 환한' 인생을 보기를 바란다.

🌀 아버지의 답

이 세상에서 절대로 바꿀 수 없는 것이 있다면 그것은 어머니이다. 어머니는 모든 것을 희생하며 자녀를 키운다. 당신의 고생을 고생이라 생각하지 않고 배고픔을 배고픔으로 여기지 않는, 정말 힘 있는 모성을 가진 여인이다. 세상에서 가장 아름다운 모습이 아기에게 젖을 먹이는 어머니의 모습이라는 기사와 사진을 본 적 있다. 누가 그 어머니를 대신할까?

최근 독일 총리 앙겔라 메르켈은 아우슈비츠 수용소였던 다하우 강제수용소 추모관을 찾아 "깊은 슬픔과 부끄러움을 느낀다"고 사과했다. 유태인이라는 이름 하나로 그들을 강제노동과 지독한 배고픔과 추위와 더위, 그리고 독가스실에서의 참혹한 죽음을 가져 오게 한 잘못을 뉘우치며 "이곳은 독일이 인종, 종교, 성별 등을 이유로 사람들의 생존권을 빼앗는 데 얼마나 극단적으로 치달았는지 경고하고 있다"고 털어놓았다. 과거를 뉘우치고 용서를 비는 것이야 말로 미래를 향하여 힘차게 나아가게 하는 첩경捷徑이다.

반성과 사과는 우리 모두가 만들어가는 멋진 미래의 약속이다. 독일이라는 나라의 최고지도자, '독일의 어머니'라고 불리는 총리가 과거의 잘못을 반성하고 뉘우쳤다는 것은 "앞으로는 다시 이런 일이 일어나지 않도록 하겠다"는 다짐의 표시다. 한 나라의 최고지도자, 한 가정의 아버지, 한 직장의 사장은 모두가 어머니와 같은 힘을 가진다. 그들은 그렇게 자신의 온 열정을 다하여 구성원을 돌보고 또 그들의 미래를 연다.

먹는 것조차 변변치 않던 시대에 어머니가 나를 업고 시커먼 연기를 내뿜으며 달리던 화차(지금의 열차)를 타고 장사하시던 모습을 기억한다. 어머니는 짐을 안거나 머리에 인 채로 나를 업으셨다. 아파도 아픈 소리 내지 않으시고, 눕고 싶어도 눕지 못하시면서 그렇게 많은 세월을 살아내셨다.

성경에 나오는 디모데는 어릴 때부터 외조모 로이스와 어머니 유니게로부터 교육을 받아 훌륭한 교회 지도자가 되었다. 유태인들이 자기 민족에 대한 긍지와 자부심을 갖고 있는 데에는 어머니들이 자식들에게 행한 교육의 공이 크다. 애굽의 바로 왕이 남자 신생아 살해 명령을 내렸지만 모세의 어머니는 목숨을 걸고 아기를 숨겨 키우다 갈대상자를 만들어 나일 강에 띄우게 된다. 그리고는 누군가가 데려갈 것을 기대하며 지켜보았고, 바로 왕의 공주가 아기를 보는 순간 다가가 아들의 유모가 되었다. 그렇게 끝끝내 아들을 이스라엘의 지도자로 키워냈다.

어머니의 힘은 아무리 강조해도 부족하다. 누가 어머니를 대신할 수 있을까? 세상 그 어디에도 없을 것이다. 나는 어머니의 죽음과 맞바꾼 세계에서 하나뿐인 사람이다. 너무나 감사한다. 나의 나됨은 무한한 사랑으로 인도하시며 지켜주시는 하나님께 있음을 감사한다. 그리고 지금은 천국에 계시는 어머니의 은혜에도 정말 감사한다.

29
생활습관은 어떻게 사고방식을 바꿀까?

🌀 아들의 질문

학창시절 제2 외국어로 독일어를 배울 때 명사마다 성이 있어 외우기 힘들었던 기억이 난다. 예컨대, 태양을 뜻하는 존네sonne는 자애와 소극성을 표상하는 여성명사이고, 달을 의미하는 몬트mond는 과격과 적극성이 느껴지는 남성명사다. 그런데 만일 그때 제3 외국어로 프랑스어까지 공부했다면 헷갈려서 두 과목 다 시험을 망쳤을지 모르겠다. 프랑스 사람들은 태양을 남성으로, 달을 여성으로 알고 있기 때문이다.

언어뿐이 아니다. 전 세계적으로 축구가 최고의 스포츠로 자리매김했지만, 유독 미국에서는 야구에 비해 고전을 면치 못한다. 프랑스인은 치즈를 보며 어머니를 생각하지만, 미국인은 땅콩버터를 봐야 어머니가 떠오른다. 서구인들이 월세 내며 사는 집을 아무렇지 않게여기는 데 반해, 우리나라 사람들은 '아파트 평수 넓히기'가 평생의 사명이다.

이처럼 문화권의 차이가 서로 다른 생활습관을 낳는 데 그치지 않고 인식의 내용과 사고방식까지 바꾸는 이유는 뭘까? 문화인류학자이면서 마케팅 구루이기도 한 클로테르 라파이유Clotaire Rapaille 박사는 〈컬처코드〉에 답이 있다고 강조한다.

저자에 따르면 '컬처코드'란 "특정 문화에 속한 사람들이 일정한 대상에 부여하는 무의식적인 의미"다. 저자는 이 문화적 무의식이 인간의 뇌 중에서 생존과 생식을 관장하는 '파충류 뇌'[26]에 감춰져 있다고 설명한다.

'습관의 유전자' 다루는 법

과학적인 지식이 부족해 연결에 무리가 없는지 모르겠지만, 이 컬처코드 설명을 듣다보면 리처드 도킨스가 〈이기적 유전자〉에서 말한 '밈meme'이 오버랩 된다. 도킨스는 인간의 육체라는 하드웨어는 진gene에 의해 만들어진 것이고, 인간의 행동은 정신을 지배하는 소프트웨어인 '밈'에 의해 조정된다고 설명했다. '진'이 생물계의 진화를 주도하듯이 인간의 문화와 정신세계에도 복제 역할을 하는 매개물이 존재하며, 그것이 바로 '밈'이라는 것이다. 도킨스는 '진'과 짝을

---

26 7장 '한 송이 들꽃에서 천국을 볼 수 있을까'에 나오는 뇌 과학자 폴 매클린(Paul MacLean) 삼위일체 뇌이론 참조.

이룰 한 음절의 용어를 '모방'이라는 뜻이 포함된 그리스어 '미메메 mimeme'에서 가져와 '밈'이라고 명명했다.

도킨스에 따르면 바이러스가 숙주세포에 기생하듯이 문화의 전달에도 복제 역할을 하는 매개물, 즉 중간숙주가 필요한 데 이 역할을 하는 정보의 단위·양식·유형·요소가 바로 밈이다. 언어, 종교, 신학, 음악, 사상, 도자기나 건축양식, 패션 등 거의 모든 문화현상들이 밈의 범주에 들어간다. 사람의 마음을 움직여서 태도를 변화시키고 다른 사람들에게도 이를 전파하고 싶어지게끔 유도하기 때문이다.

하지만 이 '습관의 유전자'는 조심히 다뤄야 한다. 인생에 좋은 것이든 나쁜 것이든 습관은 패턴을 만들기 때문이다. 아래의 질문에 답을 해보라.

실크의 영어 스펠링은 'silk'이다. 이제 실크silk를 다섯 번 외쳐 보라.
silk
silk
silk
silk
silk
소는 무엇을 마실까?

이렇게 질문하면 십중팔구 밀크milk라고 말한다. 정답은 워터water 인데 말이다. 패턴을 만드는 습관은 나쁘게 형성되면 인생의 적이다.

그래서 한국의 명 카피라이터 중 한 명인 정철은 〈머리를 9하라〉에서 이런 말을 했다.

> 세상 모든 습관 중 쓸모 있는 습관은 단 하나뿐이다.
> 화장실에 들어가 바지를 내리기 전에
> 화장지가 충분한지 확인하는 습관, 그것 하나뿐이다.
> 나머지 습관은 모조리 변기에 쏟아 붓고 물을 내려라.
> 습관적이라는 말은 습관이 적이라는 뜻이다.

인도에서는 아주 흥미로운 방법으로 코끼리를 훈련시킨다. 우선 아기 코끼리의 앞발을 두꺼운 쇠사슬로 아주 굵은 나무에 묶어놓는다. 어린 코끼리는 오래지 않아 고집을 꺾고 쇠사슬에 묶인 자신의 처지에 순응한다. 이제부터가 정말 흥미로운 부분이다. 코끼리가 자라 덩치가 커지면 이전보다 가는 나무에 얇은 쇠사슬로 바꿔 묶는다. 코끼리는 쇠사슬을 끊거나 나무를 뿌리째 뽑을 만한 힘이 있음에도 그렇게 하지 않는다. 여전히 어릴 적 굵은 쇠사슬에 묶여 있을 때처럼 행동한다. 코끼리는 어른이 되어서도 쇠사슬에 속박 당했던 과거에 비추어 현재를 인식할 뿐이다.

좋은 습관의 값어치는…

반면에 잘 갖춰진 습관은 천금의 값어치를 한다. 개인적으로 유년

시절 그런 경험을 했다.

　나는 초등학교를 입학할 때 겨우 제 이름 석 자 간신히 쓸 수 있었던 지극히 평범한 아이였다. 아니 어떤 면에서는 다른 친구들에 비해 뒤떨어진 아이였다. 하지만 결과적으로 고학년이 되었을 땐 공부를 제법 하는 소위 모범생이 됐다. 어떻게 그런 일이 가능했을까?

　다른 이유도 있었겠지만, 유년시절 교회에서 주일학교Sunday school 교사들과 성경공부를 하면서 세상 학문을 위한 기초 테크닉을 많이 익혔던 것 같다. 나는 어린시절을 백령도라는 섬에서 보냈는데, 그때 그곳의 10개 교회들은 1년에 한 번씩 성경 퀴즈대회와 암송대회를 했다. 그걸 준비하기 위해 나도 다른 친구들과 함께 성경공부를 열심히 했다.

　성경 퀴즈를 예로 들면, 창세기와 4복음서를 시험 범위로 놓고 교사들이 예상문제를 뽑아주면 학생들은 그걸 암기하는 방식이었다. 예수의 열두 제자 이름처럼 답이 긴 것은 '베안야요빌바 도마야다시가' 식으로 첫 음절만 묶어 외웠다. 또 교사들은 중요한 키워드를 비워둔 성경 문장을 프린트해서 학생들이 빈 칸 채우기를 하게도 했다. 그렇게 길고 긴 문장에서 키워드를 찾아내는 연습을 시켰다. 돌아보면 그런 성경공부가 학교생활을 하는 데 큰 도움을 준 습관이 됐다.

　세계를 돌아다녀 보면 사람들은 제각기 자기 문화의 토대 위에서 습관의 세례를 받는데, 그 습관은 저마다의 사고 패턴을 형성하고 있다. 앞서 언급한 〈컬처코드〉의 저자는 "어떤 문화든 고유의 정신적 경향을 보여주는데 쇼핑, 건강, 음식, 사랑, 정치 등 삶의 모든 영역이 이 '코드'의 지배를 받고 있다"고 말한다.

이 말을 돌려 보면, 습관을 통한 조직화는 일종의 역카오스 현상을 보여주기도 한다고 해석할 수 있다. 좋은 습관은 사람을 무질서에서 질서로 이행시켜 준다는 것이다. 〈패턴으로 세상의 흐름을 읽다〉의 저자 이영직은 '깨진 유리창 법칙'의 반대를 언급하며 1980년대 뉴욕 시의 '범죄와의 전쟁' 사례를 든다.

당시 뉴욕 시는 지하철 범죄와 사투 중이었다. 뉴욕 지하철 상황은 혼란 그 자체였다. 1980년대 들어 강력범죄 건수가 예년의 1만5천 건에서 2만 건으로 급증했다. 마침내 뉴욕 경찰은 범죄와의 전쟁을 선포했다. 총을 들고 이들과 싸우는 것이 아니라 범죄의 심리적 온상이 되는 지하철 낙서부터 지우기 시작했다. 낙서를 지우는 작업은 1984년부터 1990년까지 6년간 실시됐다.

다음으로는 지하철 무임승차를 철저하게 단속하기 시작했다. 낙서와 마찬가지로 무임승차와 같은 작은 기초질서 위반이 범죄의 심리적 온상이 된다는 생각에서였다. 이 무렵 하루 17만 명 정도의 사람들이 무임승차를 하고 있었던 것으로 추정되고 있었다. 단속 결과 무임승차자 7명 중 1명꼴로 범죄 전과가 있는 사람들이었고, 20명 중 한 명은 무기를 소지하고 있었다. 단속이 강화되자 불량배들은 무기를 집에 두고 요금을 지불하기 시작했다. 이 두 가지 조치의 결과로 범죄가 급속히 감소하면서 치안이 확보됐다. 1990년이 되자 지하철 강력범죄는 75%가 줄어들었다.

결과론적인 얘기지만 "이미 몸 깊이 자리 잡은 내 나쁜 습관은 어쩌란 말이냐"는 질문이 나올 수 있다. 이에 대해서는 젖 먹던 힘까지 다해 그 '블랙홀'에서 빠져나오라고 말하고 싶다.

지구 중력과 싸우는 역도선수처럼…

세상에서 가장 무겁고 힘든 상대와 싸워야 하는 운동경기가 뭘까? 정답은 역도다. 〈별 헤는 밤 천문우주 실험실〉[27]이 던지는 질문과 답은 '넌센스' 같지만 그렇지 않다. 무거운 바벨을 들어 올려야 하는 역도는 지구 중력과 싸우는 경기다. 힘차게 들어 올린 바벨을 온몸으로 버티며 서 있는 역도선수의 찡그린 얼굴을 보면 지구와 바벨 사이에 작용하는 중력을 느낄 수 있다. 중력이란 질량을 가진 물체가 서로 끌어당기려는 힘이다. 역도 선수는 잘 단련된 근육의 힘으로 지구가 역기를 끌어당기는 무시무시한 파워에 대항해 버틴다.

그렇다면 지구의 중력권에서 벗어날 수는 없을까? 지금 손에 쥐고 있는 것을 힘껏 하늘 위로 던져 보라. 알다시피 던진 물체는 무엇이든 중력 때문에 땅으로 떨어진다. 지구의 중력을 이겨내고 우주공간으로 나가려면 얼마나 빠른 속도로 던져야 할까? 초속 11km를 넘기면 가능하다. 야구 선수가 던지는 시속 150km의 강속구보다 250배쯤 빠른 속도다. 이 속도가 바로 지구 중력을 이겨낼 수 있는 '탈출 속도'다.

---

27 〈별 헤는 밤 천문우주 실험실〉 - 김지현, 김동훈 지음/어바웃어북 펴냄

어떤 천체의 탈출 속도는 그 천체의 질량이 크면 클수록 커진다. 같은 질량의 천체를 비교한다면 크기가 작을수록 커진다. 목성에서의 탈출 속도는 초속 60km로 지구의 약 5배이고, 태양 표면에서 태양을 탈출하려면 로켓은 초속 618km의 속도를 낼 수 있어야 한다. 또한 큰 질량을 가진 천체를 작게 압축해 매우 작은 공간 속에 구겨 넣으면 탈출 속도가 커진다. 만약 어떤 천체를 압축해서 탈출 속도가 빛의 속도인 초속 30만km를 넘을 때까지 압축하면 어떻게 될까? 빛은 그 빠른 속도로도 도저히 이 천체 밖으로 뛰쳐나올 수 없다. 이렇게 빛도 빠져나올 수 없을 만큼 물질이 엄청나게 압축된 천체를 '블랙홀'이라고 부르는 것이다.

습관 80% vs 탐색 20%

습관은 '블랙홀'과 같다. 좋은 습관이든 나쁜 습관이든 몸에 밴 습관에서 탈출하기란 여간 어려운 게 아니다. 정재승 카이스트 교수는 〈새로 고침〉에서 습관의 무서움을 '원숭이와 바나나 얘기'로 풀어낸다.

과학자들이 동물원의 우리 하나를 빌렸다. 거기에다가 장대를 하나 세워두고, 그 맨 위에 먹음직스러운 바나나 한 꾸러미를 올려놨다. 그리고 이틀 정도 굶은 원숭이 네 마리를 그 안에 집어넣었다. 그러면 원숭이들이 바나나를 보고 너무 기뻐서 미친 듯이 장대 위로 올라갔다. 거의 다 올라가서 장대 위 바나나에 손이 닿을 무렵에 실험자들이 원숭이들에게 물을 뿌린다. 원숭이는 물을 굉장히 싫어한다. 그래서 물세례를 받고 황급히 후다닥 내려왔다. 그리고 그 날은 하루 종일 장대 위의 바나나를 힐끗힐끗 쳐다만 볼 뿐, 아무도 다시 올라가려는 시도를 하지 않는다.

다음 날, 그 중에 두 마리를 뺐다. 그리고 이틀 정도 굶은 신참 원숭이 두 마리를 집어넣었다. 그러고 나서 무슨 일이 벌어지는지를 봤다.

새로운 신참 원숭이들은 장대 위의 바나나를 보고 미친 듯이 올라갔다. 그러면 전날 들어와서 장대 위에 올라가면 무슨 일이 벌어지는지를 아는 나머지 원숭이 두 마리는 어떤 행동을 할까? 따라 올라가서 앞선 애들을 끄집어 내린다. 다시 올라가려고 하면 심지어는 할퀸다. 못 올라가게 한다. 그래서 결국 그 날, 아무도 물세례를 받지 않는다.

세 번째 날, 첫날 들어온 원숭이 두 마리마저 뺐다. 그리고 이틀 정도 굶은 신참 원숭이 두 마리를 새롭게 집어넣었다. 그러면 어떤 일이 벌어질까?

신참 원숭이들은 장대 위의 바나나를 보고 미친 듯이 올라간다. 그러면 둘째 날 들어와서 장대 위에 올라가면 무슨 일이 벌어지는지는 모르지만, 올라가려고 했다가 저지당했던 이 원숭이들은 어떤 행동을 할까? 그들 역시 따라 올라가서 신참 원숭이들을 끄집어 내린다. 할퀴면서 못 올라가게 한다.

그러고 나서 다음 날부터 네 마리 중에 아무나 한 마리를 빼고 새로운 신참 원숭이를 넣어도 똑같은 일이 반복된다.

이는 비단 원숭이들만의 케이스가 아니다. 회사에 신입 사원이 오면 선배들에게 업무를 배운다. 그런데 "아니, 왜 이걸 이렇게 합니까? 이렇게 하면 더 편하지 않아요?"라고 얘기하는 신입은 잘 없다. 그보다는 "여기는 이래야 하는 건가 보다"라며 눈치를 본다. 인간의 조직도 이렇게 조직 적응력이 뛰어난 사람을 좋아한다.

정재승 교수는 '적응'의 비율을 80%로 본다. 나머지 20%는 '새로 고침' 즉 탐색에 써야 한다는 얘기다.

어제 얻은 자신의 습관, 전략, 사고방식, 생각, 고정관념을 오늘의 문제에도, 내일의 문제에도 계속 적용해서 문제를 해결하는 것을 '기존방법 적용과정exploitation'이라고 부른다. 반면 내가 지금 선택할 수 있는 것들이 뭔지를 본 다음에, 그 중에서 제일 좋은 결과를 낼 것 같은 걸 찾아서 선택하는 것을 '방법 탐색과정exploration'이라고 한다. 예전에는 못 했던 일을 시도해 보고, 그 성과를 얻고, 새로운 삶이 주는 기쁨도 만끽해 봐야 한다. 짜장면 맛있는 집이라고 10년 내내 짬뽕엔 눈도 안 주는 삶은 안정적이지만 재미가 없다.

나쁜 습관은 바꿔야 한다. 뱀은 껍질을 벗어야 성장하고 생존할 수 있다. 뱀은 독이 있는 먹이를 먹었거나 피부가 상하게 되면 껍질을 벗지 못하고 자신의 껍질에 갇혀 죽고 만다.

긍정심리학 운동의 창설자 중 한 사람인 마틴 셀리그만Martin Seligman 교수는 "사람들이 배우고자 노력만 하면 다른 재능을 개발할 수 있는 것과 똑같이 낙천적인 마음까지도 개발할 수 있다"고 주장한다. 낙천주의를 방해하는 무기력이 인간 본성 혹은 성격의 변화 불가능한 한 특성이라기보다는 학습으로 얻은 마음 상태라는 것이다. 사람의 마음도 습관의 산물이다.

🌸 아버지의 답

북송시대에 강직한 성품을 지닌 한 현령縣令이 있었다. 관아를 살피는 중에 창고를 지키는 부하가 엽전 한 냥을 훔치는 것을 보게 되었다. 현령은 "하루에 한 냥씩만 훔친다고 해도 천 일이면 천 냥이 되느니라. 악한 일을 남모르게 조금씩 계속한다면 물방울이 떨어져 바위에 구멍을 내게 되는 것처럼 나라도 언젠가는 망하게 될 것이다. 그러므로 사형에 처한다"고 판결을 내렸다.

'일성지화一星之火도 능소만경지신能燒萬頃之薪'이라고 했다. 한 점의 불씨도 능히 엄청나게 많은 양의 섶을 태울 수 있다. 수많은 인명과 재산을 앗아가는 화재는 작은 불씨 하나에서 시작된다. 작은 것 하나가 얼마나 소중하고 귀한 것인지, 우리는 수많은 경험과 반복되는 생활습관을 통해 잘 알고 있다. 한 개의 소중함과 위대함, 한 걸음의 중요함, 그리고 첫 술에 배가 부르지 않음을 안다면 습관에 대한 조심이 깊어질 것이다. 작은 실수들이 반복돼 습관이 된다면 창고지기도 능히 큰 도둑으로 변할 수 있다. 우리 속담에도 '바늘 도둑이 소 도둑 된다'는 말이 있듯이 처음에는 재미나 호기심의 발동이었겠지만, 그것이 반복학습을 통해 습관이 되면 사람 자체를 완전히 다른 존재로 만들어 버리게 된다.

생활습관을 잘 만들어가는 것과 아닌 것은 한 점에서 동東과 서西로 가는 것과 같다. 정치인들은 처음에 대단한 각오로 정치권에 입문한다. 나라를 바로세우는 혁신의 힘을 자신만이 가지고 있다고 호언장담하며 유권자들에게 호소한다. 그 기백으로 좋은 습관을 만들어 간다면 그의 호언장담이 하나씩 멋과 탐스러운 열매로 맺어갈 것이다. 그렇지만 소수의 정치인들은 이내 선배들의 나쁜 생각에 물들어 간다. 얼마 안 되는 커피 원액이 컵을 가득 채운 물을 시커멓게 만들어 버리듯, 그들의 호언장담은 '시커먼 습관' 속에 파묻혀 버린다.

영어를 비롯한 외국어를 공부할 때 한 단어나 문장을 천 번을 읽으라는 교사도 있다. 반복 학습을 통해 내가 가진 생각 이상으로 기억을 하게 만드는 것이다. 자녀를 키우는 부모의 습관은 자녀에게 잘 맞춰지고, 공부하는 학생의 습관은 공부에 맞춰져야 일정한 시간이 흐른 후 자신의 위치가 확연히 달라졌음을 실감할 수 있다.

'성상근性相近 습상원習相遠'이란 말이 있다. 타고난 본성은 서로 비슷하지만 훗날의 학습에 따라 서로 달라진다는 뜻이다. 하루를 여는 새벽에 하나님께 기도하며, 기쁠 때 찬송하고 슬플 때 기도하며, 이웃을 향하여 크게 축복하고, 사람을 볼 때 하나님의 귀한 자녀로 대하며 자연 만물을 주신 하나님께 감사하는 습관이 있다면 그 무엇이 부럽겠는가.

30
슬럼프도 즐길 수 있을까?

🌑 **아들의 질문**

회사에 지각하는 법은 없지만 그렇다고 출근길이 즐겁지도 않다. 특별히 실수한 것도 없는데, 퇴근할 때가 되면 뭔가 크게 잘못했나는 생각을 지울 수 없다. 남들은 하는 일마다 술술 풀리는데, 난 뭐든지 꽈배기다. "초여름에 벌써 더위를 먹었나" 하며 지난 주말엔 교외 바람도 쐬고 왔지만 무기력증은 요지부동이다.

많은 샐러리맨이 겪는 이 '정신질환'의 위력은 상상을 초월한다. 초기엔 땅속에 굴을 파고 들어가고 싶은 기분이 몇 날 며칠 계속된다. 물론 이유도 없다. 그냥 두려움과 욕구불만, 자기비난과 죄책감이 최악의 시너지를 내며 심신의 힘을 쏙 빼놓는다. 그러다 보면 어느새 몸과 마음은 세상의 모든 불행을 접수하기나 한 듯 흐느적댄다.

하지만 슬럼프가 두려운 진짜 이유는 탈출구가 없다는 데 있다. 바보가 아닌 다음에야 자신에게 어떤 문제가 생기면 수단과 방법을 안 가리고 타개책을 마련하는 법. 그런데 이 마음의 병엔 그런 몸부림이 설 자리가 없다. '자신은 이미 글러 버렸으니 무슨 짓을 하든 달라질 게 없다'는 망상은 그 어떤 탈출의지도 용납하지 않는다.

누가 슬럼프에 잘 빠지나?

한기연이 쓴 〈슬럼프를 즐겨라〉라는 책이 있다. 샐러리맨들의 비극을 수없이 봐온 어느 심리 카운셀러의 실전 처방전이다. 대학의 부설 심리상담센터 대표로 있는 저자는 풍부한 상담 사례를 양념삼아 '슬럼프 방지 노하우'를 먹기 좋게 버무렸다.

책임감, 완벽주의, 비교의식, 과거의 상처 등 책 전반부에서 슬럼프의 원인을 짚은 그는 슬럼프 예방의 핵심 원칙으로 '습관의 변화'를 내세운다. 생각이든 태도든 성격이든, 슬럼프에 자주 빠지는 성향을 갖고 있는 사람은 몸속에 '슬럼프 DNA'를 갖고 있다는 게 저자의 주장이다. 따라서 타인의 시선에 지나치게 민감한 자신을 인정하고 느긋해지는 게 슬럼프를 이기는 첫걸음이 된다.

소위 '착한 사람'도 슬럼프의 단골손님이다. 남의 기분이 좋은지 나쁜지를 먼저 살피고 남이 부담스러워 할 것은 애초에 고려하지 않으며, '거절'이란 단어가 아예 사전사辭典에 없는 이 사람들은 그렇게 하면 상대방이 자기를 미워한다는 착각에 빠져 있다. 연차고 월차고 쉬고 싶지만 그러면 회사가 안 돌아간다고 믿는 이들도 마찬가지다. 이런 사람들에게 해줄 말은 하나밖에 없다. "당신이 조금 이기적으로 바뀐다고 세상이 피해 입지는 않는다."

하지만 본인의 성향을 단기간에 180도 바꾸기란 여간 어려운 게 아니다. 다른 처방전이 필요하다. 이 글을 한 번 읽어보자.

고율의 세금과 재정긴축 속에서 저성장에 허덕이던 1961년의 미국. 생각지도 못한 '백악관 발 경제 악재'가 온 나라를 뒤흔든다. 대통령이 뜬금없이 기업인들을 "개자식"이라고 싸잡아 몰아붙인 것이다.

사정은 이랬다. 인플레를 우려한 정부가 임금인상 요구를 완화해달라고 노조를 찾아다니며 설득하는 와중에 최대 철강업체인 US 스틸이 자기만 살겠다고 제품가격 인상을 선언했다. 열 받은 대통령의 폭언이 언론을 통해 전해지고 법무부 직원, FBI 요원들이 일제히 US 스틸 주변을 어슬렁거리자, 월스트리트는 즉각 빈용을 보였다. 주가가 한 달여 만에 1백여 포인트 가까이 곤두박질쳤다. "반기업 정서에 사로잡힌 정부가 기업에 칼을 빼들었다"는 루머가 꼬리를 무는 가운데 자고 나면 하루 최대 하락 기록이 바뀌는 '대통령 붕괴'가 계속됐다.

이 이야기의 주인공은 다름 아닌 존 에프 케네디다. 케네디가 누군가? 세상을 떠난 지 50여 년이 지난 지금도 미국인들은 그를 역대 두 번째 위대한 대통령으로 꼽고 있고, 대중의 인물 호감도가 70%에 달하는 '자유세계의 영웅'이다. '쿨'한 외모도 한 몫 했겠지만 민주·공화당을 막론하고 미국의 정치인들에게 "케네디 같다Kennedyesque"는 말보다 반가운 소리가 없을 정도다.

17년 넘게 저널리스트로 활동해온 존 바네스는 〈케네디 리더십〉에서 이 같은 'JFK의 비밀'을 빼어난 학습능력에서 찾고 있다. 케네디는 자신의 실수를 솔직하게 인정하고 재빨리 해결책을 찾으려고 노력한 열린 마음의 사나이였다. 이 책의 저자는 "말쑥한 인상을 주기 위해 하루에 네 번씩 속옷과 셔츠를 갈아입을 정도로 대중을 의식한 대통령이었지만, 실수가 발생하면 즉각 주변에 지혜를 구하는 용기를 보여줬다"고 케네디를 평가한다.

앞선 '말 실수'에 대한 대처는 '케네디의 학습능력'이 빛을 발하는 대표적 사례다. 이전 정부들의 실정을 목도한 그는 적자재정의 위험성을 이미 인식하고 있었다. 또 기업과 대척점에 있는 노조의 입장도 무시할 수 없었다. 하지만 케네디는 일단 자신이 오판했다고 판단하자 서슴지 않고 자세를 바꿨다. "대통령이 아닌 기업단체장의 연설 같다"는 주변의 야유에도 아랑곳 않고, 그는 대대적 감세안을 발표해 주가를 단숨에 반등시킨다.

스트레스의 명과 암

케네디와 같은 솔직함과 학습능력은 슬럼프를 슬럼프로 확실히 인정하는 데에서 출발한다. 그러려면 스트레스에 대한 태도를 바꿔야 한다.

인간의 삶에서 평탄한 것만이 좋은 것은 아니다. 힘들고 어려운 환경을 이기고 극복한 사람만이 진정한 명품 인생을 만들 수 있다. 사

298

람에게 주어지는 스트레스도 나쁜 것만이 아니다. 코티솔이라 불리는 스트레스 호르몬에는 순기능과 역기능이 함께 존재한다. 스트레스 호르몬이 많이 쌓이면 우울증으로 발전할 수 있지만, 적절히 유지되면 우리 몸이 위험에 대처할 때 힘과 에너지를 보충해 주고 공황장애도 완화시킨다고 한다. 삶의 역기능에만 초점을 맞추지 말고 순기능에 초점을 맞추면 그 환란과 역경이 도리어 나의 인생을 유익하게 만들 수 있음을 잊지 말아야 한다.

개인적으로는 무대 공포증이 조금 있다. 사범대학(영어교육과)을 나와 한 달간의 교생실습 경험도 가졌고, 회사(신문사)에서 일일강사로 초등학교 강단에 서보기도 했으며, 교회 중고등부에서 학생들을 가르치기도 했지만, 나는 무대가 두렵다. 하지만 여러 차례 어려움을 겪으며 터득한 나만의 '무대 공포증 떨치기' 비법이 있다. 무대에 섰을 때 청중들을 빠르게 둘러보며 날 향해 웃어주는 사람 한 명을 찾는 것이다. 그렇게 찾으면 하나님이 보내신 살아있는 '우황청심환'이 꼭 있다. 떨릴 때마다 그를 보면 마음의 안정을 찾는데 도움이 된다.

그런데 사실 이런 '살아있는 우황청심환'의 효력을 나만 본 것은 아니다. 야마오카 소하치의 대하소설 〈대망〉에서 이런 이야기를 읽은 적이 있다.

일본 전국시대를 통일한 도쿠가와 이에야스는 전투 중에 똥을 싼 적이 있었다. 이에야스가 다케다 신겐이란 희대의 무장과 싸울 때였다. 신겐은 손자병법 군쟁편에 나오는 풍림화산風林火山을 휘갈겨 쓴 깃발을 앞세우고 싸움에 나서는 가공할 공격력의 기마대를 이끌었다. 풍림화산의 뜻대로 그 기마대는 빠르기는 바람과 같고, 잔잔하기는 숲과 같으며, 공격할 때는 불길과 같고, 움직이지 않으면 산과 같았다. 그런 신겐에게 속된 말로 박살이 난 이에야스는 허겁지겁 말을 달려 진지로 쫓겨 왔다. 그런데 부하들이 보기에 민망한 장면이 이에야스의 말 안장 위에 펼쳐져 있었다.

말고삐를 받아든 측근 무사 다다요가 헤헤 웃으며 이렇게 말한다.

"주군은 겁쟁이십니까?"

"뭐, 뭐라고?"

"그렇지 않다면 이 안장 위에 묻은 똥은 어떻게 된 겁니까? 놀라서 똥을 싸신 것 아닙니까?"

"내가 똥을⋯."

이에야스는 어찔한 몸을 겨우 가누며 안장 위의 그것을 만지고 냄새를 맡았다. 그러더니 다다요의 따귀를 후려갈겼다.

"못난 놈, 이것은 점심 반찬으로 허리에 찼던 된장이다. 이게 어디 똥이냐?"

그러고는 안으로 들어가 두 공기의 밥을 먹고 벌렁 드러누워 코를 골았다.

다다요는 이에야스에게 '우황청심환'이었다. 그는 뺨을 한 대 맞을 각오를 하고, 공포심에 자기도 모르게 똥을 싼 이에야스가 자연스럽게 빠져나갈 수 있는 상황을 연출해준 것이다. 이에야스가 똥을 쌌을

지 모른다고 생각하는 부하들의 마음을 거두고, 또 이에야스가 스스로를 다잡을 수 있는 계기도 마련해준 절묘한 '끼어들기'였던 것이다.

우리 인생에 다다요와 같은 존재가 찾아와 주지 않는다면 스스로 찾아나서야 한다.

세계 대학생들을 대상으로 여론조사를 하면 '존경하는 인물 1위'를 도맡아 하는 에이브러햄 링컨. 그의 명성은 모든 역경과 불리한 여건 속에서도 포기하지 않는 불굴의 삶을 살았기 때문에 찾아온 것이다. 그는 여덟 살에 어머니를 잃고 소년가장으로 동생들을 보살피며 극심한 고생을 했지만 결국 자수성가해 미국의 16대 대통령에 당선되었다. 특별히 뛰어난 머리를 가져서가 아니라 끝없는 노력을 통해 자신의 인생을 갈고 닦았기 때문이다. 그는 평생 12개의 직업(농부 · 점원 · 뱃사공 · 막노동꾼 · 군인 · 우체부 · 측량사 · 서점주인 · 변호사 · 주의원 · 상원의원 · 대통령)을 가졌다. 이렇게 많은 직업을 새로 찾을 때마다 슬럼프가 없었을 리 없다.

슬럼프와 관련해 또 한 가지 알아야 할 것은 "과거에 대한 그리움만으로는 슬럼프를 이길 수 없다"는 사실이다.

미국 문학의 거장 토마스 울프는 '다시는 고향에 돌아갈 수 없다You can not go home again'란 소설을 썼다. 소설의 주인공은 고향을 떠나서 성공을 했다. 아름다운 여자와 결혼도 했고, 돈도 벌었다. 그는 오랫동안 그리던 고향 애쉬빌로 돌아간다.

그러나 고향에 돌아간 순간 실망하고 만다. 고향은 너무나 변해 있었다. 옛 시절을 보냈던 곳이 현대화되어 추억이 남아 있지 않았다.

그는 오히려 그곳에서 이방인이 되어 이렇게 고백한다. "나는 이제 고향으로 돌아갈 수 없다. 뒤로 돌아가는 것은 잘못이다. 이제는 오직 앞으로 가는 길밖에 없다."

국민일보 미션라이프 섹션을 통해 최승일 서울 상도교회 목사는 이런 말을 했다. "소망이 그리움보다 더 큰 사람은 인생을 아는 사람이다."[28] 그리움에 안주하지 말고 소망을 향해 달려 나가야 슬럼프로부터도 멀어질 수 있다.

내 안의 '나비'가 날갯짓 할 수 있게

슬럼프는 감정의 문제이다. 19세기 후반 '미국 심리학의 아버지'라 불리는 제임스W. James는 "두렵기 때문에 떨거나 슬프기 때문에 우는 것이 아니라 떨기 때문에 두렵고 울기 때문에 슬픈 것"이라고 주장했다. 그리고 1990년대 이후 이 이론에 대한 신경학적인 근거도 밝혀졌다. 뇌의 뇌섬이라는 부분이 감정적으로 역겨움을 느낄 때 활성화되는데, 상한 음식을 먹었을 때 역겨움을 느끼는 영역과 같다는 사실이 발견된 것이다. 입가에 힘을 뺀 채 처진 표정을 하고 있으면 기분도 우울해진다는 것을 알 수 있다. 반대로 입꼬리를 올리고 있으면 기분이 같이 하늘 높이 올라간다.

'붉은 여왕의 법칙'이 중요하다. "왜 나는 죽어라 일을 하는 데도

---

28 〈국민일보〉 미션라이프 섹션 2012년 6월 7일자 [겨자씨]

성공하지 못하는 것인가?" 이런 의문이 든다면 당신만큼 열심히 하는 사람이 너무나 많다는 사실을 기억해야 한다. 성공하기 위해서는 그 어떠한 고통과 고난 속에서도 두 배, 세 배의 강인한 열정을 바쳐야 한다.

뿐만 아니라 변화 지향성이 있어야 한다. 변화 지향성은 변화 자체가 아니다. 변화의 지속성을 말한다. 체인지change를 넘어 트랜스포메이션transformation을 의미한다. 빌 게이츠의 사무실에는 자동차 왕 헨리 포드의 큰 액자가 걸려 있다고 한다. 헨리 포드는 미국을 넘어 전 세계의 자동차 왕이었다. 그러나 그는 성공에 안주해 변화를 거부하고 미래에 도전하지 않았다. 그 결과 훗날 그 모든 왕좌를 크라이슬러에 빼앗겨 버리고 말았다. 그래서 빌 게이츠는 헨리 포드 같은 사람이 되지 않기 위해 그이 사진을 걸어놓았다는 것이다.

"나비는 꽃이 없으면 살 수 없다. 그러나 한 꽃에만 머물러 있지 않고 끊임없이 새로운 꽃을 찾아 날아다닌다. 새로운 꽃향기에 젖어야 생기가 있고, 활력이 넘치기 때문이다."[29]

소강석 용인 새에덴교회 목사가 한 말이 뇌리에 깊은 웅덩이를 만든다. 열정과 변화지향성이 있어야 슬럼프에 빠져 허우적대지 않을 수 있다. 내 안의 '나비'가 꿈과 희망을 향해 힘찬 날갯짓을 할 수 있게 인생의 신발 끈을 단단히 동여매자.

---

29 〈국민일보〉 미션라이프 섹션 2012년 7월 24일자 [소강석 목사의 시편]

🌑 아버지의 답

세계적인 선수도 한두 번씩은 슬럼프에 빠진다. 그 슬럼프에서 '포기하느냐 재기하느냐'는 본인의 절대적인 의사에 달려 있다. "다시 시작하겠다"는 각오가 있다면 슬럼프 탈출을 시도해볼 수 있다. 슬럼프를 탈출한 사람들의 이야기에서 도움을 받을 수도 있고, 자신의 많은 경험을 통해 해결의 실마리를 찾을 수도 있다.

슬럼프를 헤쳐 나가는 방법은 다양하겠지만 쉬운 것은 아니다. 운동선수나 학생이 슬럼프에 빠져 힘들 때는 기본기부터 다시 체크한다. 전성기 때의 자세나 훈련 모습을 비디오 등을 통해 보고, '초심'을 점검하며 체력훈련을 다시 시작한다. 운동이나 공부하는 목적이 분명히 서 있다면 슬럼프는 자신의 생각과 노력으로도 충분히 이길 수 있다. 몇 년 후에 내가 서 있을 위치를 항상 생각하며 전진하는 것이다. 그리고 환경을 탓하지 않고 무슨 일이든지 최선을 다하는 것이다.

2011년부터 내리 3년 간 우승을 이룬 삼성라이온즈 야구단의 류중일 감독은 선수가 야구장에 들어서면 최선을 다하여 뛰는지를 눈 여겨 본다고 한다. 조그마한 것 하나에서 최선을 다하지 못하는 선수와 팀은 가장 높은 자리에 설 수 없다는 것을 알고 있기 때문이다. 내야든 외야든 타자의 공이 공중볼(플라이볼)이 되면 잡힐 때까지는 다음 루(목적지)를 향해 전력으로 뛰어야 한다. 천에 하나, 만에 하나 있을 실수나 자연조건으로 인하여 수비수가 공을 떨어뜨릴 수 있다. "아, 공중볼이구나. 아웃이 확실하겠지." 이런 생각이 찾아오는 순간 슬럼프는 시작된다. '혹시라도…' 하면서 최선을 다해 뛰면 생각 외의 결실이 나온다. 감독은 그런

선수를 유심히 바라본다.

슬럼프는 나에게는 무척 고달픈 시간이지만 나 대신 들어가는 선수에게는 특별한 기회다. 그 선수 때문에 나는 더 피나는 노력을 할 것이기에 훗날 그 자리를 다시 꿰찰 때의 기쁨은 배가(倍加) 될 것이다. 슬럼프를 고난의 가시밭길로 여겨 피하려고만 한다면 더 큰 슬럼프가 올 것이다. 그러나 고난의 슬럼프를 디딤돌로 만들어 헤쳐 나가면, 그렇게 더 높이 더 넓게 뛸 수 있는 공간이 있음을 기억한다면 슬럼프는 내가 꼭 즐기며 헤쳐 나갈 수 있는 것임을 알게 될 것이다. 격동기에 자리바꿈이 많은 것도 즐기는 자와 즐기지 못한 자의 희비가 마구 엇갈리기 때문이다.

〈논어〉에 "아는 것은 좋아하는 것만 못하고, 좋아하는 것은 즐기는 것만 못하다"는 구절이 나온다. 슬럼프에 대한 몰입이 긍정적이냐 부정적이냐에 따라 하늘과 땅의 차이가 만들어진다. 즐기자. 그러면 즐긴 만큼 보람을 누릴 수 있다. 피하면 피 흘리는 고통과 반비례하듯 자신의 생활이 사그라진다.

열왕기상(18장 19절~19장 18절)에 나오는 이야기이다. 엘리야 선지자가 기도의 시합을 승리하고 3년 6개월의 가뭄도 해결하는 능력을 하나님으로부터 받아 행하였으나 악한 왕 아합의 부인 이세벨의 위험을 두려워하여 광야에 들어가서 죽기를 기도한 적이 있다. 하나님의 훌륭한 선지자가 기도를 통하여 모든 것을 승리로 이끌었지만 잠시 기도의 슬럼프를 맞이한 것이다. 엘리야 선지자는 자기 혼자 남아 있다고 판단했기에 더 더욱 깊은 슬럼프에 빠져 있었다. 그러나 하나님은 7,000명의 깨끗한 하나님의 선지자를 숨겨 놓으셨다.

슬럼프에 빠졌을 때, 나만 좌절감에 허우적대고 나머지 모두는 승리 자로 보인다면 그 슬럼프를 헤쳐 나가기가 쉽지 않다. 하지만 나와 같은 슬럼프를 겪는 동료와 선후배가 있다는 것을 알고 슬럼프 탈출을 위한 도움을 청하는 배움의 지혜가 있다면 슬럼프는 '슬럼프'라는 글자일 뿐 이다. 그 때 그 슬럼프는 나를 최고의 자리에 다시 앉게 해주는 최상의 도우미인 것이다.

책을 나가며

30가지 주제를 통해 많은 이야기를 해봤다. 직접적인 지식과 지혜가 모자라는 부분은 다른 책의 사유와 지혜를 빌렸다. 책을 엮어 출간하기 직전에 다시 한 번 원고를 읽어보니, 책을 관통하는 메시지는 '착한 사람이 성공하도록 하나님이 장치해 놓으셨다' 정도가 될 것 같다.

누군가 나를 화나게 할 때 그 사람을 용서하거나 사랑하기란 쉽지 않다. 눈앞의 다음 일을 알 수 없기 때문에 '혹시 나만 손해 보는 것 아닌가?' 하는 마음의 장벽이 선행을 가로 막는다.

그래서 더 더욱, 기자로 살며 만난 많은 분들 중에 한 마디의 강렬한 말로 기억되는 분이 있다. 취재 당시 은평의 마을(성인 부랑자 수용 시설) 원장이었던 송민헌 수녀는 내 침전된 감성의 바다에 커다란 돌을 던지는 말씀을 하셨다.

"말을 말로 받으려 하지 마세요. 상대방을 이해하게 되면, 도저히 참을 수 없을 것 같은 분노도 용서와 사랑으로 바뀝니다."

하지만 고백컨대, 그 돌멩이의 위력은 며칠을 가지 못했고, 내 마음속에서 그 용서와 사랑의 실천은 쉽지 않은 과제로 계속 남아 있다.

그럼에도 나는, 그리고 우리는 이 사실을 기억해야 한다. "분노는 끓는 물과 같다."〈국민일보〉미션라이프 섹션에서 읽은 이 구절[30]은 '화의 위험성'을 한 마디로 잘 표현해준다. 끓는 물의 성질은 어떠한가? 잘 관리하면 에너지가 되기도 하고, 난방에 쓰이기도 하고, 살균도 가능하고, 요리도 가능하게 한다. 그러나 엎질르게 되면 사람을 상하게 하고, 주변에 큰 피해를 주게 된다.

"분노도 적절하면 옳고 그름의 의사표현이 되기도 하고, 의로운 길을 가는 동기가 되기도 한다. 역사의 추진력이 되기도 하고, 주변을 일깨우는 새벽외침처럼 세상을 깨울 수 있다. 그러나 남용하거나 탐욕과 결탁하면 최악의 감정이 된다. 분노가 탐욕에 대한 저항일 때는 의미가 있지만, 채우지 못한 탐욕에 대한 아쉬움에서 오는 것이라면 스스로와 주변 모두를 불행하고 고통스럽게 만든다."

인생이란, 찾아온 스트레스를 어떻게 처리하느냐에 성공의 상당 부분이 달려 있다. 고대 철학자 에픽테투스는 "사람들이 고통 받는 것은 상황 때문이 아니라 상황을 보는 관점 때문"이라고 일찌감치 밝혀줬다. '스트레스의 재구성'이 중요하다.

누군가가, 혹은 무엇인가가 스트레스를 준다고 조급해 하지 말자.

---

30 〈국민일보〉미션라이프 섹션 2012년 8월 18일자 [겨자씨]

인생의 문제는 시간을 두고 생각할 때 의외로 쉬운 해답을 발견할 수 있는 것이다. 이른바 '인생의 띄어쓰기'다.

옛날에는 책읽기가 낭독이었는데 요즘은 대부분 묵독을 하는 이유를 아는가? 안계환의 〈마흔에 배우는 독서지략〉에 따르면, 수십 년 동안 읽기 훈련을 한 사람이라도 띄어쓰기가 돼 있지 않은 글을 읽기는 쉽지 않다. 그래서 띄어쓰기 개념이 없었던 시절에는 사람들이 묵독보다는 책읽기에 편한 낭독을 선호했다. 공간이 없이 빽빽한 글을 묵독으로 읽으려면 '추가적인 인지 부담'이 생기기 때문이다. 단어들을 의미에 맞게 끊어 읽는데 신경이 집중되어 정작 중요한 내용 파악에 소홀하게 된다. 역사상 띄어쓰기가 등장한 것은 기원전 1000년을 전후해서다. 그 후 띄어쓰기가 보편화되면서 인간은 고도의 집중을 통한 '깊은 읽기'를 할 수 있게 됐고, 인류의 발선이 더욱 가속도를 내게 됐다.

인생도 마찬가지다. 열심과 몰입은 매우 중요하지만, 도전하는 일이 잘 풀리지 않아 스트레스가 가득 찰 때는 '인생의 띄어쓰기'를 시도해봐야 한다. 그리고 그런 넉넉한 마음을 타인에게도 투사投射해 보자. 칭찬이 중요하다는 얘기다. 하나의 손가락으로 남을 흉볼 때 다른 3개의 손가락이 자기 자신을 가리키는 '손가락질'은 이제 그만 멈추자. 대신 두 개의 손바닥으로 기쁨의 소리를 내는 '손바닥질'을 연습하자. 손바닥을 서로 맞부딪치며 상대방을 격려하고 축하하면 얼마 지나지 않아 나도 '손바닥질'을 받는 게 하나님이 창조해 놓은 세상 이치다.

책을 낼 수 있게 도와주신 많은 분들께 감사의 말씀 드린다. 우선 육신의 아버지와 함께 즐거운 '책 기획'을 할 수 있게 허락해주신 하나님 아버지께 영광을 돌린다. 집필 기간 동안 물심양면으로 도와준 아내와 아들(예준), 그리고 어머니께도 감사의 뜻을 꼭 전하고 싶다. 또 W미디어 박영발 대표와 편집팀원들 덕분에 깔끔하고 예쁜 책이 나올 수 있었다. 원고를 작성할 때 필요 적절한 조언을 해준 〈머니투데이〉 신우회 멤버들에게도 빚이 많다.

30문 30답_기자 아들이 묻고, 장로 아버지 답하다

지은이 | 김복윤 · 김형진
펴낸이 | 박영발
펴낸곳 | W미디어
등록| 제2005-000030호
1쇄 발행 | 2014년 4월 15일
주소 | 서울 양천구 목동서로 77 현대월드타워 1905호
전화 | 02-6678-0708
e-메일 | wmedia@naver.com

ISBN 978-89-91761-73-5   03230

값 13,000원